중/국/유/가/문/화/의
역사적 변천에 대한
철학적 성찰

중/국/유/가/문/화/의

역사적 변천에 대한 철학적 성찰

김진보 저 · 전홍석 역

문화는 끊임없는 성찰 과정을 통해서 발전한다. 중국 문화 역시 예외는 아니다. 선인들의 '고금 (古今) 논변'이나 근대의 '중서 논쟁'은 중국 전통문화, 특히 그 기본 정신에 대한 심층적인 성찰 이며, 이러한 성찰 과정에서 민족 문화에 대한 인식이 더욱 깊어질 수 있었다.

한국학술정보㈜

저자서문

최근 몇 년 동안 끊임없이 중국의 서적들이 한국에 연구·소개되었고 중국 문화를 소개한 출판물들은 더욱 흔히 볼 수 있다. 하지만, 그 대부분은 깊지 못한 개념적 진술이거나 일반적 지식 보급에 그쳤고, 중국의 문화와 역사에 대한 반성과 평가를 전체적이고 전면적으로 다룬 저서는 극히 드문 형편이다. 이는 불가피하게 한국과 한국인에게 중국과 중국 문화 인식과 이해를 편파적으로 만들어 중국인의 생활과 사유 방식 인식에 관한 깊은 기초를 결핍시켜 편견을 불러왔다. 그리고 중국내 학술계의 중국 전통 문화에 대한 토론이 오래도록 식지 않고 진행돼 왔음에도 불구하고 입장과 시야 등 요소로 인해 많은 연구, 토론, 중심화에 있어 객관성을 놓치게 하였거나 공식적으로 통속화시킨 게 사실이다. 이 점을 고려하여 문화 철학적 시각, 역사 발전적 맥락, 세계화 시대적 배경에서 중국 문화를 파노라마식으로 부감(俯瞰)하고 정리·성찰해 보았다. 이것은 내가 오래 전부터 구상해 오던 것으로, 특히 해외 유학과 교학 연구에 종사한 경력에 힘입은 바가 크다. 다시 말해서, 해외와 홍콩, 대만 학자들의 연구 성과를 충분히 참고할 수 있었고, 중국 대륙 학술계의 경직성과 겉만 화려하고 내실 없는 학풍에서 벗어날 수 있었다. 그러나 생각은 쉽고 실천은 어렵다고 했던가? 먼저 주제 선정의 범위가 넓어서 중점을 어떻게 부각시켜 구체화할 것인가가 문제였다. 분명하게 목표를 정하되 전체 글의 구조가 엄격하면 사실 독자를 피로하게 할 것이다. 한편 광범위한 독서, 분석, 정리, 자료 수집이 긴밀하게 중국의 현실과 연계되도록 함으로써, 연구 자체가 이론적 의미에 그치지 않고 중국의 현대 문화 재건, 당면한 중국의 '조화로운 사회(和諧社會)' 건설 노력에 일조하고자 하였다. 동시에 집필 중에 객관적인 고찰과 비판을 통해서 문화본위주의와 민족주의적 경향은 되도록이면 탈피하고자 노력하였다. 하지만, 본인의 정력과 능력의 한계로 인해 여러 문제에서의 깊은 연구가 여전히 필요하며, 개별적인 논점에 있어서 혹 극단적인 부분은 논의가 있어야 할 것으로 보인다. 청컨대, 한국 학계 동료들의 애정 어린 비판과 질정이 있기를 희망한다!

본 논저는 나의 박사 학위 논문임과 동시에 근 10년에 가까운 한국 유학 생활과 사업 활동의 지식 결정체이자 학습 성과의 점검표라고 할 수 있다. 위에서 서술한 바와 같이 이 논문이 이루어지기까지는 긴 시간에 걸친 사고와 준비 과정이 있었다. 초고의 완성만도 꼬박 2년의 시간이 걸렸다. 또한, 집필 기간 동안 수많은 평탄치 못한 일이 있었다. 개인 생활의 변고, 지도 교수의 변경, 사업의 어려움, 독거, 이 모든 일들은 가히 사람에 대한 품성과 의지력의 극단적인 시험이라고 할 수 있을 것이다! 이처럼 매번 곤경에 처하여 역부족임을 느끼고 심지어 포기하고 싶을 때마다 존경하는 교수님, 선후배, 한국 친구 들은 내가 용기를 내어 목표에 도달할 수 있도록 아낌없이 도와주고 격려해주었다. 그것은 뼈에 새길 정도로 잊지 못할 세월이었을뿐더러, 영혼, 지식, 정서의 종합적인 도야와 승화였다. 내가 일대 평생의 숙원을 이루고 감격과 기쁨에 젖어 정신적인 제2의 고향인 서울을 마지막으로 등지고 귀국할 당시, 나는 속으로 평생 배운 바를 한중 문화 교육 교류 사업에 공헌하여 나의 조국과 깊이 사랑하는 한국, 여기의 사람들에게 보답하겠다고 맹세했다.

끝으로, 본 저서를 정성껏 번역하여 세상에 빛을 보게 해준 후배 전홍석 박사의 노고에 깊은 경의와 사의를 표한다. 나를 사심 없이 도와주었던 김동수 교수, 이상선 교수, 임채우 교수 전춘련 박사, 장성철 박사 등에게도 함께 충심으로 감사의 마음을 올린다. 아울러, 본서를 적극적으로 기획하여 출판해준 한국학술정보(주)의 가족들에게도 깊은 감사의 말을 전한다.

2008년 4월 25일

북경에서 저자 김진보 識

作者序

　　近年來，在韓國介紹及研究中國的書籍可謂層出不窮，介紹中國文化的書刊更是比比皆是。但是其中大多數均是泛泛的概念性的陳述或一般性的知識普及，很少有整體全面的對中國文化歷史性的反思和評價。而這不可避免的導致韓國及韓國人對中國及中國文化認識理解上的偏頗，對中國人的生活和思維方式的認識缺乏深刻基礎，從而帶有片面性；而在中國國內，學術理論界對於中國傳統文化的討論儘管持久不衰，但由於立場和視野等因素，許多的研究和評價或本位化失之客觀，或公式化流於通俗。有鑒於此，從文化哲學的視角、歷史發展的脈絡、全球化時代的背景對中國文化作一全景式的俯瞰、梳理和反思，是我由來已久的想法，特別是能夠借助在國外留學及從事教學科研的經歷，不僅可以充分借鑒國外和港臺學者的研究成果，而且亦可以擺脫中國大陸學術理論界的條條框框和華而不實的學風。然而思之容易，行則艱難，首先因為選題的龐大，如何突出重點，以點帶面，有的放矢，保持全文的結構嚴謹，著實令人頗費腦筋；另外就是廣泛的閱讀、分析、整理，收集資料，力圖作到緊密聯繫中國的現實，使得研究本身不僅具有理論意義，更能對中國的當代文化重建，對當前中國構建"和諧社會"的努力有所輔益；同時在創作中力圖作到客觀性的審視、批判，避免文化本位主義和民族主義的傾向。但由於個人精力及能力的所限，許多問題的研究還有待深入，個別論點或有偏激值得商榷，敬請韓國學術界的同仁批評斧正！

本論著是我的博士畢業論文，也是我在韓國學習、工作生活近10個春秋的知識結晶和學習成果的檢驗。如上所述本論文的形成經過了長時間的思考、醞釀和準備，自付諸寫作到初稿完成整整經歷了兩年的時間。創作期間，曾經經歷了許許多多不尋常的故事，個人生活的變故、指導教授的更換、事業的紛繁困擾、獨處一室的隱居，凡此種種可謂對人的品質及意志力的極端考驗！就在我每每感到力不從心、無法逾越甚至想到放棄的時候，我所尊敬的教授、前後輩及韓國朋友們給了我無私的幫助、鼓舞，讓我能夠鼓起勇氣、一往無前的達成目標。那是一段刻骨銘心、令人終生難忘的歲月，是一次靈魂、知識、情操的綜合陶冶和昇華，當我無悔無怨的完成了平生的一大宿願，帶著感激和欣慰最終歸國告別了首爾——我的精神第二故鄉的時候，我暗暗發誓，要以平生所學貢獻于中韓文化教育交流事業，報答我的祖國和我所深愛的韓國，報答這裏的人們！

最後，衷心地向爲翻譯此書付出了心血和巨大勞動的後輩全洪奭博士致以深深的敬意和謝意，向爲給予我無私幫助的金東洙教授、李尚鮮教授、林采佑教授、全春蓮博士、張成哲博士等一併表示衷心感謝！向爲本書付梓印刷積極籌畫的韓國學術情報的諸位同仁深表感謝！

作者　金鎭寶
2008年4月25日　於北京

contents

제3장 중국 문화와 서양 문화의 교류와 충돌 ··105

제 1 장

서 론

제1절

문제 제기 – 연구 동기와 배경

세계화(globalization)[1] 추세의 만연으로 총칭되는 21세기 세계 질서는 새롭게 재편되어 가는 중이다. 이 시대에 있어 사회는 어떤 식으로 발전하고 문화는 어떤 식으로 반응할 것인가에 대한 관심이 전 세계적으로 학계의 하나의 중요한 화두가 되고 있다. 이와 관련하여 서양의 수많은 학자들은 새로운 견해를 다채롭게 제시하고 있다. 예컨대, 사이드(Edward W. said)의 후식민이론[2], 제임슨(F. Jameson)의

---

1) 세계화(globalization)라는 용어는 1980년대 이래 각종 사회 과학 문헌, 또는 정치, 경제, 문화 심지어 일상생활 속에서 널리 사용되었다. 세계화의 함의는 매우 풍부하여 '동서 문화의 집합점(convergence)', '경제와 사회의 일체화(integration)·동질화(homogenization)' 등과 같은 견해가 있다. 혹은 정치학자가 지칭하는 국제 관여의 세계 전략이거나 문화학자가 지칭하는 상업문화, 대중문화, 소비주의가 지배하는 세계 문화 시장의 현상이기도 하다. 세계화라는 용어는 여러 영역에서 광범위하게 응용되는 까닭에, 창조적 방향(a creative orientation)을 지닌다. 본 연구에서 세계화의 주요 의미는 지금까지의 제국주의, 서양 현대적 대화를 대체하는 새로운 모델이다.

2) 1978年 팔레스타인계 미국인 학자 사이드(Edward W. said)는 『오리엔탈리즘』(Orientalism)이라는 저서를 펴냈는데, 이 책은 '후식민주의'(Post-colonialism or Postcolonialism)의 기초를 다지는 작품으로 공인되었다. 그리고 '후식민주의' 역시 문화 연구에서 주목받게 되었다. 사이드는 주로 그람시(Antonio Gramsci)의 '문화패권'(Cultural Hegemony)과 푸코(Michel. Foucault)의 '언설'과 '권력 이론'을 발휘하여, 19세기 자본주의 세계화의 확장·발전을 제국주의가 경제를 약탈하고 영토를 잠식하는 동시에, 문화 측면에서도 세계의 여러 방면을 문자화, 부호화하는 과정에 있다고 인식하였다. 사이드는 일찍이 "제국주의가 없었다면 유럽 소설은 존재하지 않았을 것이다"라고 말한 적이 있다. 그리그, 사이드가 정의하는 '오리엔탈

후현대문화논리론3), 헌팅턴(Samuel P. Huntington)의 문명충돌론4) 그

리즘'이란 바로 서양이 동양을 통치하고 재구성하며 권위를 갖는 방식이
다. (Edward W. said 著, 王志弘 等 譯,『東方主義』(Orientalism), 臺北, 立
緖文化, 1999.)

3) 제임슨(F. Jameson)은 1934년에 태어났으며 예일대학 프랑스어과 박사이다.
제임슨이 제기한 이론은 아주 방대하고 복잡하다. 그는 후현대주의 조류 속
에서도 변함없이 마르크스주의 입장을 견지할 수 있다고 생각하였다. 그는
미국 학계에서 지명도가 높은 마르크스주의자이다. 후현대문화논리이론의 기
초를 닦는 「후현대주의, 혹은 후기자본주의시대의 문화 논리」(*Postmodernism,
or The Cultural Logic of Late Capitalism*)에 관한 글에서 제기해 대비시킨 세잔
(Cezanne)과 워홀(Andy Wahol)은 깊이의 결핍과 통속 문화의 잡스런 예술을
이용해 후현대 예술의 '物化'된 새로운 면모를 묘사하였다. 즉 제임슨이 지적
한 후현대문화논리이론의 대표적인 관점 가운데 하나라 할 수 있다. 그는 후
현대문화의 새로운 모습 속에서는 사람들은 더 이상 물화, 상품화에 불안을
느끼지 않으며, 의미의 천박화에 대해서도 마음을 두지 않는다고 생각했다.
반대로, 상품을 문화로 포장하여 그 깊이를 희석시킨다. 뿐만 아니라, 새로운
과학 기술이 형성시킨 깊은 구축 관계와 그것이 세운 세계 경제 체계는 말기
자본주의의 새로운 세계 공간이 되어 새로운 문화와 사회 형식을 펼쳐냈다는
것이다. (廖炳惠,「後現代的馬克思主義者－詹明信」, 呂正惠 主編,『文學的
後設思考』, 臺北, 正中書局, 1991, 156～180쪽, 참조.)

4) 1993년 헌팅턴(Samuel P. Huntington)은 『外交事務』(*Foreign Affair*)에 「문명
의 충돌」(The Clash Civilizations?)이란 글을 발표한 이후 이른바 '문명충
돌론'은 국제 정치에 관심 있는 학자들의 뜨거운 토론 의제가 되었다. 그
뒤 헌팅턴은 「문명이 아니면 무엇이란 말인가?」(*If Not Civilization, What?
Paradigms of the Post－Cold War World*),「서양, 독특할 뿐이며 보편적이지
않다(The West, Unique, Not Universal)를 연이어 발표하여 비판과 지지
논점에 응답하였다. 또한 이 논점들을 정리·보충하여 『문명의 충돌과 세
계 질서의 재편성』(The Clash of Civilizations and the Remaking of World
Order)이란 저서로 출판하였다.(Samuel P. Huntington 著, 黃裕美 譯,『文
明衝突與世界秩序的重建』, 臺北, 聯經, 1997.)헌팅턴의 주장은 다음과 같
다. 즉 탈냉전 시기 인류 충돌의 주요 근원은 더 이상 의식 형태나 경제
요소가 아니다. 인류 최대의 분쟁과 충돌 요소는 장차 '문화 차이'가 될
것이다. 상이한 문화 간의 모순이 미소 양대 진영의 대립을 대체할 것이고
문명의 충돌이 전 세계 정치를 좌우할 것이다.

리고 문화다원주의 등이 그 사례이다. 이들 이론은 각기 방법과 주안점은 다르지만, 대국적인 차원에서는 서로 밀접한 관계를 맺고 있다. 동시에 문화에 대한 논의가 심화됨에 따라 많은 지식인들이 사회와 문화 전망에 관한 토론에 참여하고 있다.

사실상 중국의 경우, 문화에 대한 관심과 토론은 100여 년 동안 줄곧 지속되었다. 이 토론의 대부분은 중국의 현대화 문제와 관련된 것으로, 일찍부터 중국 사상계, 문화계의 기본 논제였다. 그리고 중국의 이 문제상의 노력은 지속되어, 근현대 100년의 중국사, 특히 19세기 말에서 20세기 상반기의 수십 년의 역사를 살펴보면 절대 다수가 '어떻게 민족을 진흥시킬까' 하는 사상적 탐색이 이 시대의 주제를 이루고 있다. 더욱이 민족 역사의 거대한 변화, 신구문화의 변화는 필연적으로 사상의 다원화를 초래했다. 사상의 다원화와 각종 사상의 상호 격동과 논쟁 속에서만이 중국의 수많은 문제점이 명확하게 드러날 수 있기 때문이다. 지식인들의 변혁도신(變革圖新)에 대한 탐색은 몇 대에 걸쳐 현재까지 이어지고 있다. 그리고 이 100여 년의 역사 속에서 각종 '현대화' 실천과 실험은 그 성패를 떠나 중국 근현대사의 또 다른 독특한 경관을 연출한다. 아울러, 이와 동일한 차원에서 사상 문화적 충돌이 발생되어 그 역사 상황의 차이로 인해 그 의의와 표현방식 역시 다르게 나타났다.[5]

문화는 끊임없는 성찰 과정을 통해서 발전한다. 중국 문화 역시 예외는 아니다. 선인들의 '고금(古今) 논변'이나 근대의 '중서 논쟁'은 중국 전통문화, 특히 그 기본 정신에 대한 심층적인 성찰이며, 이

---

5) 孟繁華 著, 『衆神狂歡−當代中國的文化衝突問題』, 北京, 今日中國出版社, 1997, 9쪽.

러한 성찰 과정에서 민족 문화에 대한 인식이 더욱 깊어질 수 있었다. 그러나 역사 상황과 인식 수준으로 인해 과거의 전통 문화 정신에 대한 성찰은 대부분 민족적 입장에서 진행될 뿐이었다. 그렇기 때문에 이 성찰의 민족적 한계성을 피할 수 없었다. 민족성에는 합리적인 측면이 존재한다. 그것은 민족에 대한 강렬한 정서를 기초로 하고, 민족의 우수한 문화 전통의 발현을 목표로, 전통문화 정신의 시대적 합리성을 논증하려 한다. 하지만 이처럼 민족적 시각에 얽매인 문화 성찰은 필연적으로 민족 문화 정신의 세계의식 문제를 해결할 수 없다. 왜냐하면 세계는 날로 일체화·국제화됨으로써 민족의 생존은 더 이상 단순한 그 민족 자신만의 문제가 아니기 때문이다. 민족 자체에는 세계성이 포함되어 있다. 각 민족의 문화는 인류 문화의 구성 부분이므로 모두 인류성을 지니고 있다. 단지, 민족 문화의 실천 속에서 문화의 인류성과 세계성을 구현해야 함은 물론이고 민족 문화 정신의 세계화를 실현해야만 비로소 민족 문화의 세계적 위치 문제를 설명해낼 수 있다. 과거 전통문화에 대한 중국의 성찰은 그 민족적 한계성을 극복하려는 과정이었고 아직은 역부족이다. 그러나 이 문제를 극복하려면 반드시 문화 철학적 이론 시각에서 중국 전통 문화의 기본 정신을 통찰해야 한다. 즉 중국 문화에 대한 전반적이고 철학적인 검토와 반성이 이루어져야 한다. 세계화시대라는 대추세로부터 출발하여 전통 문화에 대해 새롭게 위치를 정해야 한다. 중국 문화의 철학적 성찰은 반드시 시대의 문화 철학6)적 관점에서 이루어

---

6) 문화 철학은 문화를 대상으로 삼는다. 문화 철학은 문화에 대한 심층적 성찰을 통해서 형성된다. 이러한 성찰은 인류 문화에 대한 총체적 사고, 즉 철학적 사고이다. 철학사에서 문화 철학이 불러일으킨 철학 관념의 전환은

져야 하는데, 이는 철학적 관점에서의 중국 전통 문화 기본 정신에 대한 총체적인 성찰을 의미한다. 인류 문화 전체로부터 중국 전통 문화의 기본 정신을 성찰한다고 함은, 민족 역사 방법의 성찰이나 단순한 민족의식의 성찰과는 상이한 바로 철학 방법의 역사적 성찰인 것이다. 이러한 성찰만이 인류 문화의 총체적인 높은 수준으로부터 중국 전통 문화 기본 정신의 세계의식 문제를 해결할 수 있고 중국 전통 문화의 세계적 위치와 현시대적 가치를 설명해낼 수 있다.

본 연구는 유가 문화의 역사적 변천 과정을 중심으로 중국 문화에 대한 철학적 성찰을 위한 시도이다. 중국의 전통 문화는 그 관념 형태로 말하자면 유학이 그 주류를 차지한다. 그것은 풍부한 이론적 가치를 지닐뿐더러 실제적 가치를 함유한다. 유학 사상의 현대적 가치를 드러내기 위해서는, 연구 방향에 있어서 근본적인 관념의 전환이 필요하다. 즉 순수 학술적 이론 측면의 연구로부터 현대 사회 가치라는 실제적인 평가 측면으로 전환해야 한다. 장구한 시간 동안 중국 유교 문화의 연구에 있어 우리는 유학 사상 그 자체에만 관심을 기울여 왔다. 그래서 유교의 철학 사상, 문예 사상, 과학 사상, 처세 철학 등을 조명하는 데 그치면서 유교 문화의 현대적 가치라는 새로운 영역에는 본격적인 관심을 기울이지 못했다. 기존의 유학 연구는 어느 정도의 학문적(書齋性)·철학적(經學性)·엘리트적(貴族性) 성향을 지닐 뿐만 아니라, 더욱이 세계화의 시각과 세계 문화의 전체적 의미가 결핍되었던 게 사실이다. 이렇다 보니, 중국 유학 문

역사적 심층성과 현실적 절박성이 깃들어 있다. 그것은 철학과 인간에 대한 새로운 이해, 특히 문화에 대한 '철학적' 이해와 직결되어 있다. (揚光啓 編著, 『文化哲學導論』, 廣州, 暨南大學出版社, 1999, 1쪽, 참조.)

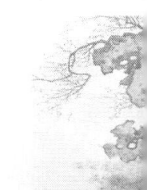

화의 연구는 현실 생활과 동떨어진 순수 학술적 영역에 머물러 유학 문화의 연구는 완전히 그 현실적 의미를 상실하고 말았다. 이제는 이러한 폐쇄적인 연구의 틀을 깨야한다. 다시 말해 유학 사상 자체에 대한 연구에서 유학 사상의 현대적 가치에 대한 평가로 전환해야 한다. 현대 사회의 여러 영역에서 유학을 주체로 하는 전통 문화의 '유전 인자'는 여전히 사람들의 두뇌 속에서 이런저런 작용을 하고 있다. 또한 그것은 현실 사회생활의 각 영역에 침투하여 중요한 사회적 가치를 지닌다. 우리는 이러한 사회적 가치를 도출하여 합리적으로 평가해야만 전통 문화를 현실 생활과 연계시켜 전통 문화에 강한 생명력을 부여할 수 있다.[7]

20세기 초 독일의 저명한 사회학자 막스 베버(M. Weber)는 다음과 같이 단언했다. 즉 동아시아 국가와 중국에 관해 말하자면, 전통 유학의 광범위한 영향은 자본주의 발전을 저해하고 공업화를 실현하는 데 최대의 걸림돌이 되었다. 베버는 유학과 현대화를 분명하게 대립시켰다.[8] 그러나 2차 대전 이후 '유교 문화권'에서 일으킨 일련의 경제 기적은 베버의 이론을 무색하게 만들었다. 먼저, 50~60년대 일본 경제가 빠르게 소생하면서 잇달아 '황금시대'를 맞이했다. 그 이후로 70년대 싱가포르, 한국, 대만, 홍콩의 경제 비약이 뒤따랐다. 특히 80년대 이래 중국의 경제 발전과 함께 동아시아는 세계적으로 가장 경제적 활력이 넘치는 지역이 되었다. 전 세계의 이목은

---

7) 党延敏, 『對儒學思想當代價值的評價』, 哈爾濱工程大學人文社會科學學院碩士學位論文, 2002, 3, 참조.
8) M.Weber 著, 於曉 譯, 『新教倫理與資本主義精神』, 上海, 上海三聯出版社, 1987, 47쪽.

동방으로 쏠렸고, 일부 경제학자들은 "21세기는 아시아·태평양의 세기가 될 것이다"[9]고 예언했다. 세계는 일본, 한국, 싱가포르, 홍콩, 대만, 말레이시아, 태국 등의 문화적 연원이 모두 '유교 문화권'에 속하거나 '유교 문화권'과 밀접한 연관성이 있다는 사실을 발견하게 되었다.

'유교 문화권' 국가와 그 지역의 경제적 성공은 중국 전통 문화, 즉 유학 사상에 대한 관심을 이끌어냈다. 그리고 사람들은 현대 사회 발전에서 유교 문화의 작용을 탐색하기 시작했다. 특히 세계화시대에 세계의 보편적 가치 관념을 떠나 민족 구역 문화를 논의한다는 것은 의미상에서 거의 불가능한 일이다. 중국의 경우 5·4 신문화운동 이래 전통 유학을 곡해하여 극단적인 견해까지 출현했던 것도 사실이다. 하지만 오늘날 동아시아 국가들이 현대화 과정 속에서 유학 사상과 결합하여 성공한 경험, 중국 개혁 개방 20여 년 동안 거둔 커다란 성공은 중국 민족 전통 문화에 대해 재평가하게 만들었다. 2004년 3월에 개최된 '현대유학국제학술연구토론회'의 개막사에서 중국의 한 교수는 다음과 같이 말했다. "경제 활동의 세계화, 사회생활의 현대화, 사상 문화의 다원화시대에 어떻게 하면 효과적으로 전통 문화를 전승하고 현대 문명을 창건하여 지식인들의 보편적인 관심을 폭넓게 이끌어낼 수 있을 것인가? 이질 문명 간의 상호 대화도 나날이 현세계의 주류가 되어가고 있다. 여기에 기반하여 유학 사상이 주도가 된 중화 문명은 반드시 세계 문명에 대해 새로운 공헌을 할 것이다."[10]

---

9) Toynbee(英), 池田大作(日) 著, 荀春生 等 譯, 『展望二十一世紀－湯因比 與池田大作對話錄』, 北京, 國際文化出版公司出版, 1985, 참조.

제2절

연구 목적과 방법

1. 연구 목적

본 연구는 앞에서 서술한 연구 동기로부터 출발하여 오랫동안의 사색, 정리, 숙성을 거쳐, 문화 철학적 시각, 총체적 시각, 역사 발전적 맥락, 세계화의 시대적 배경에서 중국문화를 조명하고 정리하며 성찰하는 것은 필자가 오래전부터 갖고 있었던 생각이다. 특히 외국에서의 유학생활과 교학연구에 종사한 경험에 크게 힘입었다.[11] 홍콩, 대만 및 해외 학자들의 연구 성과를 충분히 참고하고 수용했지만, 중국 학계의 학풍과 이론은 가급적 배제하려고 했다. 그러나 실제로 어려웠던 점은 무엇보다도 주제 선정 문제였다. 어떻게 하면 중점을 뚜렷이 나타내고 필자의 경험과 성과를 일반화시킬 수 있을까? 이러한 물음에 효과를 거두기 위해 전체 논문 구조에 신중을 기하였

---

10) 吳光 主編, 『當代儒學的發展方向－當代儒學國際學術研討會文集』, 上海, 漢語大詞典出版社, 2005, 6, 1쪽.

11) 저자는 1999년 9월에 성균관대학교 대학원 동양철학과 박사 과정에서 유학을 시작하여 2002년 2월에 수료하였다. 2004년 3월에 韓世大學校 교양학부의 교수 초빙을 받아 교편을 잡았다. 당시에 '동서문명교류', '동아시아문화산책', '개혁개방시대의 중국' 등의 과목을 담당했었다. 그 기간 동안 잇따라 세 편의 비교적 영향력 있는 학술 논문을 발표하였고, 번역서 『한중관계사』(3권)를 출판하였다. 또한 한국의 여러 학자, 교수들의 우수한 학술 논문 십수 편을 번역했는데, 그중 절대 다수가 모두 중국의 주요 학술 잡지와 국제학술회의상에서 발표된 것이다.

다. 그 밖에도 중국의 현실과 긴밀하게 연결하기 위해 광범위한 독서, 분석, 정리, 자료 수집을 게을리 하지 않았다. 여기에서 이른바 현실과 밀접하게 관련을 맺는다는 것은 중국공산당과 중국정부가 2003년에 제기해서 2006년 16차 6중전회에 이르기까지 점점 명확해진 '조화로운 사회(和諧社會)'의 이념 속에서 대략 찾아볼 수 있다."[12]

　본 논자는 이 연구가 학술적 의미뿐만 아니라, 중국의 현대 문화 재건, 현 중국의 '조화로운 사회' 건립 노력에 보탬이 되기를 기대하면서, 한편으로는 완전한 객관적 고찰과 비판을 유지하면서도 문화 중심주의와 민족주의 경향은 피하고자 했다. 이상을 근거로 본 연구의 연구 목적, 그리고 연구·토론하고 대답하고자 하는 문제는 다음과 같다고 하겠다.

　1) 중국 문화의 형성 원인과 그 특징은 무엇인가? 문화 철학적 시각에서 중국 전통 문화의 기본 정신은 무엇인지, 어떠한 기본 가치 취향과 인문 함의를 가지는지, 중국 문화의 기본 정신과 서양 문화

---

12) 주지하듯이, 2003년의 중국공산당 16차 3중 전회에서 중국 정부는 '과학 발전관'을, 이후에 다시 '조화로운 사회'(和諧社會)라는 개념을 각각 제시했다. 2004년 중국공산당 16차 4중 전회 때는 조화로운 사회 건설의 새로운 이념을 제시하여 사회 조화를 물질문명, 정신문명, 정치문명과 함께 중국 사회주의 현대화 건설의 목표로 삼았다. 다시 말해, 중국 사회주의 현대화 건설을 "부강, 민주, 문명"이라는 삼위일체의 목표에서 "부강, 민주, 문명, 조화"라는 사위일체의 목표로 수정하고 발전시켰다. 또한 새롭게 "이인위본(以人爲本)" 사상으로 이끌었다. 2006년 16차 6중전회에서는 『조화로운 사회 건립을 위한 중국공산당중앙위원회의 몇 가지 중대 문제에 대한 결정(中共中央關於構建和諧社會若干重大問題的決定)』을 작성하여, 2020년까지 사회주의 조화로운 사회 건립을 위한 지도 사상과 목표, 공작 원칙, 중요한 부서를 명확하게 제시하였다. (『中國共産黨第十六屆中央委員會第四次全體會議公報』, 北京, 人民出版社, 2004; 『中共中央關於構建和諧社會若干重大問題的決定』, 北京, 人民出版社, 2006, 참조.)

는 또 어떤 차이가 있는지, 세계화시대에 있어서 중국 문화의 위치와 그 현대적 가치는 무엇인지를 분석하고 통찰하고자 한다.

2) 중국 근현대사에 있어 중국 문화와 서양 문화의 교류와 충돌의 역사 과정에 대한 회고와 통찰, '서학동점'(西學東漸)의 과정에 대한 총결산과 분석을 시도하고자 한다. 이를 통해 다음과 같은 질문에 대답하고자 한다. 즉 불교의 유입과 중국화 과정의 성공을 대비시켜 기독교의 유입은 무엇 때문에 완전히 실패했는가? 중국은 근대에서 무엇 때문에 세계 조류에 뒤떨어졌으며, 중국 전통 문화는 서양 문화의 도전에 직면하여 무엇 때문에 곤경에 처했고 스스로 빠져나올 수 없었는가? 어떠한 고통과 변천의 과정을 겪었는가? 오늘날 중국 문화의 현대화 역정에는 어떠한 교훈이 있는가? '5·4 신문화운동'은 중국 역사상 그 첫 번째 겪은 진정한 의미의 문화 계몽 운동으로서 이론과 실천상에서의 경험 또는 교훈은 오늘날 현대화의 과정에 들어선 중국 현대 문화 건설에 대해 어떠한 중요한 시사를 주고 있는가? 마르크스주의 중국 유입은 근현대 중국에 거대한 변화를 일으켰지만, 그 경험의 과정은 오히려 중국인의 깊이 있는 사고를 이끌어냈다. 마르크스주의가 근대 중국에서 전면적으로 받아들여진 이유, 또한 이후에 기형적으로 발전하게 된 원인은 어디에 있을까? 이는 중국 전통 문화의 주류인 유학과 현시대에 서로 조화를 이룰 수 있을 것인가?

3) 현대 중국 문화의 변천과 곡절 많은 변화 역정에 관한 회고와 반성을 통해, 1960~1970년대의 '문화대혁명'의 동란으로부터 80년대 '문화열풍'이 불어온 '신계몽운동'의 출현, 90년대 반서구화(反西化)의 신보수주의의 전향에 이르기까지 중국 사회는 끊임없이 현대화의 방향을 향해 매진해왔다. 이러한 역사적 변화와 현실적 시련 속에서

중국 문화는 어떻게 전화(轉化)할 것인가? 재생과 부흥의 가능성은 있는가? 그 실현 방법은 무엇인가? 중국은 현재 사회 전환기이면서 문화적 전환기이다. 이러한 변화의 과정에서 중국 문화의 재건과 부흥, 즉 중국 문화의 현대적 변화의 기초와 원동력은 무엇인가? 중국의 전통 문화는 어떤 역할을 하는가? 중국 전통 문화 주류로서의 유가학설은 '세계화시대'에 어떻게 자리매김 될 것인가? 세계로 나아가 충분히 발전할 수 있는가? 이러한 문제들은 현재 철학 연구 과정에서 숙고되어야 할 문제이다. 또한 본 연구의 핵심 문제이기도 하다.

2. 연구 방법

상술한 연구 동기와 연구 목적에 근거하여 본 연구에서 이용하고자 하는 연구 방법은 두 가지이다. 즉 '문화 연구 방법'과 '역사 연구 방법'이다.

1) 문화 연구 방법

문화 연구는 최초 인류학에서 비롯되었다. 영국의 인류학자 테일러(E. B. Taylor)가 1871년 문화와 관련해서 정의를 내린 이후로부터[13], 이 문화란 단어는 인문학과 사회 과학 연구에 영향을 미쳤다. 그러나 과거의 사회 과학 방법이 문화와 관련하여 연구할 때는 대부분 사회 구조의 인류 행위 측면으로 귀결시켰다. 실증 연구의 전통에 의하면 행위주의적 노선을 유지하여 밖으로 드러난 행위 패턴,

---

13) 제2장, '제1절 문화 정의', 참조.

효과적인 과정 등 '객관'적 가치의 중립적 방법으로 문화 과제를 해결하였다.[14] 프랑크푸르트학파와 같은 비실증주의자의 경우에는 문화를 자본주의 사회의 이미 정해진 생산 관계와 생산력 총화로부터 분리시킬 수가 없다고 했다. 그들은 문화를 통치 계급을 유지하는 하나의 수단으로 여겼는데, 이는 문화를 '의식 형태'로 간주하고 비판한 것이라 하겠다.[15]

현재의 '문화 연구'(Cultural Studies)는 이미 위에서 말한 것과는 다른 문제가 되었다. 그것은 점차로 각 영역, 각 분야를 초월하는 연구 방향으로 발전하였다. 이러한 추세는 영국의 버밍엄대학 현대문화연구센터(Center for Contemporary Cultural Studies, CCCS)가 그 기틀을 마련하였다. 영국은 문화 연구가 그 역사·사회 환경과 관계가 있음을 확인시켜 주었다. 영국은 공업자본사회로부터 포스트-공업말기-자본주의사회(Post-industrial-late Capitalism)로 전환했던 것이다. 특히 미국의 대중문화가 대거 침입함으로써 이른바 '미국화', '할리우드화'의 위기가 조성되었다. 영국의 '신좌파'(New Left)는 이러한 사회적 상황 속에서 다음과 같은 결론에 도달하였다. 예컨대, 그 주요 원인은 전통 마르크스주의자는 이론적, 또는 정치적 측면에서 영국 사회가 점차로 직면하고 있는 중요한 역사 문제를 해결할

---

14) 1970년대의 지식 격차(Knowledge Gap) 연구는 '문화 수준 차이'의 확대 원인을 사회 경제 지위(또는 사회 계층화)의 자연 차이로 귀결시켰다. 대략 같은 시기에, 미국 '문화 지표 연구'의 토론이 비록 사람들의 '상징'적 소양을 사용했더라도, 도리어 외재 사회 구조의 현상(가령, 범죄율)으로써 해석한 것이었다. (R. Wuthnow, J. D Hunter, A. Bergesen & E.Kurzwell 著, 王宜燕·戴育賢 譯, 『文化分析』, 4쪽, 참조.)
15) 앞의 책, 4~5쪽.

수가 없다는 것이었다. 이러한 신좌파의 문화에 대한 논의는 2차 대전 이후, 영국 사회의 전면적인 반성을 특명하게 보여주는 것이다. 이것 역시 문화 연구가 출현하게 된 하나의 조건이라고 할 수 있다.

1980년 이래 문화 연구는 이미 학계에서 하나의 뜨거운 화제가 되고 있다. 문화는 연구의 주요 대상으로서 점점 사회를 대체할 뿐만 아니라 각 영역에서도 실체를 드러내고 있다. 즉 예술, 인문, 사회 과학, 심지어는 과학 기술에 이르기까지 거의 미치지 않는 곳이 없을 정도이다. 이 때문에 문화 연구는 그것과 일반 전통 학문 분야 사이에 약간의 근본적인 차이를 발생시켰다. 동시에 그 연구 범위에도 일종의 모호성이 나타나며, 자신의 원칙, 이론이 결핍되어 항상 사회학, 심리학, 언어학, 인류학, 문학 비평, 예술 이론, 철학, 정치, 과학 …… 등 분야의 연구 방법을 차용하여 자신의 편리대로 이용했던 까닭에, 문화 연구는 단순히 하나의 학문 분야가 아닌 사실상 그것은 하나의 '집합 명사'라고 말할 수 있다.16) 문화가 중요한 까닭은 그것이 역사와 사회 구조를 만들어내기 때문이다. 그러므로 문화 연구는 역사와 문화를 두 개의 분리된 실체로 보지 않는다.

"현대 세계 철학의 중점은 이미 과학 철학에서 문화 철학으로 바뀌어 세계 철학의 발전은 한 번의 거대한 역사적 전환을 맞이했다."17) 철학의 이와 같은 역사적 전환은 시대적 주제가 이미 깊이 전환되었음을 의미한다. 철학의 주요 관심사는 더 이상 물질이 아니라 '인간'이었다. 인간이 새롭게 철학의 주요 관심사가 되고 문화와 분리될

---

16) Ziauddin Sardar 著, 陳貽寶 譯, 『文化研究』, 6~8쪽, 참조.
17) 「第17屆世界哲學大會閉幕詞(1984年)」, 『文化哲學導論』(揚光啓 編著), 廣州, 暨南大學出版社, 1999, 1쪽 참조.

수 없는 이유는, 문화적 견지에서 인간을 이해해야만 철학이 거시적으로 역사적 전환을 할 수 있기 때문이다. 근대 이래 역사의 진보에 따라 인류 문화에 대한 체계적 연구는 점차 심화되어 대략 네 단계를 거쳤다. 즉 문화의 서술성 연구, 인류학 연구, 문화학 연구, 문화 철학 연구 등이다. 문화의 서술성 연구는 문화의 현상 연구이다. 문화의 인류학 연구, 문화학 연구는 문화의 '과학' 연구라 할 수 있다. 그러나 이러한 것들은 여전히 인류 문화가 진행하는 구체적인 여러 측면의 연구일 뿐이다. 이에 비해 문화 철학은 인류학, 문화학 연구를 기초로 삼는다. 또한 문화 철학의 문화에 대한 연구는 그 착안점을 문화 총체에 두고 있다. 즉 총체적으로 인류 문화를 파악하고 그것의 본질을 드러내어 '문화란 무엇인가'에 대답한다. 그것은 철학적 측면의 연구에 속하고 그 목표는 인류 문화의 본질을 밝히는 것은 물론, 그 기초 위에서 문화 존재의 일반 원칙과 발전의 보편 법칙을 한층 더 연구하는 것이다.

문화 시각에서 인류 역사를 돌이켜보면, 인류의 장구한 역사 속에서 다음과 같은 몇 가지의 문화 양식을 경험하였다. 원시 문명 시기의 표상화와 직관화적 문화 양식; 농업 문명 시기의 자연주의와 경험주의적 문화 양식; 공업 문명 시기의 이성주의적 문화 양식이다. 현재 주도적 이성주의 문화 양식은 전환 과정에 있으며 문화적 위기에 빠져 있다. 일반적으로, 문화 위기란 주도적 문화 양식의 효력 상실을 의미한다. 다시 말해, 인간 행위를 지배하는 보편적 문화 습관이 그 효력을 잃기 시작하여, 더 이상 사람들에게 안신입명(安身立命)의 생존 의미와 근거를 제공할 수 없게 되어 문화의 변화를 불러온 것이다. 중국은 현재 사회 전환기에 처해 있고 동시에 문화의 전환기에 처해 있다. 전통 문화는 심각한 위기에 빠져있다. 이와 같은 변화 과정에서 중국의 전통 문화는 어떤 역할을 충당해야 하는가? 문화 철학으로 보아 중국 전통 문화의 기본 정신은 무엇인가? 이들 문제의 해결이 시대적으로 어떤 의미가 있는가? 이상은 우리가 문화 철학의 연구 과정 속에서 고려해야 할 현안들이다.

문화 철학은 이러한 문화의 전환기에서 문화에 대한 심층적 성찰을 통해 형성된 하나의 새로운 철학 개념이다. 본 연구는 문화 철학 연구의 방법을 이용해 중국 전통 문화의 기본 정신을 성찰하고, 현재 중국 문화의 위기와 재건에 대해 건설적인 사고를 진행하고자 한다.

2) 역사 연구 방법

역사학은 현대 학문 영역에 비해 오래된 학문이다. 19세기 역사학은 여러 학문 영역 가운데 중요한 위치를 차지했다. 그러나 1880년대부터 브리사크(Emst Bresack)가 말한 바와 같이 인류 현상을 연구하는 수많은 학자들은 '시간'이라는 이 요소의 중요성을 계속 부인하였다. 이로 인해 19세기의 이 저명한 학문 영역은 20세기에 와서는 이미 그 고유한 영향력을 상실했고, 많은 사람들은 역사의 학습은 쓸모가 없다고 생각하기에 이르렀다.[18]

20세기 역사학이 과거와 다른 점은 역사학자가 이제 더 이상 역사의 의미와 방향을 중시하지 않고, 역사 지식이 객관적인가의 여부를

---

18) R. G. Collingwood 著, 陳明福 譯, 『歷史的理念』, 臺北, 桂冠圖書, 1992, 8쪽, 참조.

연구하고 토론하는 것을 좋아한다는 사실이다. 릭케스트(Heinrich Rickest)는 역사 지식은 개인주관적 구축이지 과거의 진실을 중시하는 것이 아니라고 여겼다. 크로체(Benedetto Croce)는 모든 역사는 당대사이고, 역사는 역사가가 자신의 상상을 근거로 하여 현실의 필요에 따라 과거의 경험을 재건하는 것이라 했으며, 콜링우드(R. G. Collingwood)는 모든 역사는 사상사이고 역사가의 임무는 역사 인물의 사상을 새로이 체험하는 것이라고 생각했다. 카(E. H. Carr)는 역사란 역사가와 과거 사이의 끊임없는 대화로 인식했다. 이러한 상황에서 20세기 중엽 이후, 많은 학자들은 역사 해석과 역사 지식의 객관성 문제를 토론하는 중이다. 이 밖에도 역사학은 사회 과학으로부터 오는 도전에 직면하여 전통 사학의 순수 서술 방식은 역부족이라는 사실이 드러나, 해석과 이론 구조를 보충할 필요가 있음을 절감했다.

20세기 후반에 일어난 후현대주의 역사학의 신군단은 "역사가 비록 과거를 취급하지만, 역사는 과거를 재건할 수 없다", "역사란 과거의 재현이다" …… 등의 주장을 표명하였다. 후현대주의 역사학의 대표 인물 중의 하나인 젠킨스(Keith Jenkins)는 역사에 대해 다음과 같은 정의를 내렸다.

"역사란 유동적이고 문제가 주어진 서술이다. 표면적으로 그것은 과거 지향의 세계에 관한 것이다. 그것은 일군의 의식이 현대화된 연구자들(우리들의 문화 속에서 이 연구자들은 절대 대다수가 보수를 받는다)에 의해 창조된다. 그들은 연구 작업에 있어 상호 식별할 수 있는 방식, 즉 인식론, 방법론, 의식 형태와 실제 작업상 적합한 방식을 채용한다. 그리고 그들의 작품은 일단 세상에 널리 퍼지게 되면 계속적으로 이용되고 남용된다. 이 같은 이용과 남용은 논리상 무궁하지만 실제로는 언제나 존재하는 일련의 권력 기초와 서로 대응한다. 뿐만 아니라, 일체를 지배하는 것으로부터 긴요치 않는 분광에 이르기까지 이에 따라 각종 역사적 의미를 구축하고 유포시킨다."[19]

이 점에서 볼 때, 역사는 결코 객관적 존재가 아님을 알 수 있다. 그것은 사람들의 해석 작업의 결과이고, 주관적 의식의 전화(轉化)를 거친 후의 '과거'적 사실이어야만 역사라고 말할 수 있다. 대상성 (Gegenstand lichkeit)이 없는 과거가 역사의식 활동의 전화 작업 아래 비로소 역사가 되는 것이다.[20]

본 연구는 '총체적인 역사관'을 채택한다. 사람들이 가장 쉽게 범하는 착오가 바로 "포만감의 공을 완전히 세 번째 만두로 돌리고, 혹자는 세 번째 만두가 앞서 먹은 두 개보다 더 무게가 있다고 여기는" 까닭에, 사람들이 경험한 사건 변천은 해석되고 소화될 필요가 있다. 결국 그것이 나타내주는 것은 번잡스럽고 고립적이어서 역사 속에서 순식간에 잊혀지고 마는 한바탕 운동인 것이다.

본 연구가 역사 연구 방법을 채용한 목적은 '문화 발전 변천'에 대한 역사의식을 세우기 위해서이다. 역사의식의 구축 활동은 자기 행위의 목적으로부터 출발하여 과거에 경험한 여러 가지 과정을 해석해냄은 물론, 그와 같은 무한히 많은 경험 사실을 일부 선택하고 거기에 의미를 부여하여 전후 서로 관련된 체계를 구축해내야 한다. 이러한 맥락에서 드러난 시간은 더는 '자연 시간'(Naturzeit)이 아니며, 그것은 '인문 시간'(Humane Zeit)의 성질에 속한다.[21]

---

19) Keith Jenkins 著, 賈士蘅 譯, 『歷史的再思考』, 臺北, 麥田出版社, 1996, 16쪽.
20) 周梁楷・吳振漢・胡昌智著, 『史學導論』, 臺北, 空大, 1995, 218쪽, 참조.
21) 앞의 책.

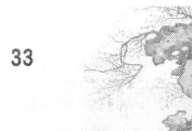

제3절

내용 구성

　본 연구는 서론과 결론 두 부분을 포함하여 모두 다섯 장으로 구성하였고, 그 각 장의 주요 내용은 다음과 같다.

　제1장 서론 부분에서는 먼저 연구 동기와 그 주제 선택의 배경, 즉 세계화시대라는 큰 배경하에서 문화 철학적 시각으로 중국 문화에 대한 전반적인 성찰의 중요성과 필요성, 세계화시대에 유학 사상이 가지는 풍부하고도 새로운 생명적 함의에 관해 논하였다. 다음으로는 연구 목적과 방법을 설명하였고, 세 측면에서 탐구·토론하고 대답하고자 하는 여러 문제, 그리고 연구의 현실적 의미를 개괄적으로 정리하였다. 연구 방법에 있어서는 주로 '문화 연구'와 '역사 연구' 두 방법을 채용하였다. 문화 연구 방법은 특히 문화 철학 연구의 특징과 의미에 대해 요령 있고 명백하게 서술하였다. 역사 연구 경로의 발전 맥락에 대해서도 간단명료하게 소개하였다. 동시에 두 연구 방법의 유기적 결합을 시도하여 중국 문화의 발전과 변천 과정을 분석하고 해석하여 그 속에서 어떠한 결론을 도출하였다.

　제2장의 제목은 '중국 문화의 기본 의미'이다. 본 장은 모두 세 절로 나뉜다. 제1절은 문화 개념에 관한 고찰과 의미 해석을 통하여 중국 고대 문화 개념과 서양 전통 문화(Culture) 개념의 같은 점과 다른 점을 지적할 것이다. 그 다음에 문화의 구조, 분류, 특징을 자세히 설명할 것이다. 또한, 문화 구조의 분류에 있어 '물질 문화',

'정신 문화', '제도 문화' 세 단계설을 채용하려고 한다.[22] 문화의 특징에 대해서는 각 학설을 참고하여 '동일성', '시대성', '민족성', '지역성' 네 측면으로 개괄하여 정리할 것이다. 제2절은 중국 전통 문화의 원형과 그 기본 특징에 대한 분석과 총결산이다. 우선 중국 전통 문화의 세 가지 생성 요인, 즉 자연 요인, 경제 요인, 정치 요인을 분석하고자 한다. 계속해서 중국 문화의 '윤리·정치형 특징' 그리고 '통일성과 연속성', '비종교성과 인문성', '지속적 포용성', '도덕 지상의 종법형 문화', '무실 정신과 중용의 숭상' 등 다섯 가지 큰 특징을 분석할 것이다. 아울러 중국 문화가 지니는 특징에 대한 상이한 관점에 대해 소개하고자 한다. 본 장의 핵심 내용은 제3절의 중국 문화 기본 정신의 문화 철학적 통찰 부분이다. 문화 연구의 방법과 문화 철학적 시각을 통해 중국 문화의 기본 정신을 통찰하고자 한다. 즉 천인합일(天人合一), 이인위본(以人爲本), 강건유위(剛健有爲), 귀화상중(貴和尙中) 이 네 측면에 중점을 두어 구체적으로 논술함으로써, '인간과 자연의 화합', '도덕적 인본주의 정신', '진취적 문화 품격', '조화와 중용의 문화'의 함의를 각각 파악하려고 한다. 이 함의의 핵심과 기본 가치 취향은 중국 전통 문화의 뿌리인 '화'(和) 정신이다.

　제3장은 본 연구의 극히 중요한 부분으로서 주로 역사 연구와 비교 연구의 결합 방법을 통해 근현대 중국 문화와 서양 문화의 충돌, 충돌의 역정(歷程)을 회고하고 자세히 설명하고자 한다. '서학동점'을 배경으로 하여 근대 서양 문화의 중국 수입과 그것이 불러온 충

---

22) 제2장, '제1절 문화 정의' 및 뒤의 주석30) 참조.

격과 영향을 분석할 것이다.

　제3장 제1절에서는 주로 근대 중서 문화 충돌 과정을 소개하고 분석할 것이다. '서학동점'의 세 시기와 각 시기별 대표적인 충돌 사건 혹은 운동을 통해서 충돌의 원인, 과정, 그리고 그것이 가져온 결과에 관해 자세히 설명하고자 한다. 먼저 첫 번째 부분은 '중서 전례 논쟁'을 통하여 기독교와 명 말 유학의 충돌을 소개하고자 한다. 명 말·청 초 시기 예수회 선교사 마테오 리치(Matteo Ricci, 利瑪竇), 아담 샬(Adam Schall, 湯若望)[23] 등 인물들은 1592년부터 연이어 중국을 방문하여 기독교를 전파함과 동시에 세계 근대의 문화와 과학 기술을 중국에 전해줌으로써, 중국 문화 발전과 서양 문화와의 교류에 매우 큰 공헌을 하였다. 그렇지만 이와 같은 바람직한 상황은 오래 지속되지 못하였다. 나중에 발생한 중서 전례 논쟁으로 인해 동서교류는 중단되고 말았다. 계속해서 '전례 논쟁'의 과정을 자세히 설명하여 '전례 논쟁'의 본질 및 기독교가 결국 중국인에게

---

23) 利瑪竇(Matteo Ricci 1552~1610)는 字가 西泰이고 明末에 중국에 온 이탈리아 예수회 선교사이다. 19세 때 예수회에 입회하여 로마학원에서 성직자 교육을 받았다. 1577년 리스본 코임브라(Coimbra)대학에서 포르투갈어를 공부했다. 1578년(明 萬曆 6년) 3월 24일, 제30 예수회 선교사 원정대에 참가하라는 파견 명령을 받들어 리스본에서 인도와 극동을 향해 출발하였다. 예수회 순시 신부 발리냐노(范禮安)의 부름을 받아 1582년 8월 7일 인도 고아에서 마카오(澳門)에 도착한다. 뒷날 중국 선교사 사절단의 지도자가 된다.
　湯若望(Johann Adam Schall yon Bell)은 字가 道未이고 독일 선교사이다. 그는 1592년 5월 1일 독일 쾰른(Cologne)에서 태어났고, 1666년 8월 15일 중국 북경에서 생을 마쳤다. 독일 쾰른 귀족 명문 세가 출신인 아담 샬은 마테오 리치의 뒤를 이어 명청 사이에 활약한 유명한 예수회 선교사이다. 상세한 설명은 제3장, 제3절을 참고하라.

받아들여지지 못한 원인, '전례 논쟁'이 중서 양쪽에 끼친 심각한 손실에 관해 분석할 것이다. 특히 중국 측의 그 손실이 가져온 영향은 깊은 역사적 비극으로 남게 되었다. 두 번째 부분에서는 '아편전쟁'을 그 분계선으로 하여 청대 말엽의 전면적인 위기와 문화 변혁에 대한 분석을 통해서 중화 문명과 문화의 정상적인 발전과 완성에 장애가 된 중국 민족 전통의 치명적인 약점을 설명하고자 한다. 또한 19세기 이래 중국 문화가 날로 서양화되어 민족의 특색을 잃어버리게 한 하나의 중요한 요인이었음을 밝히고자 한다. 세 번째 부분은 먼저 '5·4' 신문화운동을 간단하게 회고하고 새롭게 평가해보고자 한다. 필자는 '5·4'의 역사적 지위를 충분히 긍정하지만, 동시에 그 역사적 한계와 과격한 점, 학술 사상 방면에서의 진실한 성취의 결핍, 너무 이른 '좌향'(左向)적 정치 소용돌이에 말려든 점 등등을 고찰할 것이다. 그 다음은 마르크스주의의 중국 전입에 관한 부분을 분석할 것이다. 마르크스주의는 서양에서 발원했지만 중국에 들어와서 성공적으로 전파되고 수십 년간 통치적 지위를 차지한 것은 분명히 중서문화 교류사에 있어 의미심장한 문제이다. 이에 대해서도 새로운 문화 철학적 시각에서 분석할 것이다.

제2절에서는 중국 문화와 서양 문화의 차이를 논술할 것이다. 중서 문화 분속의 상이한 체계적 특성으로부터 중국 문화 정신과 서양의 차이를 명확히 밝힐 것이다. 여기서는 '인식방식의 차이', '인간과 자연 관계상 가치 취향의 차이', '가치관과 인생 추구의 차이'를 다룰 것이다.

제3절에서는 중서 문화의 상호 침투와 영향을 분석할 것이다. 근대 중서 문화 교류와 충돌의 역사 과정에 관한 회고를 통해 강한

문화인 서양 문화의 충격에 직면한 중국 전통 문화의 강렬한 진동과 영향은 그야말로 서양 문화의 근대 중국 사회에 대한 영향이 광범위했고, 또한 다원적이었음을 어렵지 않게 간파할 수 있다. 그 영향은 주로 중국인의 관념과 사유 방식에 대한 영향상에서 나타났다. 그러나 동시에 주목해야 할 것은 오늘날 세계화의 배경 아래서 중서 문화의 영향과 충격은 상호 작용적인 것이지 결코 일방적인 영향은 아니라는 사실이다. 중국 전통 문화의 정화, 즉 '조화'(和諧)의 사상, '천인합일'의 사상 등은 역시 서양 문화 발전에 영향을 끼칠뿐더러, 이러한 영향은 장차 세계화의 발전에 따라서 나날이 확대되어 나아갈 것이다.

제4장은 중국 문화의 부흥과 재건에 관한 내용이다. 제1절에서는 중국 문화의 현대적 변천을 회고하고 분석하고자 한다. 20세기 후반의 역사를 문화 운동 사건, 그 특징을 참고하여 세 분기로 나눌 것이다. 1960~1970년대에 폭발한 역사적으로 전례가 없는 '문화 대혁명'은 전통 문화를 전반적으로 부정하고 파괴한 '극좌' 시기로서, 실제로 인성(人性)을 해치고, 문화를 단절시킨 비이성 운동이었다. 1980년대는 중국에서 '문화열'로 통칭되는 '신계몽운동'이 흥기하였다. 이 운동의 요점은 대부분 중국의 전통 문화를 비판하고, 서양 문화 옹호로 전향하여 서양을 배우는 쪽으로 기울었다. '문화열' 토론의 핵심 주제는 중국 '문화의 현대화' 실현에 있었다. 1990년대는 대체로 신보수주의 대두, 민족주의 문화, 대중문화의 유행으로 나타났다. 문화 측면에서는 직간접적으로 일군의 '반서구'적 사조가 일어났다. 신보수주의의 대두는 유가 문화를 '국학열풍'(國學熱) 형식으로 중흥시켰다. 격렬한 반전통에서 자신의 전통을 인정하는 데까지, 여기에는 주

로 유학 인식에 대한 전환과 관련되어 있다. 그 전환의 촉진 원인은 다양하고, 여기에는 특히 깊은 시대적 정치적 배경이 존재한다.

제2절에서는 중국 현대 문화 현상을 구체적으로 분석하는 기초 위에서 중국 현대 발전 속에 존재하는 문제와 모순을 지적할 것이다. 이 중에서 중요한 모순은 현대화와 전통의 모순이라 할 것이다. 이 모순의 해결은 또한 그 다른 모순을 해결하는 기초와 전제가 됨은 물론 문화 재건과 창신의 원천이 된다. 연구 문제 전개는 중국이 당면한 문화 현상과 결부시켜 중국 문화 변화의 동력 문제, 중국 문화 발전에 있어 그 자체 요구, 중국 현대화 건설의 수요 등을 연구·토론함으로써, 중국 문화 변화의 근본 동력을 구성할 것이다. 근대 이래에 외래문화의 도전 역시 중국 문화의 변화를 촉진시켰다. 그러므로 중국 문화의 변화는 마땅히 민족 문화의 기초상에 입각해서 외래문화의 우수한 성과를 도입·흡수하여 시대적 요구를 결합시켜야 하는 것이다. 중국 문화를 시대적 필요에 적합하게 건설한다고 함은 민족적 특색과 세계적 의미를 갖춘 새로운 유형의 문화를 말하는 것이다.

제3절은 세계화시대에 유학 현대화의 의의 및 과제 문제에 관해 분석 서술할 것이다. 세계화와 중국이 현재 처한 대변혁 시대의 배경으로부터 출발하여 당면한 신세기의 도전 아래서 유학은 분명히 시세를 잘 살펴 새롭게 위치를 정해야 할 것이다. 먼저 유학의 지역적 세계적 의의를 서술했다. 유학은 중국의 것만이 아니라, 동아시아의 것이자 세계적 전통문화이다. 오직 유학을 세계 문명의 큰 시야, 큰 골격 속에 두어야만 비로소 그 중요성을 바로 인식할 수 있다. 그 현실적 의미 또한 충분하게 드러낼 수 있다. 다음으로 유학이 어

떻게 현대화의 전환을 이룰 것인가에 대해 다음의 3가지 측면에서 필자의 견해를 밝힐 것이다. 1) 전통 유학에 기초하여 새롭게 창조해야 한다. 2) 현실을 직시하고 상이한 내용을 수용하여 유학을 새롭게 창조해야 한다. 3) 유학의 고정 격식을 과감히 타파하고 창조적 사유로 유학의 현대화를 완성해야 한다.

제5장 결론 부분에서는 이상의 연구와 분석에 대해 총 정리한 것이다.

첫째, 문화 철학적 시각에서 그 기본 정신을 통찰하고 조명해보면, 우리는 '화'(和)를 기본 가치 취향으로 하는 내용이 풍부한 인문적 함의를 간파할 수 있다. '화'를 기본 가치 취향으로 '천인합일' 경지 속에서 '이인위본'하고 인간은 마땅히 '강건유위'해야 한다. '강건유위'는 '귀화상중'을 원칙으로 삼아 결국 '천인합일'의 경지로 귀결하게 된다. 이러한 의미는 오늘날에 이르러서도 중국인의 생활과 행동에 영향을 미치고 은연중에 감화 작용을 일으켜 중국 역사 발전의 내재적 사상 원천이 되고 있다. 중국 전통 문화 속의 이러한 중화민족의 생존을 지탱하는 문화 정신은 중국 문화의 뿌리임과 동시에, 현 시대의 중국 문화 발전과 전환 속에서 응당 개조하고 선양해야 할 민족정신인 것이다.

둘째, 근현대 중국 문화와 서양 문화의 충돌의 역사 과정에 대한 회고와 설명, 특히 중국 문화가 서방 문화와 조우하여 겪은 정합, 고통의 변환, 새 생명 배태 등 역정의 회고를 통해서, 중국 전통 문화가 곤경과 위기에 처한 원인은 바로 폐쇄와 보수에 있었음을 발견하였다. 근대 유가 문화는 서양 문화의 도전 앞에서 자아 갱신적 내부 메커니즘의 부족, 관념과 현실의 심각한 괴리 때문에 전통 관념에서 근대 관념으로 향하는 역사 전환을 실현하는 데 어려움을 겪었다. 따라서 단지 계속적으로 전통을 자아 중심적 문화 심리와 진부한 인식 사유의 틀로 삼아 피동적으로 여러 사태와 위기 국면을 처리할 수밖에 없었던 것이다.

20세기 100년 동안 중국 문화가 경험한 발전, 변천의 역정 속에서 주제는 중국 문화 현대화의 정확한 길을 모색하는 것이었다. 20세기 중국의 사회 문화 변천 속에서도 유학은 여전히 관심의 대상이 되었다. 사회가 매번 도덕적 위기에 처했을 때마다 전통 가치에 대한 외침은 더욱 높아만 갔다. 유가 가치 체계와 관련된 논쟁은 줄곧 문화 논쟁의 중심 중의 하나였다. '5·4' 전후에도 이러했을뿐더러 80년대 중국 대륙 문화열의 중심 과제에서도 여전히 이와 같았다. 유학의 가치에 대한 끊임없는 긍정은 본질상 이른바 후식민 담론의 중국에서의 표현이 아닐 뿐만 아니라, 더욱이 어떤 세계화 자본주의 패권 담론이나 자본주의 현대적 의식 형태 의미에 대한 긍정도 아니다. 그것은 이론상 다원 문화 가치에 대한 승낙이며 가치 이성의 깊은 관심에 대한 표현인 것이다. 그리고 중국에 있어서도 민족 문화 지지에 대한 강렬한 요구이기도 하다.

셋째, 중국 문화의 부흥과 재건 문제에 관한 연구·토론의 목표는 중국 문화의 변화, 창신의 절차, 방법, 내용인 것이다. 필자는 중국 문화의 변화와 창신의 실현은 다음 몇 가지 점을 실천해야 가능하다고 생각한다. 먼저, 중국 문화 근대 이래 발전의 역사를 총결산하여 거기에 존재하는 문제를 분석하고, 그 해결 방법을 찾아야 한다. 다음으로는 중서 문화에 대해 그 각자의 선진성과 낙후성의 각종 요소를 청산, 분석, 판별해내야 한다. 이것은 중국 문화의 변화와 창신을 실현하는 데 기초가 되는 것이다. 마지막으로 중국 문화의 변화를 실현하기 위해서는 민족 문화의 기초에 입각하여 외래문화의 우수한 성과를 도입·흡수하여 시대적 요구를 결합시켜야 할 것이다. 중국 문화를 시대적 필요에 적합하게 건설한다고 함은 민족적 특색과 세계적 의미를 갖춘 새로운 유형의 문화를 말한다.

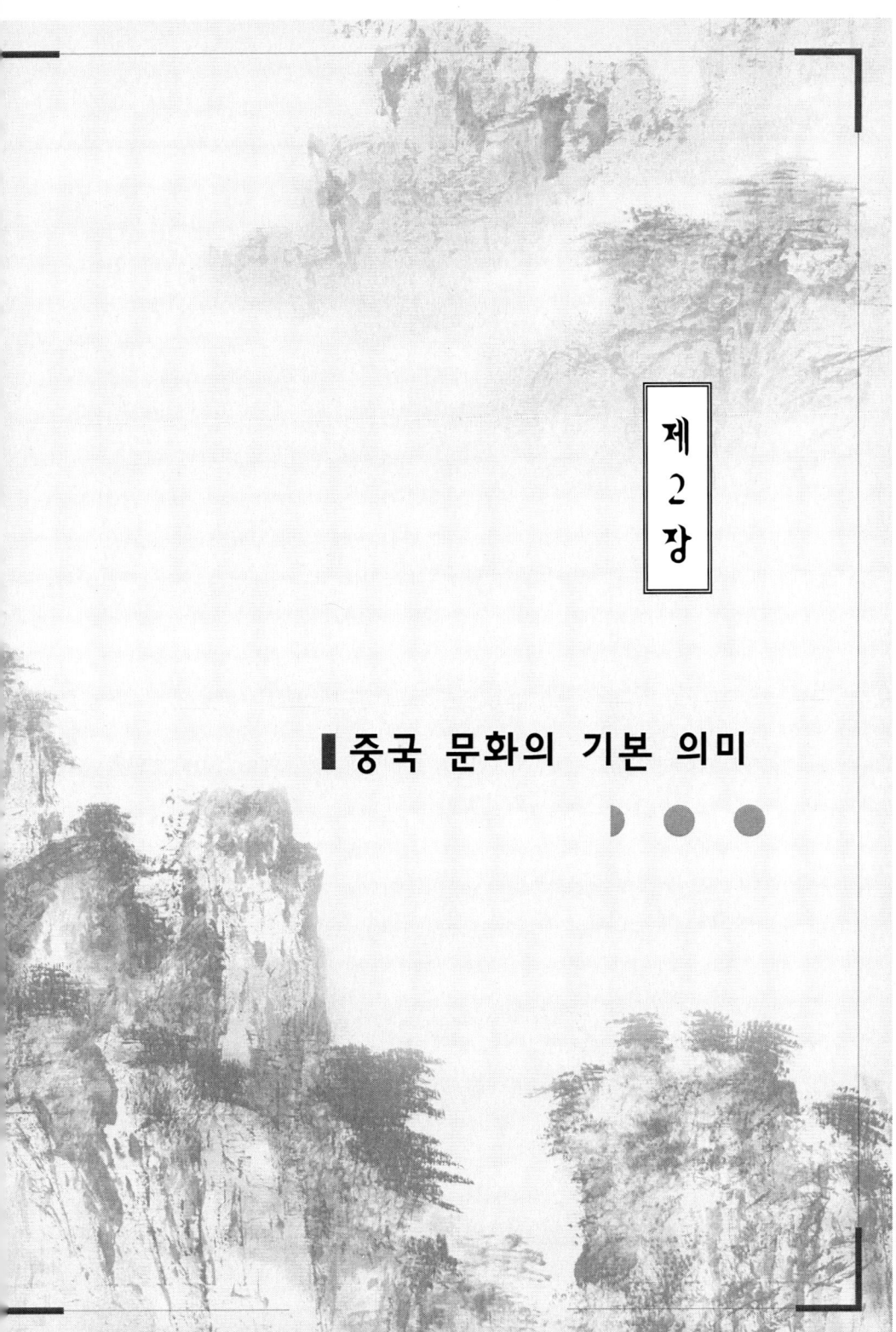

제 2 장

▌중국 문화의 기본 의미

문화에 관한 의미 해석

1. 문화의 정의

문화란 무엇을 말하는가? 문화의 내용적 의미를 어떻게 규정해야 할 것인가? 이는 동서고금을 막론하고 문화를 연구하는 학자들의 공통된 난제이다. 문화의 개념은 한 마디로 표현하기란 어렵다. 미국 학자 로웰(A. Lawrence Lowell)[24)]이 이것을 잘 말해주고 있다. "······ 내게 주어진 곤란한 임무 중의 하나가 문화에 대한 논의이다. 이 세상에서 문화를 파악하는 작업보다 더 어려운 일은 없을 것이다. 문화의 분석은 쉽지가 않다. 그 구성 요소가 무궁무진하기 때문이다. 또한 문화를 쉽게 설명해낼 수도 없다. 이는 고정된 형상이 아니기 때문이다. 우리가 그 의미를 문자언어로 규정하려는 행위는 공기를 손에 움켜쥐려고 하는 것과 같다. 우리가 문화를 찾고자 할 때, 우리의 손에 쥐어지지 않는 것 말고는 그것은 존재하지 않는 곳이 없다."

문화 현상은 인류의 공통된 현상이며 이미 백만 년의 역사를 가지고 있다. 사회가 발전함에 따라 문화 현상은 더욱 높은 관심의 대상이 되었고, 사람들은 문화 현상에 대한 각자의 이해에 의해서 문

---

24) 로웰(A. Lawrence Lowell, 1856~1942)은 미국의 인류문화학자이다. (*Quoted from A. L. Kroeber and Clyde Kluckhohn*, London, 1962, 295쪽, 참조.)

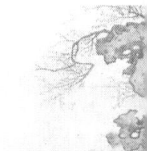

화의 개념을 각양각색으로 정의해왔다. 근대의 인류학사에서 '문화'라는 단어는 영국 인류학자 테일러(Edward. Burnett Tyler, 1832~1917)가 가장 먼저 사용하였다. 테일러는 1871년에 지은 그의 주요 저작 『고대문명』(Primitive Cultures, 1971)에서 다음과 같이 기술하고 있다. "문화 혹은 문명이란 하나의 복잡한 총체이다. 그것은 지식, 신앙, 예술, 도덕, 법률, 풍속, 그리고 사회 구성원으로서 구비한 기타 일체의 능력과 습관을 포괄한다."25)

전통적으로 문화 개념에 대한 비교적 권위 있는 정의는 18세기 윌리엄스(Williams)에게서 찾을 수가 있다. 윌리엄스는 그의 『문화와 사회』(文化與社會, 1790~1950)에서 최초의 '기르다'·'배양하다'라는 의미로부터 발전하여 자급자족의 개념이 되었음은 물론, 네 가지의 의미를 포괄하게 되었다고 지적했다. 첫째는 일종의 총체적인 마음(心靈) 상태로서 인류가 추구하는 완미(完美)한 정신과 밀접하여 나눌 수 없음을 가리킨다. 둘째는 한 전체 사회 속에서 지식 발전의 전반적인 상태로 간주하는 것을 가리킨다. 셋째는 예술의 총체이다. 마지막은 전체 생활 방식으로 물질적, 지식적, 정신적 생활 방식을 포괄한다.26)

20세기 가장 위대한 시인이자 문학비평가인 엘리엇(T. S. Eliot, 1888~1965)은 문학적으로 탁월한 성과를 거두었을 뿐만 아니라, 종교, 사회, 정치, 문화와 관련해서도 깊은 통찰력을 갖추고 있었다. 그

---

25) Tyler 著, 蔡江民 編譯, 『古代文化』(Primitive Cultures, 1971), 浙江人民出版社, 1988, 1쪽.
26) Roland Robertson 著, 梁光嚴 譯, 『全球化社會理論和全球文化』, 上海人民出版社, 2000, 3, 18쪽, 재인용.

는 『기독교와 문화』라는 저술에서 '문화'를 정의하여 "문화라는 용어는 우리가 주목하는 점이 개인 문화인지, 집단 문화 혹은 계급 문화인지, 아니면 전 사회 문화의 발전 변화인 지에 따라 다른 의미를 가질 수 있다. 개인 문화는 집단과 계급 문화에 의존하고, 집단과 적극 문화는 그것이 속한 그 사회 전체 문화에 의존한다. 이상 서술한 것에 근거하면 사회 문화가 그 근본임을 알 수 있다. 그러므로 전체 사회와 관련된 '문화'의 의미가 무엇보다도 먼저 자세히 고찰되어야 한다."[27]

'문화'는 많은 학문 분야의 기본 개념이 그랬듯이 역사의 발전에 따라서 깊이와 폭에 있어 많은 변화를 겪어왔다. 1952년 미국의 문화인류학자 크로버(A. L. Kroeber)는 서양의 근현대 160여 명의 학자가 문화에 대해 내린 각기 다른 정의를 열거한 적이 있다. 아울러, 이러한 정의들을 여섯 종류에 포함시켰다. 즉 묘사적, 역사적, 규범적, 심리적, 구조적, 유전적 정의가 그것이다. 이 정의들 속에는 중국, 러시아와 동구(東歐) 각 나라의 '문화'와 관련된 여러 정의들은 아직 포함되어 있지 않다. 1952년 이래 지금까지 50여 년 동안 세계 각국과 각지에서 '문화'와 관련된 새로운 정의들은 여전히 계속되고 있다. 그러나 아직 어떤 정의나 논쟁도 공통된 인정을 받지 못하고 있다. 그 원인은 서로 다른 문화 이론에 의해 자연히 서로 다른 '문화' 정의를 내리는 데 있다고 하겠다. 상이한 민족의 언어 속에서는 '문화'라는 말의 의미 역시 완전하게 서로 일치하지 않는다.

'문화'란 중국에 본래부터 있었던 어휘이다. 최초의 문(文), 화(化)

---

27) Eliot 著, 楊民生 譯, 『基督敎與文化』, 成都, 四川人民出版社, 1989, 7, 92쪽.

란 두 글자는 전국(戰國) 시기에 출현했다.『주역(周易)·비괘(賁卦)·
상전(象傳)』에 이르기를, "천문을 살펴 변화를 알아내고 인문을 살펴
천하의 교화를 이룬다"(觀乎天文, 以察時變, 觀乎人文, 以化成天下)
라고 하였다. '문'은 최초에 무늬를 가리켰다. 이후에 점차로 언어,
문자를 포괄하는 각종 상징 부호로 연역되었고, 더 진일보하여 전장
(典章) 제도, 예악(禮樂) 제도 등 인위적인 가공, 수식, 규범의 내용
으로 전의되었다. '천문'(天文)은 천도 자연 규범을 지칭한다. '인문'
(人文)은 인류 규범, 사회적 인륜 질서, 도덕규범을 지칭함과 동시에
이를 통해 '천하의 교화를 이룬다.' 여기서의 '화'란 바로 개조, 교화
를 의미한다. '문'과 '화'의 두 글자를 하나의 어휘로 사용한 인물은
서한(西漢)의 유향(劉向)이다.『설원(說苑)』「지무(指武)」편에 말하기
를, "성인이 천하를 다스릴 때는 문덕을 앞세우고 무력은 뒤로 한다.
무사(武事)를 일으키는 것은 복종하지 않은 까닭이다. 문화를 했는데
도 바로잡지 않으면 그때 주벌하였다. 어리석은 사람의 기질은 변하
지 않으므로 순덕으로 교화했는데도 교화되지 않으면 다시 무력을
가한다."[28] 훗날, 진인(晉人) 속석(束晳)은『보망시(補亡詩)·유의(由
儀)』에서 이르기를, "문화로 안을 모으고, 무공으로 밖에 멀리 미친
다."(文化內輯, 武功外悠)고 했는데, 그 의미를 자세히 풀어보면, 문
화로 내부를 화목하게 만들고 무덕(武德)으로 밖에 멀리까지 베푼다
는 말이다.[29] 매우 분명한 사실은 중국어 체계상 문화의 본의는 무
공, 무력과 상대적 개념이며 문덕(文德)으로 천하를 교화함을 뜻한

---

28) 『說苑』, 「指武」. "聖人之治天下也, 先文德而後武力. 凡武之興, 爲不服
也, 文化不改, 然後加誅. 夫下愚不移, 純德之所不能化, 而後武力加焉".
29) 『文選』卷19, 束晳「補亡詩」, 中華書局, 1977年版, 272쪽.

다. 이 말 속에는 정치적 견해와 윤리적 의미가 담겨 있다. 여기서 우리는 윤리 질서로 세상 사람들을 교화하여 그들로 하여금 스스로 깨달아 규범대로 행동하게끔 하는 것이 중국 초기 '문화'의 기본 의미임을 헤아릴 수 있다.

번역 용어로서의 '文化'는 당초에 일본어의 역어(譯語)를 차용한 것이다. 그 말의 원형은 라틴어 Cultura로서 '땅을 갈고 파종하다'·'기주하다'·'연습하다'·'주의하나' 등 다양한 뜻을 포함하고 있다. 영어로는 Culture라고 하는데 최초에는 토양 개량, 식물 재배, 수목 심기 등의 의미를 지녔고, 이로부터 교육, 수양, 인류 능력의 발전, 예의, 지식, 정조, 풍격 등의 의미로 원의가 확대되었다. 이는 중국 고대의 전통적 문화라는 말이 가지는 '문치 교화'라는 내용적 의미와 비교적 가깝다고 하겠다. 때문에 학자들은 '문화'로써 Culture라는 이 외래 용어를 대역(對譯)했던 것이다.

다만 분명한 것은 중국 전통의 '문화'와 서양 전통의 'Culture'는 용어의 의미상 분명한 구별이 있다는 사실이다. '문화'의 본의는 몸을 무늬로 장식한 사람을 가리킨다. 이것은 인류의 사회 활동을 강조하여 정신 영역에 편중되어 있다고 하겠다. 반면에 'Culture'는 인류의 물질 생산 활동으로부터 출발한다. 이에 사회 영역과 정신 영역으로 확대되어 그 본의는 인간과 자연의 관계를 강조한다. 후자는 전자에 비해 더욱 광범위한 내재적 의미를 담고 있다. 또 다른 측면에서 보면 이 두 용어는 본질적인 공통점도 발견된다. 즉 인간의 의식과 목적이 있는 활동을 강조한다는 점이다. 이러한 의식과 목적이 있는 실천 활동 과정 속에서 바로 주체는 인류 자신이고 객체는 사회와 자연인 것이다. 여기서 말한 '자연'이란 인신(人身) 밖에 존재하는 외재 자연계뿐만 아니라, 인류 자신과 선천적 본능, 인체 고유의 각종 생물학적 의미의 자연 속성을 모두 포괄하고 있음을 의미한다.

여기서 보면 '문화'라는 말은 현재 세계 철학과 각 과학 분야에서 모두 중시됨은 물론, 발전하는 추세임을 알 수 있다. 이러한 역사 환경에서 그것의 실질적 함의는 인류 주체의 각종 의식과 목적이 있는 실천 활동을 통해서 사회와 자연 객체에 대한 적응, 이용, 개조로 이어져야 한다. 그 실현 성과의 구현은 각종 자연 형태, 기능의 부단한 일신과 발전에서 나타나며, 인류 개체와 군체(群體) 자질의 부단한 제고와 완벽함에서 더욱 반영된다. 따라서 문화란 인류가 자연계와 사회, 더 나아가 인류 자신의 일체 활동과 결과에 대한 의식적인 작용이라고 한다. 간단히 말해 인류가 세계를 변화시키는 실천 속에서 창조한 물질과 정신의 산물을 '문화'라고 일컫는다.

2. 문화의 구조와 분류

문화의 정의와 내용은 그것의 외연 범위와 그 폭을 결정한다. 학술계에서는 일반적으로 거시적 차원에서 문화를 '광의 문화'와 '협의 문화' 두 종류로 나눈다. 협의 문화는 주로 관념 형태의 문화를 가리키며, 지식, 신앙, 예술, 도덕, 법률, 풍속 등을 포괄한다. 이러한 것들은 상부 구조의 복잡한 공동체에 속하고 습관상 정신문화라고도 불린다. 광의 문화는 인류의 모든 창조를 포함하며, 세 부분으로 구성된다. 물질 문화, 제도 문화, 그리고 정신 문화가 그것이다.

『소련대백과전서』(1973)는 광의 문화란 "역사상 사회와 인간의 일정한 발전 수준으로서 사람들이 생활하고 활동하는 여러 가지 유형과 형식, 사람들이 창조한 물질과 정신적 재산을 표현한 것이다"라고 하였다. 그리고 협의 문화란 "단지 인민의 정신 생활 영역만을 가리킨다"라고 되어 있다. 『대영백과전서』(1973~1974)도 문화 개념을 두 종류로 나누고 있다. 첫째는 일반적 문화 개념, 즉 문화를 '총체적 인류 사회 유산'과 동일시하는 것이다. 둘째는 '다원적 상대적' 문화 개념, 즉 "문화는 일종의 역사에서 연원한 생활 구조적 체계로서 이러한 체계는 흔히 집단 구성원에 의해 공유된다." "언어, 전통, 습관, 제도"는 물론 "독려 작용을 하는 사상, 신앙, 가치, 그리고 그것들의 물질 공구와 제조물 속에서의 구현"을 포함한다. 이 같은 분류법도 문화 개념에 대한 광의와 협의의 구분으로 볼 수 있다. 다만 조금 다른 것은 『대영백과전서』의 '협의 문화'에 관한 정의는 『소련백과전서』의 그것에 비해 그 범위가 한층 더 구체적이고 다소 광범위하다는 점이다. 이러한 '협의 문화'의 개념은 대체로 위에서 말한 테일러가 문화에 내린 고전적 정의와 유사하다.

　이처럼 문화를 광의와 협의로 구분함은 연구자들이 종사하는 상이한 학문 분야와 연구 과제의 필요에 의해서이다. 일반적 상황에서 문화 연구자들은 때때로 각자의 상이한 시각에 근거하여 문화의 구조를 진일보시켜 같지 않은 분류를 만들어내기도 한다. 예컨대, 시간적 측면에서 원시 문화, 고대 문화, 근대 문화, 현대 문화 등으로 나누고, 공간적 측면에서 동방 문화, 서방 문화, 해양 문화, 대륙 문화 등으로 나눈다. 상이한 계층에서 귀족 문화, 평민 문화, 관방(官方) 문화, 민간 문화 등으로 나누고, 상이한 사회 공용(公用)상 예의 문화, 제도 문화, 복식 문화, 교정 문화, 기업 문화 등으로 나눈다. 문

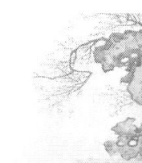

화 자체 발전의 내재적 논리 단계에서 물질 문화, 정신 문화 두 단계로 나누거나, 또는 물질 문화, 제도 문화, 정신 문화 세 단계로 나누기도 한다. 본 연구는 주로 거시적 차원에서 중국 문화를 개설하고, 그 말하고자 하는 내용은 기본적으로 '협의 문화' 범위를 벗어나지 않을 것이다. 그리고 문화 구조의 분류에 있어서는 물질 문화, 정신 문화, 제도 문화 세 단계설을 채용할 것이다.[30)]

물질 문화는 모든 문화 체계의 기초를 이룬다. 이것은 인간의 물질 생산과 그 산물의 총화일 뿐만 아니라 자신의 물질적 필요 때문에 생산 노동에 종사하여 창조한 물질 성과이다. 물질 문화의 특징은 감각적이고 유형적이며, 기물(器物)의 구체 형태로 표현된다. 그것은 기예(技藝) 문화, 복식 문화, 음식 문화, 건축 문화 등이 포함된다. 문화 구조적 단계에서 보면 물질 문화는 문화 구조의 표층에 속한다.

제도 문화는 인간의 사회 개조와 각종 사회 모순의 해결, 사람과 사람의 사회 관계를 조정하여 제정한 각종 규범, 준칙, 법률 등이 여기에 속한다. 그리고 이것은 사회 제도 형식으로 나타난 문화 현상을 말한다. 구체적으로는 정치 제도, 경제 제도, 예악 제도, 법률 제도, 혼인 제도 뿐만 아니라, 또한 일반화 되어 인정된 습관, 예속,

---

30) 이 3단계설은 미국의 인류문화학자 크로버(A.L. Kroeber)와 Clydkluckholn 이 처음으로 제기했다. 그들은 문화가 안에 감춰진 구조와 밖으로 드러난 형식의 두 부분으로 나눠진다고 보았다. 문화의 내부적 구조는 사유방식과 가치관과 심미방식으로 구성되는데, 그 핵심은 가치관으로 그것은 문화중에서 가장 일반적이고 가장 오래 지속되는 부분이다. 문화의 외부 형식은 정신문화와 물질문화와 제도문화로 구성되는데, 그것은 내부에 감춰진 부분에 의해 결정되며 또한 내부 구조의 존재 및 표현방식이다. (田廣林 主編, 『中國傳統文化槪論』, 北京, 高等教育出版社, 1999, 5쪽, 참조.)

풍속을 포괄한다. 이것은 시시각각으로 인간의 생활과 행위에 영향을 주고 제약하는 모든 문화 체계의 관건이 존재하는 곳이다. 인류 사회는 합리적 제도를 통해서 물질 문명과 정신 문명의 조화 발전을 보증할 수 있다. 제도 문화는 문화 구조의 중층에 속한다.

정신 문화는 인간의 실천으로부터 점차로 형성된 사회 심리와 의식 형태를 말한다. 이것은 사회 존재에 대해 비교적 간접적인 반응일 뿐만 아니라 정련·가공을 거친 후에 형성된 사상 의식과 도덕관념인 것이다. 즉 철학, 법률, 종교, 도덕, 신념 등의 표현이 그것이다. 구체적으로 말하면, 정신 문화는 사회 심리와 사회 의식 형태두 부분으로 구분할 수 있다. 사회 심리는 인간의 일상적인 정신 상태와 사상 면모를 가리킨다. 아직 이론 가공과 예술 승화를 거치지않은 유행하는 대중 심리 상태로서 인간의 정서, 희망, 요구 등을포괄한다. 사회 의식은 체계적인 가공을 거친 사회 의식을 말한다.흔히 문화 전문가가 사회 심리에 대해 진행하는 이론 귀납, 논리 정리, 예술 승화이다. 아울러, 저작과 작품 등의 유형적 형태로 고정시키고, 유행 전파하여 후세에 전하는 것이다. 정신 문화는 특히 그중에서도 사회 의식으로서 문화 구조의 심층에 속한다. 정신 문화는상대적 독립성을 가질 뿐만 아니라, 또한 모든 문화 체계를 주도한다. 그것은 물질 문화, 제도 문화 건설, 발전 방향을 결정하고, 실천속에서 물질 문화와 제도 문화로 전화(轉化)한다. 이 세 종류의 문화 간에 서로 제약·작용함으로써 하나의 완전무결한 문화 유기체를구성하는 것이다.

3. 문화의 특징

문화의 특징에 대해서도 수많은 국내외 학자들이 서로 다른 시각과 연구로부터 이루어낸 분석과 정립, 또한 다양하여 서로 완전히 일치하지는 않는다.

18세기 독일 계몽사상가 헤르더(herder, 1744~1803)는 문화의 특성을 기초로 하여 그의 명저『인류역사철학개요』에서 문화의 세 가지 기본 특징을 정립하였다. 먼저, 문화는 일종의 사회 생활 양식으로서 통일적 동질적 개념이다. 총체로서든 아니면, 사회 생활 영역이든 관계없이 인간의 언행은 모두 '이러한' 문화가 됨은 의심할 여지가 없는 구성 성분이다. 둘째, 문화는 언제나 한 '민족'의 문화가 되며 헤르더의 말대로라면 이는 한 민족의 정화(精華)를 대표하는 것이다. 셋째, 문화는 명확한 경계가 존재한다. 문화란 한 구역의 문화로서 그것은 항상 그 다른 구역의 문화와 분명히 구별된다.[31]

대만의 저명한 학자 은해광(殷海光)은 그의 만년 저작『중국 문화의 전망(中國文化的展望)』에서 "문화 특징(trait)을 문화의 최소한도의 의미를 가진 단위로 보았다. 이러한 단위는 시간과 공간 속에서 하나의 관찰 단위로 하여 관찰할 수 있다"[32]라고 했다. 그리고 문화의 표현 형식에 근거하여 문화의 특징을 네 가지로 나누었다. 즉 규범 특징, 예술 특징, 인지(認知) 특징, 기물 특징이 그것이다.

문화의 내용적 정의를 기초로 하여 우리는 문화를 인류 생활의

---

31) 衣俊卿 著,『回歸生活世界的文化哲學』, 黑龍江人民出版社, 2000, 6, 354쪽, 재인용.
32) 殷海光 著,『中國文化的展望』, 上海三聯書店, 2002, 12, 58~60쪽, 참조.

모습과 인류 활동의 결정체로 볼 수 있다. 때문에 문화는 반드시 상당한 보편성을 가지는 것이다. 인류의 활동은 상이한 시간과 상이한 지역 및 상이한 사회와 환경 아래에서 이루어진다. 이것은 또한 문화로 하여금 여러 가지 다른 차별성을 지니게 만든다. 문화의 공통성과 각종 차별성에 대한 연구·개괄은 문화의 몇 가지 현저한 특징을 총괄해낼 수 있다. 본고에서는 기본적으로 독일 학자 헤르더가 정립한 문화 특징에 대해 찬성하는 편이다. 동시에 그것을 보충하여 문화의 특징을 아래와 같이 정리해 보았다.

첫째, 동일성: 문화란 가장 본질적인 관점에서 '자연에 대한 인간화', '노동을 통한 인간의 창조', '인간의 노동 속에서의 문화 창조'라 할 수 있다. 인류의 활동은 사회 속에서 이루어지기 때문에 문화란 인류가 함께 창조한 사회적 산물이고, 인류가 긴 시간 동안 사회 실천에서 축적한 경험과 지혜이다. 그리고 이는 인류의 사회 구성원이 함께 받아들이고 향유하는 것이므로, 만일 사회 구성원이 공동으로 받아들이거나, 이해하지 못한 것이면, 문화 현상이라 할 수 없다.

둘째, 시대성: 어떠한 인류 활동이라도 모두 특정한 역사 조건에서 이루어진다. 그런 까닭에 문화는 일정한 사회와 시대의 산물이고, 하나의 역사적 개념인 것이다. 각 시대별로 인간은 하나의 특정한 문화 환경에서 생활하면서 그들 조상으로부터 매우 자연스럽게 전통 문화를 계승하게 된다. 나아가 새로운 시대 요청에 부응하기 위해 그것을 이용하고 개변하기도 한다. 그러므로 문화란 또한 전통성과 변이성(變異性)을 동시에 지니는 것이다.

셋째, 민족성: 인류와 동물의 뚜렷한 구별은 인류의 사회성에 있다고 할 것이다. 그래서 인류의 활동은 항상 사회 집단적 성질을 지님으로써 사회 집단의 이익 실현을 그 활동의 목적과 방향으로 삼게 된다. 서로 다른 사회 집단이 분화하여 다시 민족으로 조합되었을 때, 이처럼 집단 이익이 활동 방향이 되는 사회 문화의 반영은 자연스럽게 민족 문화의 특징으로 나타나게 된다. 특정한 민족이 힘써 지키는 공동 언어, 공동 이익, 공동 풍속 습관, 민족 성격은 민족 문화의 두드러진 표현인 것이다. 그리고 사회 집단 내부가 분화하여 상이한 계급이 되었을 때는 문화 역시 선명한 계급성을 띠게 된다.

넷째, 구역성: 인류의 활동은 반드시 일정한 공간 조건의 도움으로 이루어진다. 이 때문에 문화 역시 매우 자연스럽게 지역적 특성을 띠게 되는 것이다. 문화의 지역성과 문화의 민족성은 밀접한 관계에 있다. 일반적으로 민족은 모두 구역성을 갖는 사회 공동체이기 때문에, 민족 문화는 어느 정도 내지는 어떤 관점에서 또한 구역 문화의 특징과 내용을 반영한다. 다만 다른 점은 문화의 지역성이 문화의 민족성에 비해 더욱 광범위한 포용성과 더욱 신축적인 기동성을 지닌다는 것이다. 즉 세계적 범위로 말하면 동방 문화, 서방 문화의 구분이 있고, 어떤 구역으로 말하면 해양 문화, 대륙 문화, 산지(山地) 문화, 초원 문화의 구분이 있다. 어떤 국가로부터 말하면, 예컨대, 중국의 경우, 중원 문화, 북방 문화, 관중(關中) 문화, 제로(齊魯) 문화, 형초(荊楚) 문화, 오월(吳越) 문화, 파촉(巴蜀) 문화 등 구분이 있다.

제2절

중국 전통 문화의 원형과 그 기본 특징

본 연구의 토론 대상인 '중국 문화'는 '외국 문화'와 서로 대응되는 개념이다. 이것은 중화 민족과 그 조상이 밟았던 이 영토 내에서 창조되고, 세계 각지로 전파된 문화의 총화이다. 여기서는 다음과 같은 두 가지를 강조할 필요가 있다. 첫째는 중국 문화는 하나의 역사적 발전적 개념이라는 사실이고, 둘째는 중국 문화는 뿌리가 깊고 줄기가 무성한 그야말로 단단하고 비범한 문화 연원이라는 사실이다.

중국 문화가 하나의 역사적·발전적 개념이라고 말한 것은, 고대의 '중국'이란 최초에 통일적 국가 실체의 의미를 지니지 않는 하나의 지역적 문화적 개념이었기 때문이다. '국'(國) 자의 본래 의미는 성읍(城邑)이었다. '중국'이란 단어는 서주(西周) 시기의 청동기 명문(銘文)에서 처음으로 발견되며, 낙읍(洛邑)을 중심으로 하는 구역을 가리킨다. 고대 중국에서는 오늘날 말하는 '중국 문화'라는 개념이 결코 존재하지 않았다. 고대 중국에서 '중국'을 국명으로 삼을 왕조는 존재하지 않았다. 명 말·청 초에 서양선교사들이 처음으로 명·청 제국을 '중화(中華) 제국'이라 했고 약칭해서 '중국'이라 일컬었다.[33] 아편전쟁 이후 중국의 문호가 개방되어 대량의 서양 문화가

---

33) 淸 康熙 28년(1689년), 청 조정과 러시아 정부가 '尼布楚條約'을 체결할 때 중국 수석 대표 索額圖의 전체 직함은 '中國大聖皇帝欽差大臣分界大臣議政大臣領侍衛內大臣'이었다. 이것은 주권 국가로서의 '중국' 전칭(專稱)이며 국제 사무를 처리하는 데 사용된 최초의 문장이다.

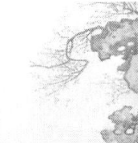

홍수처럼 쏟아져 들어오면서 서양 문화에 대한 중국 지식인들의 초보적인 이해가 이루어졌다. 그래서 '서학(西學)'과 '중학(中學)'이라는 표현법이 출현하였고, '서학'은 서양 문화를, '중학'은 중국 문화를 각각 지칭하게 되었다. 그 뒤로 '중국 문화'는 점차로 '외국 문화'와 대칭되는 실질적 의미의 개념이 되었다.

1. 중국 전통 문화의 생성 요인

세계문화사에서 상이한 지역이나 국가 내의 민족은 제각기 독창적인 문화를 창조하였다. 그 가운데 가장 주목되는 것이 4대 문화 계통이다. 즉 '중화 문화 계통'-'유교 문화 계통'이라고도 하며 중국, 일본, 한국, 베트남 등 동아시아와 동남아시아 국가들이 포괄된다. '인도 문화 계통'-'인도 불교 문화 계통'이라고도 하며 인도 등 남아시아국가를 포괄한다. '아랍 문화 계통'-'이슬람교 문화 계통'이라고도 하며, 아라비아 반도, 중·근동(中近東), 북아프리카 등 지역이 포괄된다. '서양 문화 계통'-'그리스·로마 문화 계통' 또는 '기독교 문화 계통'이라고도 하며, 유럽, 미주, 오세아니아 등 지역이 포괄된다. 이상의 문화 계통 가운데 중국 문화는 그 역사가 유구할 뿐만 아니라 독특한 특징을 지니고 있다. 중국 문화는 근본적으로 독립적인 배경 아래 형성되고 발전되었기에 중국 문화를 검토하려면 무엇보다 먼저 중국 문화의 생성 배경을 분석해내야 한다. 어떠한 문화일지라도 그 생존과 발전과정에서 그 민족 또는 국가의 '자연 환경', '경제 환경', '사회 조직' 등 세 가지 요소의 제약을 받기 마련이다. 중국 문화도 예외는 아니다.

1) 지리적 환경(자연 요인)

한 문화 형태의 생성과 발전은 항상 일정한 지리적 환경 아래 이루어진다. 지리적 환경은 자연 지리 환경과 인문 지리 환경으로 나눌 수 있다. 상이한 지리 환경은 서로 다른 문화 유형과 문화 특성을 발생시키는 내재적 물질 기초이다. 자연 지리 환경은 지리 위치나 지리 위치상의 지형, 기후, 토양, 수문(水文: 자연계에서 일어나는 물질의 변화와 운동 현상), 지문(地文: 산천, 구릉 등 대지의 온갖 모양), 생물 등의 외부 자연 요소를 지칭한다.

중국 전통 문화를 고찰할 때는 무엇보다도 자연 지리 환경에 대한 총체적 이해와 파악이 선행되어야 한다. 어느 민족이나 국가의 민중을 막론하고 지리 환경이 제공하는 생존 조건, 활동 무대, 발전 기초를 떠날 수 없다. 이른 시기에 문명사회로 진입한 화하(華夏) 여러 민족들은 황하 유역을 요람으로 삼아 발전했고, 황하, 회하(淮河) 유역 평원에서 최초의 부족 연맹 국가를 형성하였다. 화북(華北) 평원의 동북부에는 연산(燕山) 산맥이 있고, 남부는 기복이 심한 동백산(桐柏山), 대별산(大別山)이 있다. 서부는 태항산(太行山), 진령(秦嶺), 대파산(大巴山)이 있고, 동쪽으로는 태평양에 이어져 있었다. 원시사회 인류가 뛰어넘기 힘든 천연의 보호벽 안에는 기후가 온습했고 토지가 비옥했으며 하천도 많아 운신의 여지가 많았다. 이렇듯 농경의 발전에 필요한 양질의 조건이 제공됨으로써, 중국의 모형이 형성되었고 중국 문화의 기초가 다져졌다. 진(秦)나라가 천하를 합병한 이래, 한, 당, 명, 청 등 강성 대국이 세워졌다. 그럼에도 불구하고 중국의 지리 환경은 크게 변화되지 않았다. 즉 동쪽으로 태평양에 이르고 서북쪽은 고비사막이 가로질러 있었다. 서남쪽은 세계의 용마루인 청장(青藏) 고원과 인적이 드문 횡단(横斷) 산맥이 치솟아 있었다. 남쪽도 인도양에 다다르고 있어 반(半)폐쇄적인 대륙성 지리 환경을 이룬다. 결국 이러한 지리 환경은 그리스식 '상업 문명'과도 다르고 인도식 '삼림 문명'과도 구별되는 '전원식 농업 문명'을 형성시켰다.

이처럼 한 면이 바다에 접하고 사방이 천연 절역(絶域)인 지리 환경은 중국을 하나의 독립된 지리 단위로 만들었다. 중국인은 이른 시기부터 '천하'와 '사해' 개념에 익숙하여 자기 삶의 세계 방식을 구축해냈다. 고대 중국인들은 자신이 '사해의 안'(四海之內), '천하의 중심'(天下之中)에서 생활한다고 상상했다. 그리고 중심에서 외곽으로의 순서를 경사(京師), 제하(諸夏), 사이(四夷)로 보았다. 그리고 천하의 모든 이민족은 '사이'에다 포괄시켰다. '사이'는 용화변이(用華變夷)·유이변하(由夷變夏)의 과정을 거쳐 '화하'의 모체에 편입될 수 있었다. 이러한 관념은 중국이 오랫동안 대일통(大一統)의 상태를 유지할 수 있었던 사상적 기초이다. 동시에 그것은 중화 민족이 장구한 역사 발전 과정에서 끝없이 발전하고 강대하게 만들었던 하나의 원인이기도 하다.

그러나 고대의 중국도 대외개방에 필요한 외향적이고 진취적인 원동력이 줄곧 결여되어 있었다. 하지만 고대 중국은 상대적으로 우월한 지리 환경, 거기에 선민의 근면과 지혜가 더해져 서양 근대 문명이 흥성하기 이전까지는 장기간 동양의 세계 내지는 전세계에서 가장 부유하고 강대한 국가로 군림하였다. 이런 이유로 "중화 제국은 타자의 도움을 필요치 않다"라는 자아도취 또는 자아폐쇄적인 관념이 형성되기에 이르렀다. 고대 중외교류사에서 국토 밖으로 나가는 중국인보다 먼 길을 떠나 중국으로 찾아온 외국인이 훨씬 많았다. 발전을 절실하게 원하는 서양인이 온갖 방법을 동원해 중국으로 통하는 항로를 찾고 있을 때, 중화제국은 도리어 관문을 닫아걸고 쇄국정책을 실시하였다. 심지어 이미 개척된 대외 항로의 이용마저도 거부하였다.

2) 경제적 기초(경제 요인)

경제 기초 위에서 본다면 중국 문화의 뿌리는 농경과 유목이 결합한 형태이다. 그리고 이를 기초로 성장 발전한 '농업 자연 경제'이다. 다시 말해 "휘황찬란한 중화 문화는 농경 경제가 충분히 발전된 기초 위에서 건립되었다. 근대 중화 문화가 뒤떨어지게 된 데는 바로 소농업과 가내수공업이 결합한 형태의 자연 경제가 공업 문명인 상품경제로의 전환이 느리게 이루어진 탓이다."[34]

중국 문화는 농경과 유목 형태의 경제생산이라는 토양 속에서 성립되었다. 북으로 대흥안령(大興安嶺)의 서쪽 비탈에서 발생하여 서요하(西遼河) 상류와 연산산맥을 끼고 하투(河套), 장강(長江)의 상류를 비스듬히 뚫고 지나 브라마푸트라(Brahmaputra) 강 하곡에 다다른다. 이것이 바로 400mm 등강수량선(等降水量線)이다. 이 선을

---

34) 馮天瑜 외 저, 『中華文化史』, 上海人民出版社, 1999, 165쪽.

경계로 중국은 온습한 동남과 건조하고 추운 서북의 양대 구역으로 구분된다. 전자는 수천 년 동안 농업 경제 발달의 전제하에 전장 제도가 완비됨은 물론, 문명이 창성하여 오랫동안 세계의 선두에 위치해 있었다. 후자는 작은 오아시스(oasis)와 하곡평원의 농업 지역을 제외하면 대부분 유목 위주였다. 일반적으로 유목 민족의 경제 문화는 비교적 원시적 단계였고, 문명 또한 농경 민족보다 뒤떨어져 있었다. 유목 민족은 항상 강대한 군사력을 갖추고 있어 성을 치고 토지를 빼앗기도 했다. 심지어 유목 민족이 중원으로 들어가 중화를 수백 년 동안 통치했던 경우도 있었다. 농경 지역과 유목 지역의 여러 민족은 장기간 이동, 전쟁, 통상, 화친을 매개로 상호 교류하고 융합하면서 장점은 취하고 단점은 보충하여 한족이 주체가 되는 중국 문화를 점차 형성하고 끊임없이 강화해 나갔다. 그런 의미에서 농경 민족과 유목 민족이 중국 문화를 함께 창조했다고 할 수 있다.

농업은 문명의 어머니이다. 고대 중국에서 사직(社稷)은 국가의 대칭(代稱)이었다. '사'는 토지신이고 '직'은 양곡으로 농업신을 의미했다. 고대 중국에서는 토지와 농업의 발전이 국가로 이어졌다. 말하자면, 은(殷)·주(周)는 '농업입국'(農業立國)이었고, 전국(戰國)은 '진지리지교'(盡地力之敎)했으며, 열국(列國)은 '중본억말'(重本抑末)을 통해 경전(耕戰)을 장려하고 일가일호(一家一戶)를 단위로 남경여직(男耕女織)의 전통 양식을 확립하였다. 그리고 진한(秦漢) 이래 소농경제가 한층 발전하였다. 따라서 한족이 세운 정권이든 원(元)·청(淸)처럼 이민족이 세운 통일제국이든 간에 궁극적으로는 농업입국을 국책으로 삼았다. 수리(水利) 건설, 농서 간행, 그리고 농업 신기술의 추진과 확대는 국가의 대사로서 전문기구를 두어 관리하였다. 조정에서는 권과농상(勸課農桑), 기천구우(祈天求雨), 사직제사(社稷祭祀)를 국가가 정상적으로 운행한다는 징표로 여겼다. 이처럼 농업의 지배적 위치는 한없이 견고했다. 근대의 상품경제가 충분히 발달하기 이전에 중국 생산 방식의 주체는 농업 자연 경제였다. 중국 문화는 자급자족적 농업 경제 토양에 뿌리박고 있었고, 이것은 민족 정서, 사유 방식의 형성에 깊은 영향을 끼쳤다. 농민은 실제를 중시하여 뿌린 대로 거두었다. 고대 중국의 싱철(聖哲)들은 줄곧 군자의 무실(務實) 정신을 제창했다. 이에 오랫동안 실제를 중시하고 환상을 물리치는 민족 성격을 유지할 수 있었다. 고대 중국에서는 농학, 천문학, 의학 등 실용성에 기초한 학문은 아주 발달했지만, 순수과학은 비현실적인 것을 주장한다하여 냉대를 받았다.

농경과 유목이라는 상이한 경제 형태의 대치와 충돌, 두 민족 간의 투쟁은 중국 역사 발전의 전체 과정을 관통하고 있다. 한편 문화의 상호 보완과 민족의 융합은 또 다른 일면이다. 중원의 선진적인 생산 방식, 전장 제도, 풍요로운 물질 문명은 경제가 상대적으로 뒤떨어진 유목 민족에게 여러모로 영향을 미쳤다. 화친, 통상, 통혼, 전쟁 등 형식을 매개로 선진적인 문화 정보, 생산 기술이 유목민에게 전해졌고 다시 이들을 통해 밖으로 전파되어 나갔다.

3) 사회적 토양(정치 요인)

문화란 일종의 인류 현상이다. 그리고 인류는 일정한 사회 구조를 조직해야만 비로소 문화를 창조하고 발전시킬 수가 있다. 고대 중국의 사회는 종법 제도의 기초 위에 형성된 윤리 관념에 의존해 유지되었다. 윤리 도덕 학설도 매우 중시되었다. 윤리 도덕을 의식 형태의 여러 분야뿐만 아니라 사람들의 사회생활, 사상의식과 행위규범 속까지 침투시켰다. 이러한 현상은 오늘날에 와서야 어느 정도 타파될 수 있었다. 왜냐하면, 혈연을 연결하고 유지하는 종법 제도와 그 잔재가 중국에서 오랜 기간 지속되어 지대한 영향을 끼쳤기 때문이다. 인류가 문명사회를 향해 매진할 때, 사회의 조직 관계는 혈연에서 지연으로 바뀌지만, 민족마다 그 전환 방식과 정도에서 차이를 보인다. 이른바 '종법'이란 일종의 혈연관계를 연결하고 공동의 조상을 존숭하여 친정(親情)을 유지함은 물론, 종족 내부에서 존비(尊卑)·장유(長幼)를 구분하고 계승의 순서와 종족 구성원 간에 서로 다른 권력과 의무를 규정하는 법칙을 가리킨다. 종법제도는 원시사회의 부계의 가부장제도 구성원지간의 친속 혈연관계에 근거한다. 하(夏)와 은(殷) 시대에는 가족 간의 혈연관계가 기본적으로 유지되었고, 서주 시대에는 사회 정치 등급, 사회 권력과 긴밀하게 어우러져 비교적 완비된 종법제도가 형성되었다. 서주가 멸망하면서 희성(姬姓) 귀족의 혈연적 유대에 기초하여 이루어진 통치체계는 여지없이 무너졌다. 진한 이후 분봉제(分封制)는 군현제(郡縣制)에 의해 대체되었고, 관리의 선발도 '현현'(賢賢)의 원칙이 '친친'(親親)을 대체하였다. 그리고 군공(軍功), 천거, 시험, 과거가 성행하면서 세경세록(世卿世祿) 제도도 대체로 타파되었다. 그러나 왕통의 계승은 여전히 황족 혈연이 확정되어 적장자계승법은 장기간 계속되었다. 이른바 "적자를 세우되 연장자로 하고 현자로 하지 않으며, 태자를 세우되 귀한 자로 하고 연장자로 하지 않는다."[35] 종법관계는 사회생활 여러 방면에 스며들어, 중국의 사회 발전, 중국인의 국민성, 사회 정서, 윤리 관념에 깊은 영향을 미쳤다. 이는 중국 문화와 다방면에 걸쳐서 밀접한 관계를 가지면서 전제체제의 조숙과 장기 지속을 직접적으로 유도하였다.

종법제도는 조상숭배(尊祖敬宗)를 유난히 강조한다. 종족은 엄격한 종묘 제사 제도가 있다. 역대 군주들은 종묘의 조성을 매우 강조하여 그것을 사직과 똑같이 중시하였다. 국가 권력의 상징으로 왕궁 앞에 좌종(左宗: 太廟)과 우사(右社: 社稷壇)를 배치하는 건축 형국은 명·청대까지 이어졌다. 민간에서는 보편적으로 사당과 가묘를 세웠는데, 이는 가정에서 조상에게 제사를 지내는 곳이다. 중국의 가정은 안정성을 구비하여 항상 시대를 초월하여 실처럼 끊어지지 않고 이어간다. 가족제도의 기초는 종법제도이다. 그것은 사당, 가족제도에 의지해 유지될 수 있었고, 가족규범에 의해서 견고해질 수 있었다. 조상과 부친에 대한 숭배는 일치하여 '임금'(君)에 대한 존경으로 확대된다. 가정에 대한 사랑은 '나라'(國)에 대한 충성으로 확대된다. 중국에서의 '충'(忠)과 '효'(孝)는 상대적 개념이다. 개인의 입장에서 충효가 양립할 수 없을 때는 '충'이 우선이었다. 국가로 말하면 "충신은 효자의 가문에서 구한다"고 했다. 그야말로 집에서는 효도를 다하고 밖에서는 충성을 다했다. 조직구조 측면에서는 가정·가족과 국가는 공통성을 가지며 모두 혈연·종법 관계로 통치하는 엄격한 가부장제로 존재했다. 이것은 다름 아닌 '가정과 국가는 동일한 구조'라 하는 것이며, 가족은 가정의 확대인 동시에 국가는 가

---

35) 『春秋公羊傳·隱公元年』. "立嫡以長不以賢, 立子以貴不以長."

족의 확대이다. 종법제도는 혈연을 최고로 중시한다. 아울러 적서(嫡庶)의 명확한 구분과 장유유서를 강조한다. 종법 관념이 심화되면서 국가는 가정화된 국가가 되었고 종법 관념의 수호를 위한 일련의 신조, 의식과 규범은 개개인이 반드시 준수해야 하는 법칙이 되었다. 중국화한 윤리도덕은 점차 법률과 서로 병렬하여 깊이 뿌리내렸다. 이 때문에 중국 고대 사회는 종법관계 구조에 의해 이루어졌다고 한다. 모든 사회관계는 종법관계에 의해 조정되고 종법관계가 아닌 것도 종법관계의 형식으로 표현되었으며 사회질서도 여기에 기초하였다. 모든 사회관계의 조정 준칙은 "임금은 명령하고 신하는 공손하게 들으며, 아버지는 자애롭고 자식은 효도하며, 형은 사랑하고 동생은 공경하며, 남편은 따뜻하고 아내는 유순하며, 시어머니는 인자하고 며느리는 주의를 기울여 듣는 것"[36]이었다.

중세에 있어 대다수의 국가와 민족은 종교를 사회 공덕을 유지하는 정신적 지주로 삼았다. 신앙의 차이와 교의의 충돌로 무력 사용도 서슴지 않았다. 그러나 중국은 시종 전체 사회적 차원에서의 종교적 광신은 출현하지 않았으며, 진정한 의미의 본 민족 종교도 형성되지 않았다. 다만 중국의 종법의식과 윤리도덕 학설이 오랫동안 종교로 작용하였다.

이상에서 볼 때, 고대 중국의 자연 지리 환경은 중국 전통문화의 자연 생성 요인이었고, 소농업과 가내 수공업이 서로 결합된 자연경제 형식은 중국 전통문화의 경제적 생성 요인이었다. 그리고 종법의 등급제도는 중국 전통문화의 정치적 생성 요인이었다. 이 세 가

---

36) 『左傳・昭公二十六年』. "君令臣恭, 父慈子孝, 兄愛弟敬, 夫和妻柔, 姑慈婦聽."

지 요인의 조화와 통일이 바로 중국 문화 발생의 중요한 원인이었다. 그러나 한 문화의 형성과 발전에서 그 조건은 앞서 언급했듯이 그리 간단치만은 않았다. 예컨대, 인간의 능동적인 역할, 문화 자체의 반작용 등도 매우 중요한 조건이기 때문이다. 이 밖에도 문화 체계의 형성은 필연적인 요소뿐만 아니라, 우연적인 요소도 함께 갖는 것이다.

2. 중국 문화의 유형과 기본 특징

세계 여러 민족 문화는 지리 환경, 물질 생산 방식, 사회 조직 구조의 차이성 때문에 서로 다른 문화 유형이 형성되었다. 이러한 유형이 일단 형성되면 타문화와 구별됨은 물론, 완강한 연속성을 얻어 전통으로 자리잡는다. 비록 중국 전통 문화가 많은 요소와 단계를 지닌 유기복합체이기는 하지만, 간단히 호불호식의 가치판단을 내리기란 쉽지 않다. 하지만 그 유형에 대한 대강의 분석과 내용 확인은 가능하고 또한 필요하다. 우리는 중국 전통문화 유형과 특징에 대해 정의함으로써 전통문화의 규범과 특징을 분명하게 파악해낼 수 있고, 그것에 대한 전반적이고 정확한 이해에 이를 수 있다.

본고에서는 중국 전통 문화를 완벽함을 지향하고 다스림을 추구하는(趨善求治) 윤리 · 정치형 문화로 보고자 한다. 중국 전통 문화는 인류 역사상 가장 성숙한 윤리 문화이기도 하다. 그것은 2천여 년 전에 비교적 완비된 이론 형태와 실용화, 세속화의 기본 가치 방향이 형성되어 적극적인 현실 기능을 갖추었다.

주지하듯이 도덕은 사회의 정상적인 생활을 유지하는 연결체로서, 정치 문제와 밀접하게 관계되며 또한 정치 문화의 주요 내용이다. 그 두드러진 표현이 덕정(德政) 사상, 즉 도덕 감화작용과 실천적 교화작용을 강조한다. 도덕 실현을 인생 실현의 가장 진실한 내용으로 여길 뿐만 아니라 또한 정치적인 최종 목표가 된다. 동시에 도덕적 사회 정치의 실현을 이상적 사회 형태로 생각한다. 윤리·정치형 문화관, 사회생활과 정치생활에서 도덕인격은 비록 무형이지만 아주 강대한 영향력을 지닌다. 도덕을 법률보다 더욱 위력적이고 유효한 지배수단으로 여긴다. 공자는 "법으로 다스리고 형벌로서 단속하면 백성들은 (그것을) 면하려고만 하고 부끄러움을 모른다. 그러나 덕으로 다스리고 예로써 단속하면 부끄러움과 올바름을 알게 된다"37)고 말했다. 이 말은 '덕치주의'의 진정한 의미를 분명히 밝혔다고 하겠다. 봉건지배자들은 윤리 준칙을 이용했고, 법률 정신으로 국사를 처리하지 않았다. 사람들은 가장 먼저 어떻게 하면 국가 법치에 복종할 것인가를 생각하는 게 아니라, 복잡하게 뒤얽혀 있는 인간관계 속에서 어떻게 윤리 의무를 실천해나가는 것이었다.

중국 전통 문화는 덕으로 입언(立言)한다. 그것은 내성(內省), 신독(愼獨) 등의 도덕 수양 이론 체계를 제기하여 개체 자아 수양의 원칙으로 삼는다. 수신(修身)이 중심을 이루고 격물(格物), 치지(致知), 정심(正心), 성의(誠意)가 수신의 내용이 된다. 그리고 제가(齊家), 치국(治國), 평천하(平天下)는 수신의 기초 위에서 명명덕(明明

---

37) 『論語正義』 卷2, 「爲政第二」(『諸子集成』 第1冊), 中華書局, 1954, 12, 第1版, 22쪽. "道之以政, 齊之以刑, 民免而無恥; 道之以德, 齊之以禮, 有恥且格."

德)의 세 가지 확장된 단계이다. 즉 이른바 내성(內聖)으로 외왕(外王)을 추구하고 입덕(立德), 입공(立功), 입언 등을 제창하였다. 중국 고대 현자들은 실천을 통해 입덕, 입공, 입언의 사상을 적극적으로 강조하여 명성의 획득을 입신처세의 중요한 목표가 되도록 사람들은 인도해주었다.

윤리·정치형 문화로서 중국 전통 문화는 전제 왕권의 수호를 위해 중요한 역할을 수행했고 지배계층의 각별한 추앙을 받았다. 이 때문에 그것은 보수주의적 한계를 벗어나기 어려웠다. 아울러 봉건 사회라는 전제아래 종친 혈연관계를 극복하여 궁극적으로 인간의 독립적 가치 존재와 자주적 인격이라는 인간학 단계로 진입하기도 어렵다. 그것은 기존 사회 구조의 안정과 인륜 관계의 조화를 수호함과 동시에, 현실을 개조하고 사람들을 진취적으로 인도하는 강력한 힘을 상실하게 하였다.

중국 전통 문화는 중화 민족의 발전에 따라 발전하였다. 그것은 중화 민족의 형성, 번영, 통일, 안정, 그리고 세계 민족 속에서의 자립에서도 지대한 역할을 하였다. 중국 문화는 그 내용이 매우 풍부한 유기적 통일체이다. 이것은 세계 문명사에서 지극히 중요한 위치를 차지한다. 그렇다면 중국 전통 문화의 기본 특징은 무엇일까? 이 문제를 중심으로 5·4 운동 이래 여러 학자와 학파 사이에서 수많은 관점을 제기해왔지만, 아직까지 이렇다 할 정론을 도출하지 못했다. 양수명(梁漱溟)은 일찍이 『중국문화요의(中國文化要義)』라는 저서에서 중국 문화의 14가지 특징을 언급하기도 하였다.[38] 그리고 최

---

38) 양수명이 말한 14가지의 특징은 다음과 같다. 광활한 땅과 수많은 인구; 민족의 동화와 융합; 장구한 역사; 비할 데 없는 위대한 역량; 오랜 기간

근에는 중국 문화를 '화합(和合) 문화'라고 규명하고 화합이야말로 중국 문화의 정수이며 주요 구성부분이라고 주장하는 새로운 견해도 제기되었다.[39] 중화 화합 문화는 중화 민족의 독창적인 철학 개념이고 문화 개념이다. 이것은 중화 민족의 변증 사상과 체계 사상을 구현하며, 전체적으로는 사물에 대한 인식과 그 발전 법칙을 제창한다. 화합 문화가 사회 영역까지 관철되었다는 것은, 평화를 사랑하고 단결을 숭상하는 중국인의 가치 관념을 나타내며, 인간관계가 조화로운 생활 방식을 제공하고 인간과 자연의 통일, 인간 자신의 신심(身心) 통일을 강조하였다. 대다수의 학자들은 중서 비교라는 차원에서 중국 전통 문화의 특징을 논술하였다. 이것 역시 우리가 중국 전통 문화를 분석할 때, 하나의 생각의 방향을 제공해준다. 중국 전통 문화는 그 내용이 지극히 풍부하므로 가장 기본적인 특징에서부터 상세하게 논술해야 한다.

첫째, 통일성과 연속성: 중국 문화는 끊임없이 연속되고 체계가 완비된 특징을 갖는다. 중국 문화는 그 역사 발전의 긴 과정에서 점차 화하문화가 중심이 되면서 국내의 여러 민족 문화가 한데 어우러

불변하는 사회와 정체되어 발전하지 못하는 문화; 종교 부재의 인생; 사회 생활의 중심이 되는 가족; 과학의 진전을 가로막는 학술; 민주, 자유, 평등 등 요구의 제기는커녕 법제의 형성조차도 찾아 볼 수 없는 문화 특징; 도덕적 분위기 중시; 천하 관념이 국가 관념을 대체함으로써 보편 국가 유형에 들지 않는 문화 특징; 동한(東漢) 이후로 무력을 부정하는 문화 형성; 효의 문화; 중국 은사(隱士)와 중국 문화의 깊은 상관성 등이다.(梁漱溟 著, 『中國文化要義』, 上海世紀出版集團, 2005, 5, 8~24쪽, 참조.)

39) 李蘇平・何成軒 著, 『東亞與和合-儒釋道的一種詮釋』, 南昌, 百花洲文藝出版社, 2003, 참조.

져 통일체를 형성했다. 중국 전통 문화가 이미 형성되고 자기 발전 법칙과 내재 논리 관계는 물론 비교적 명확하고 적절한 탄력성의 질적 규정성과 자신의 완벽한 기능을 갖추었기에 외부의 영향 없이 독립적으로 발전하여 지대한 공간과 시간적 연속성을 지닐 수 있었다. 중국 문화의 통일성과 연속성은 ①정치의 통일, ②민족의 융합과 응집, ③문화 전통의 계승 등으로 표현된다. 중국 문화는 하나의 완비된 체계로서 평탄치 않은 변화 속에서 끊임없이 창신과 발전을 거듭해왔다. 중국 문화는 고대 동양뿐만 아니라 세계 문명의 진로에 영향을 주었다. 세계 문명고국 가운데 여러 문명 민족이 창조한 문화는 대체로 심한 기복을 겪었다. 한때 찬란했던 옛 이집트문화, 바빌로니아문화는 2천 년 전에 치명타를 입고 소생불능 상태에 빠지고 말았다. 남아시아 인더스 강 유역에 웅거했던 하라파문화는 아리아인에 의해 파괴되었다. 그리스·로마문화도 이민족의 침입으로 대거 훼손되었다. 눈부시게 찬란한 문명을 창조했던 마야문명도 무성한 수풀 속에 묻히고 말았다. 유독 중국 문명만이 예외였다. 그것은 세계 '연속성 문화'의 모범으로 불릴 정도로 시종 중단되지 않았다. 그 원인을 궁구해보면, 중국 문화가 만들어낸 농경사회와 종법사회가 강인한 응집력을 지녔음은 물론이고 윤리 모범이 강한 습성의 힘이 되어 자신의 전통과 체계를 굳게 지키기 때문이다. 또한 그 궤도를 끊임없이 조율하고 발전시켜 시세의 변화에 순응하고 여타 문화의 정수를 수용했기 때문에 진보할 수 있었다. 이로 인해 중국 문화는 비길 데 없는 연속성을 갖추게 되었다. 중국 문화의 이러한 특징은 더욱 축적될수록 풍성하게 됨은 물론이고 문화의 토대 역시 매우 넓고 정밀하게 만들었다. 동시에 오랜 세월이 흐르면서 문화 체계가 완비되었다. 제도 문화, 풍속 문화, 그리고 문학, 사학, 철학, 교육 등도 매우 발달하였다. 시대별로 모두 발전했으며 각종 문화의 발전은 완전하고 연속적이며 단계적인 형태를 유지하였다. 이것은 세계 문화사에서 보기 드문 현상이다. 사학을 그 예로 들면, 시대별 사학 이론과 방법, 사학 격식과 편찬 방법 등 방면도 모두 변화가 있었다. 편년체로부터 기전체, 기사본말체에 이르기까지 수종의 격식이 병용되었다. 아울러, 문학의 경우, 선진 시경(先秦詩經), 초사(楚辭), 산문(散文), 한부(漢賦), 위진 병문(魏晉騈文), 당시(唐詩), 송사(宋詞), 원곡(元曲), 명청(明淸) 소설 등은 시대별 최고의 위치에 있었으며, 수백 년을 풍미하였다.

둘째, 비종교성과 인문성: 전체적인 체계로 말하자면 중국 문화는 비종교적이고 인문정신이 아주 충만하다. 인문정신은 염황(炎黃) 시대에 발단하여 하·은·주를 거쳐 춘추 전국 시대에 이르러 체계적이고 완전한 이론 형태로 나타났다. 중국 문화의 인문정신은 다방면적이다. 그 기본 내용은 천인합일(天人合一)이며, 그 특징은 내재와 초월의 결합, 자연과 인문의 결합, 도덕과 종교의 결합이라 할 수 있다. 중국 문화는 자연주의도 승려주의(僧侶主義)도 아닌 진정한 인문주의이다. 이 인문주의의 생성은 원시종교를 정치화시켰고 다시 정치를 윤리화시켰다.

비종교성과 인문성은 인사(人事)를 중시하고 종교를 경시하며 현실을 중시하고 내세를 경시하는 특징으로 나타난다. 중국 농경 민족의 무실(務實)적 정신, 무실적 성격은 여러 측면에서 드러난다. 문화적으로 인생을 중시하는 까닭에 현실적 인문 전통에 대해 유난히 강조하였다. 중국인의 경종제조(敬宗祭祖) 태도는 매우 장중하고 종법 제도 또한 아주 엄밀하지만, 귀신에 대해서는 '공경하면서도 멀리 한 다'(敬而遠之)는 태도를 취했다. 고대 종교에 대해서도 중국 문화는 대체로 수용했지만, 유행되었던 100여 종의 종교 가운데서 불교와 도교만이 고대 중국에서 종교의 주체가 되었다. 기타 지역과 국가와 다른 점은 종교가 중국의 모든 것을 지배한 적이 없었으며, 지금까 지도 종교적 광신에 빠진 적이 없었다는 사실이다. 또한 순수 종교 적 충돌과 전쟁도 거의 일어나지 않았다. 사람들은 종교와 국가에 대한 의무, 국가와 임금에 대한 충절을 강조했다. 이 때문에 '백성이 나라의 근본'(民爲邦本)이라는 민본 사상이 때때로 구현되기도 했다. 유가의 창시자인 공자는 중민부민(重民富民) 사상을 제창했고, 맹자 는 "백성이 가장 귀중하고, 사직이 그 다음이고, 군주는 가벼운 것이 다."[40]라고 주장했다. 도가의 비조 노자는 "고착된 마음이 없이 백성 의 마음을 자신의 마음으로 삼는다"[41]고 했다. 이처럼 민본 사상은 중국 수천 년의 봉건사회에서 끊임없이 발전하여 중국 전통 정치 문 화의 중요한 내용이 되었다.

셋째, 지속적인 포용성과 강대한 생명력: 중국 문화의 포용성은 매 우 강하고 개성이 뚜렷해서 넓게 받아들인다. 농경 민족과 유목 민 족 간의 장기간 교류과정에서 이동, 화친, 통상 등의 방식을 통해

---

40) 『孟子正義』 卷十四, 「盡心章句下」(『諸子集成』 第1冊), 中華書局, 1954, 12, 第1版, 573쪽. "民爲貴, 社稷次之, 君爲輕."
41) 老子, 『道德經』 第四十九章(王弼注, 『百子全書』 第8冊), 浙江人民出版 社, 1984, 5, 第1版. "無常心, 以百姓爲心."

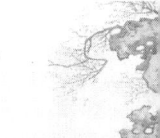

상호 보완·융합했다. 중국은 역사적으로 한족이 세운 정권뿐만 아니라 이민족이 세운 통일 정권도 출현하였다. 역사상 '통상', '전매' 등을 통한 물자 교환 이외에, 상호간의 공납과 회사(回賜) 방식을 통해 쌍방의 경제적 수요를 만족시키기도 하였다. 말과 기타 축산품은 농업경제의 중요한 보충 물자였고, 양식, 견직물, 포목, 찻잎은 유목 민족에게 반드시 필요한 물품들이었다. 이러한 경제적 교류는 그 규모도 규모지만 상호 의존도도 높았다. 그 밖에 공예와 기술, 사상과 문화 측면의 교류도 커져만 갔다. 중국 문화는 농경민과 유목민이 공동으로 창조했다고 할 수 있다. 고대 중국 문화는 주변 지역과 국가를 오랫동안 리드하였다. 한자, 유학 경전, 전장 제도, 예법 제도, 농업, 수공업, 기예 등 중국 문화의 정수는 오래도록 주변 세계에 영향을 주었다. 동아시아와 동남아시아의 여러 나라들은 '한자문화권'과 '한문화권'의 범주에 속한다.('유교 문화권'이라고도 한다) 이러한 상위 문화는 외래의 우수한 문화를 수용할 때, 선택적으로 수용할 뿐만 아니라 또한 중국식으로 개조한다. 다만 맹목적인 과시, 자아도취, 자아속박 의식이 자생하기도 했지만 서양의 근대 문명이 흥성하기 이전까지는 문명국의 이미지에 해악이 되지는 않았다. 그러나 그 뒤로는 교만하고 독선적이었으며 심지어 관문을 닫아걸고 쇄국으로 치달음으로써 그 해악이 점차 뚜렷해졌다. 그것은 문명고국이 점차 쇠락해지게 된 중요한 원인이 되었다.

중국 문화의 생명력은 중국 전통 문화의 넓은 포용력과 동화력에 의해 결정되었다. 일반적으로 두 가지 중요한 요소가 있는데, 문화의 내진성(耐震性)과 문화의 적응성이 그것이다. 중국 문화는 수천 년 동안 발전하는 과정에서 이민족의 침략을 당하면서도 쇠락하지 않았음은 물론이고 '정복자가 되레 정복당하는' 기묘한 현상이 발생하였다. 이민족이 비록 지역적으로 통치권을 행사했더라도 문화적 영향으로 말하면 지금껏 외래문화가 본토문화를 극복한 적은 없었다. 이와 같은 문화의 동화력은 중국 문화에 지극히 강력한 내진성을 부여하였다. 왜냐하면 당시에 중국 문화는 주변의 기타 문화보다 훨씬 우위에 있었기 때문이다. 문화의 충돌과 교류과정에서 선진문화는 항상 후진문화에 영향을 주기 마련이다. 인류문화는 바로 이러한 선진문화의 '견인' 아래서 끊임없이 전진한다. 문화의 적응성이란 문화의 끊임없는 오류 제거와 갱신의 과정, 즉 문화의 '자기 갱신' 능력을 가리킨다. 중국 문화는 오랜 시간을 거쳐 더욱 견고한 응집력을 가지게 되었다. 이 응집력은 구체적으로 문화 심리적 자기 일체감과 지역과 국경을 초월한 문화그룹 귀속감으로 나타난다. 이와 관련해 영국의 역사학자 토인비(Toynbee, Arnold Joseph)는 다음과 같이 지적하였다. "중국인에 대해 말하자면 수천 년 동안 세계 어떤 민족보다 성공적으로 수억의 인구를 정치적·문화적으로 결속시켜 왔다. 그들은 정치적으로나 문화적으로 통일적 재능을 과시했고 탁월한 성공경험을 지니고 있었다."[42]

넷째, **도덕지상주의 종법형 문화 특징**: 중국 전통 문화는 무리(群體)를 중시하고 개체를 경시한다. 이는 가족을 중심으로 하는 종법 집단주의 문화이다. 중국 사회의 가장 큰 특징은 가족 중심이고 가

---

42) 湯因比(Toynbee, Arnold Joseph)·池田大作 著, 荀春生 等 譯, 『展望二十一世紀 —湯因比與池田大作對話錄』, 國際文化出版公司出版, 1985, 11, 294쪽.

정이 사회의 본위와 본체를 구성한다. 중국 윤리에서 인간의 확립과 선발은 무엇보다 혈연관계 속에서 완성된다. 인류 사회에서 인간과 인간 사이의 관계는 다층적이며 그 가운데 가장 기본적이고 원시적인 것은 인간과 인간 사이의 자연 관계, 즉 혼육(婚育)을 전제로 형성된 혈연관계이다. 이 같은 관계는 부단히 강화되어 혈연 종법 제도로까지 승화되었다. 또한 이 제도는 수천 년 동안 변함없이 이어짐에 따라 중국 전통 문화의 기본 특징을 이루었다. 이른바 혈연 종법 제도는 혈연관계의 원근친소(遠近親疏)로써 고저귀천(高低貴賤)을 구분하는 법규와 준칙이다. 그것은 일정한 사회 조건하에서 혈연을 핵심으로 형성되며, 가족 구성원 내지는 사회 구성원이 공동으로 준수하는 행위 규범을 요구한다. 또한 혈연관계란 곧 혈통관계이며 인류의 혼인생육으로 인해 자연스럽게 형성된 관계이다. 예컨대, 부모와 자녀의 사이, 형제자매 간의 관계 그리고 여기서부터 확대·발전된 내친(內親), 외척, 동종(同宗), 동족 등이다.

이른바 종법은 혈연관계를 연결체로 하며 공동의 조상을 존숭하여 혈육의 정을 유지한다. 종법 내부에서는 존비장유를 구분하고 계승의 질서와 종족 구성원의 각자 다른 권력과 의무를 규정한다. 중국 역사상 씨족사회가 아직 완전히 해체되지도 않은 상태에서 문명의 문턱에 진입했던 까닭에 씨족사회의 종법제도, 종법사상은 줄곧 계속되게 되었다. 종법제도 아래 종족 내의 귀천과 등급, 혈연친소의 구별이 삼엄하여 종족 내의 단결은 거기에 의지해 유지될 수 있었다. 종법제도는 혈연관계를 유대로 삼는 사회복합체를 통해 사회 구성원을 하나로 견고하게 묶었다. 이로써 단독개체가 극복할 수 없는 어려움을 극복하고 단독개체가 이겨낼 수 없는 압력을 이겨낼 수 있었다. 비록 사회의 모든 구성원이 개개의 단독개체로 나왔다고 할지라도, 그들은 아직까지 개개의 단독개체로서 존재한 적은 없었다. 집단과 개인이 하나가 되어 집단이 개인의 이익을 대표했던 것이다. 집단은 하나의 추상적이고 가공적인 존재이기 때문에 족장과 같은 하나의 권위적 인물을 뽑아내야만 했다. 가족은 대대로 집단거주하며 족보를 두어 장유나 적서를 밝히며, 족규(族規)를 만들어 교화와 징계를 행하며, 족장을 두어 재판의 권한을 부여하고, 사당을 두어 조상의 영혼을 선양한다. 모든 사람들은 종법관계에 빠져 독립성이 결여했기 때문에, 종법관계의 전체 행동에 내맡길 수밖에 없었다.

중국 전통 사회의 혈연 종법 제도는 고대 사회 종족의 보편적 존재의 기초 위에서 형성되었다. 종족은 바로 부계가 동일한 사람들끼리 무리지어 살면서, 공동의 토지와 재산을 소유하고 공동의 종묘를 두어 동일한 조상에 제사를 지냈다. 심지어 공동의 묘지를 사용하는 등 하나의 혈연그룹을 이루기도 했다. 종법제의 본질은 족장이 종족의 정치, 경제, 제사활동 등에 대해 절대적인 지배권을 소유함은 물론, 전체 종족 혹은 그 구성원에게 가장(家長)적 통치를 행사하는 데 있었다. 이러한 권력은 위로는 국가 정권과 결합되었고 아래로는 각 종족 구성원과 연계되어 국가 권력과 상보적 관계를 유지하였다. 그럼으로써 여러 종족 구성원을 통치하는 특수한 권력 기구를 만들었다.

다섯째, 무실적 정신과 중용을 숭상하는 특징: 무실(務實)은 농민의 기본 특징이다. 현실에 힘쓰지 않으면 수확할 수 없기 때문에, 자연히 실용을 강조할 수밖에 없었다. 그리고 생산, 생활과 직결되는 분야가 중시되었고 발달하였다. 농학, 천문학, 의학 등 자연과학과 역사, 문학, 교육 등 인문과학을 꼽을 수가 있다. 순수과학의 비현실적인 사고는 심층적 탐구가 이루어졌던 실용과학에 비해 취약했다. 중용의 도는 평화와 안정을 종지로 하는 농민과 농업 자연 경제의 산물이다. 중용은 조화를 중시하고 균형을 주장하며, 극단에 반대하고 양자의 중용적 선택을 제창한다. 중용의 도는 중국식 지혜의 특징으로, 그것은 정치적 횡포를 억제하고 권력과 토지의 균등을 구현한다. 또한 문화적으로 여러 종류의 문화가 한데 어우러졌을 때, 이질성 가운데서 동일성을 구하고 동일성을 구하되, 이질성이 공존하게 한다.

제3절

중국 문화 기본 정신의 철학적 성찰

중국 전통 문화는 중화 민족 생명의 특수한 표현 방식임과 동시에 인류 생명 표현의 한 방식이다. 특수에서 일반, 일반에서 특수에 이르는 반복 과정을 통해 중국 문화의 기본 정신을 통찰했을 때, 비로소 본질적으로 중국 전통 문화 기본 정신의 보편성과 특수성 그리고 그 상호 관계를 파악할 수 있다. 그럼으로써 중국 전통 문화 정신의 현대적 의미와 세계적 보편 의의를 확인할 수 있다.

중국 전통 문화의 풍부한 내용, 다양한 형식, 복잡한 구조는 하나의 문화적 사실이지만, 기본 정신은 그 속에 포함되어 있다. 중국 전통 문화의 기본 정신은 무엇인가에 대한 학자들의 의견은 일치점을 찾지 못하고 있다. 그렇지만 인문정신은 모두가 공인하는 중국 전통 문화의 하나의 특징이다.[43] 그리고 그것은 중국 전통 문화의 기본 정신으로서, 한편으로 광범위하게 영향을 미쳐 대다수 사람들이 동의 아래 그들의 기본적 신념과 자각적 가치 추구가 되어야 한다. 또 한편으로는 민족의 생존과 발전을 유지하고 사회적 진보를 촉진시켜야 한다. 한마디로, 중국 전통 문화의 기본 정신은 하나의

---

43) 이른바 인문정신이란 인간의 생명 존재와 인간의 존엄, 가치, 의의에 대한 이해와 파악, 그리고 가치 이상 또는 최후 이상에 대한 집착과 추구의 총체를 가리킨다. 인문정신은 일종의 형이상학적 추구뿐만 아니라, 형이하학적 사고이다. 그것은 도덕 가치 그 자체이자 사람이 사람다워지는 권리와 책임이다. (「儒學的人文精神」, 『光明日報』, 1990, 참조.)

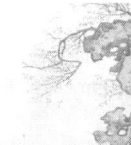

복잡한 사고 체계이다. 또한 인문정신의 큰 틀 속에서 문화 철학에 대한 분석을 통해 인간에 대한 이해, 그리고 인류 생존과 문화의 관계를 어떻게 조절할까라는 각도에서 출발한다. 이 체계를 구성하는 주체적 내용은 '천인합일'(天人合一), '이인위본'(以人爲本), '강건유위'(剛健有爲), '귀화상중'(貴和尙中) 등이다. '화'(和)를 기본 가치로 방향을 삼는 '천인합일'의 경지에서 '이인위본'하고 인간은 마땅히 '강건유위'해야 한다. '강건유위'는 또한 '귀화상중'을 원칙으로 하되 최후에는 '천인합일'로 회귀한다. 그럼, 이제 문화 철학적 시각에서 출발하여 중국 전통 문화 기본 정신의 주체 내용에 대해 구체적으로 살펴보자.

1. '천인합일'(天人合一) - 인간과 자연의 화합

중국 문화 기본 정신의 주요 내용 가운데 하나로, '천인합일'은 인간과 자연의 관계에 관한 한 관념이며 더욱이 중화 민족의 드넓은 정신적 경지를 나타낸다. 이러한 정신적 경지 때문에 중화민족은 수천 년 동안 줄곧 자연을 선대(善待)하면서 인간인 자연과 상호 협조하고 조화롭게 지낼 것을 주장할 수 있었다. 그것은 중화민족이 자연을 대하고 인간과 자연의 관계를 조절하는 사상적 기초였다. 고대 중국에는 "하늘과 인간에는 구분이 있다는 점을 알아야 한다"(荀子)[44]와 "인간은 하늘을 이길 수 있다"(劉禹錫)[45]라는 사상이 있었

---

44) 『荀子·天論』. "明於天人之分."
45) 『劉禹錫·天論(上篇)』. "人能勝乎天."

지만, '천인합일'의 사상은 중국 전통 문화의 주류사상이었다.

고대 중국의 '천인합일' 사상 전통은 점차 진화하는 과정에 있었다. 하나의 사상 관념으로서의 '천인합일'은 선진(先秦) 시기에 이미 발생하였다. 그러나 명확한 명제로서의 '천인합일'은 북송(北宋)의 철학자 장재(張載)가 가장 먼저 제기하였다.[46] 장재 이후 '천인합일' 사상은 여러 학파에서 더욱 자세히 밝히고 있지만, 하늘과 인간 사이의 통일성 문제에서만큼은 서로 인식을 같이하였다.

장재로 대표되는 고대 중국의 천인합일 사상으로부터 '천인합일' 관념에는 다음의 몇 가지의 의미가 내포된다는 사실을 알 수 있다. 즉 ①인간은 자연계의 일부분이다. ②자연계에는 보편적 법칙이 존재하며, 인간도 거기에 복종해야 한다. ③인성은 곧 천도이고 도덕 원칙과 자연 법칙은 일치하다. ④이상적인 인생은 하늘과 인간의 조화이다.

전체적으로 보아서 천인합일 관념에서 '천'은 주로 자연 세계를 가리키며 천도란 곧 자연 법칙이다. 인간도 자연계의 일부분이라는 차원에서 말하자면 천인합일은 인류의 기원적 의미에서 말한 것이다. 인간은 자연계의 동물에서 진화되었으며, 인간의 생존도 모두 자연에 의지해야하므로 인간은 분명 자연계의 일부분이다. 그런데 문화에 대한 심층적 분석에서 인간과 문화 세계의 통일을 알 수 있고, 인식의 측면에서 말하자면 '천'을 자연의 세계가 아닌 문화의 세계로 간주하고 이해하였다. 이것은 일종의 초월이다. 그러한 초월은 마치 "역사는 시계추처럼 영원히 한 극단에서 다른 극단으로 왕복한다. 뒤로 되돌아갈 때는 시간적 변화가 생길 뿐만 아니라 공간적으

---

46) 『正蒙·乾稱』. "因明致誠, 因誠致明, 故天人合一, 致學而可以成聖, 得天而未始遺人."

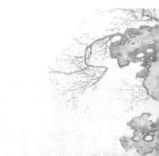

로도 새로운 구조 형식과 만나게 된다."47)는 말과 같다고 할 것이다. 문화철학적인 측면에서 보면 인간과 그 문화 세계는 통일되어 있다. 문화 세계는 인간의 생명 존재와 표현이고 인간의 본질도 여기에 있다. 물론 인간과 문화 세계의 일체(一體)란 인간이 자연계의 일부분이라는 사실을 부인하는 것은 아니다. 오히려 인간이 자연계의 일부분이라는 사실을 인정하는 기초 위에서, 인류의 생명 존재와 생명 활동 과정에 대한 고찰을 통해 인간의 문화적 본질과 문화의 인간소속 본성을 발견하는 것이다. 이것은 문화의 본질적 관점에서 인간이 왜 '만물의 영장인지'를 설명한 것이다. '천인합일' 관념에서의 인간과 자연계의 통일은 이론적으로는 이와 같아야 하지만, 실천하기에는 어려움이 따른다. 왜냐하면 인간과 자연계가 비록 통일되어 있다고는 하지만, 거기에는 결국 생명과 물질이라는 상이한 두 종류가 존재하기 때문이다. 문화철학에서는 인간과 문화의 본질은 서로 통하므로 통일되어 있다. 이런 의미에서 말하자면 "인간은 자연계의 일부분이다"를 "인간과 문화 세계의 공존공생"으로 개조할 수도 있다. 본질적으로 인간은 그 자신의 생명 존재와 생명 표현과 서로 통일할 수밖에 없기 때문이다.

 '천인합일' 관념의 두 번째 의미는 자연계는 보편적 법칙이 있고, 인간도 이 보편적 법칙에 복종해야 한다는 것이다. 인간은 반드시 자연계의 보편적 법칙에 복종해야 한다. 인간과 자연의 대립을 강조하면서 지나치게 자연을 약탈한다면 기필코 자연으로부터 보복당할 것이고 인류 생존을 위협받게 될 것이다. 중국 전통 문화는 인간을

---

47) 劉述先,「哲學與時代」, 『港台及海外學者論中國文化』(姜義華, 馬學新 編), 294쪽.

척도로 삼는데, '천인합일'도 인간이 주체인 견지에서 다뤄진다. 다시 말해, 주체로서 인간이 자연에 대응하는 하나의 태도, 즉 자연의 우대이다. 이러한 자연에 대한 우대는 자연 법칙에 복종한다는 전제 아래 이루어진다. 자연을 우대해야만 인간과 자연의 대립이 발생되지 않는다. 그랬을 때, 인류에 대한 자연의 보복을 최소화할 수 있다. 물론 주체인 인간이 자연 법칙에 쉽게 복종하지는 않는다. 자연 법칙에 복종하는 과정에서 인간의 주체성과 능동성이 충분히 드러난다. 문화철학에서 보면 인류의 생존과 문화와의 상호 관계는 객체성이 내포된 주체 관계, 즉 인간을 주체로 하는 주체와 객체의 상호 작용의 관계를 포함한다. '천인합일'에서 자연 법칙에 대한 인간의 복종은 사실은 주체가 객체에 복종하는 것이며, 주체가 객체를 우대하는 것이다. 자연을 우대하는 과정은 동시에 인간의 주체성을 나타낸 것이다. 문화철학에서 인간과 문화의 주체성 관계 속에는 객체성이 내포된다. 여기서의 객체성은 자연 세계뿐만 아니라 인간이 창조하고 또한 그 속에서 생존하는 문화 세계를 지칭한다. 문화 세계 자체 내에도 보편적 법칙은 존재하지만, 문화 세계의 법칙에는 본래부터 인간의 주체성을 포괄하고 있다. 문화 세계의 존재와 인간의 존재는 불가분하며, 인간이 자연 법칙에 복종해야 하듯이 문화 세계의 법칙에도 복종해야 하기 때문이다. 문화 세계에 대처하는 태도로서 인간은 문화 세계에 대해서도 우대해야 한다. 인류가 자신의 일부 행위에 대해 문화적으로부터 규범화하지 않았기 때문에, 수많은 문화 세계 법칙을 어기는 현상이 발생하였다. 예컨대, 종교적 분쟁에서 비롯된 종족 충돌; 전쟁이 부른 피비린내 나는 학살; 유전자, 복제 생물(clone)로 인해 야기된 새로운 윤리 문제 등등. 이러한 문제들은

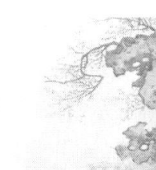

줄곧 인류를 괴롭혀왔고, 아직도 새로운 문제들이 끊임없이 출현하고 있다. 어떻게 하면 이 문제들을 해결할 수 있을까? 이것은 인간의 문화 세계 법칙에 대한 인식과 관련된다. 문화 세계의 법칙을 정확하게 인식하고 복종해야만 비로소 자신의 문화 행위와 인류 생존을 통일시킬 수 있다. 이 관점에서 말하자면, 문화 세계를 우대하는 것은 바로 인류 생명 그 자신을 우대하는 것이다. 그러므로 '천인합일' 관념 속의 '자연 우대'는 문화철학에서 보자면 '인간 자신에 대한 우대'이다.

　'인성(人性)이 곧 천도이다'와 '도덕 원칙과 자연 법칙의 상호 일치'는 '천인합일' 관념의 세 번째 의미이다. 어쩌면 도덕 원칙과 자연 법칙이 일부 서로 일치하는 점도 있겠지만, 상당 부분에서는 본질적인 차이가 있다. 인간은 생명을 가진 존재이다. 생명이 물질과 다른 점은 주체성과 능동성에 있다. 단순히 도덕 원칙과 자연 법칙의 일치만을 고집한다면, 반드시 자연 법칙에 대해 맹목적인 순종하게 되어 숙명론으로 치달아 인간의 주관능동성을 속박하며, 그러다 보면 필연적으로 민족의 문화적 타성이 생겨난다. 중국 전통 문화 속에는 비록 인간의 주관능동성이 구현되어 있지만, 숙명론적 경향 또한 분명하게 드러나 있다. "일을 꾸미는 것은 사람이지만 일의 성패는 하늘의 뜻에 달려 있다"라는 속담은 이러한 문화의 특징을 잘 요약해주고 있다. 도덕 원칙과 자연 법칙의 상호 일치가 빚어낸 또 하나의 극단이 바로 '인간 중심론'이다. 인류의 도덕 원칙으로 자연 법칙을 규범화하여 자연 법칙과 서로 위배시킴으로써 발생될 결과는 자명하다. '지식의 힘'만을 표방하는 근대 과학주의가 이에 대한 가장 좋은 설명이다. 따라서 직접적으로 '인성은 곧 천도이다', '도덕 원칙과 자연 법칙은 서로 일치하다'라고 주장하는 것은 설득력이 없다. 다만 가장 광범위한 의미에서 자연 법칙을 문화 세계의 법칙으로 이해했을 때, 도덕 원칙과 문화 세계의 법칙은 비로소 상통하고 일치될 수 있다. 이러한 이해의 전제 아래 우리는 인성이 곧 천도라고 말할 수 있다.

'천인합일'에는 인생의 최고 이상, 즉 하늘과 인간의 조화가 내포되어 있다. 자연과 더불어 조화롭게 함께 살아감은 하나의 숭고한 정신 경지라 하겠다. 인간이 자각적으로 이러한 숭고한 정신 경지를 인식했을 때, 이 정신적 추구를 위해 "세상을 위해 마음을 정하고 백성을 위해 명을 세우며, 옛 성인들을 위해 끊어진 학문을 이으며, 후세를 위해 태평성세를 연다."[48]고 할 수 있다. 이 또한 역대로 사람들이 끊임없이 추구했던 인생의 이상이었다. 그것은 정신 경지로서 숭고하며 현실 문제로서 더욱 절실하다. 인류 생존 위기로 말하면 '천인합일'의 관념은 문제 해결에서 중요한 계시적 의미가 있다. 문화철학에서 어떻게 하면 인류의 생존과 문화의 관계를 해결할까 하는 문제도 여기서 새로운 시각을 얻을 수 있다. 인간은 문화를 창조하고, 문화는 동시에 인간의 지속적 승화에 대한 조건이다. 때문에 인간의 문화 창조 활동은 모두 이미 형성된 문화 사실을 고려해야 하고, 인간과 문화의 합일이라는 고차원에서 출발해야만 현재 직면한 수많은 난제들을 합리적으로 해석하고 해결할 수 있다. 이와 같은 합일을 위해서 우리는 반드시 자신의 문화 자각성을 높여야 한다.[49] 문화철학은 궁극적으로 인류의 문화 자각성을 높이고, 사람들

---

48) 『張載集·語錄』. "爲天地立心, 爲生民立命, 爲往聖繼絕學, 爲萬世開太平."
49) 비효통(費孝通)은 '문화 자각'에 대해 이렇게 정의하였다. "일정한 문화

로 하여금 '인간과 문화의 합일'이라는 숭고한 정신 경지를 인식하도록 하는 것이다.

2. 이인위본(以人爲本) - 도덕적 인본주의 정신

'이인위본'이란 인간을 모든 문제의 근본으로 생각하는 것을 말한다. 그리고 인간이 만물 또는 신과의 관계에서 중심적 위치에 있음을 인정하며 본질적으로는 인간의 숭고한 위치에 대한 긍정이다. '이인위본'은 중국 전통 문화의 하나의 특징인 동시에 중국 전통 문화의 기본 정신의 중요한 내용이다.

중국 전통 문화는 인간을 중심으로 삼아 문화 가치 체계의 확립으로부터 각종 철학 유파, 문화 사조 등을 포괄하는 문화 내용에 이르기까지 모두 인생 가치와 그 실현의 계시를 둘러싸고 전개되었다. 중국 전통 문화는 인간을 중심에 두고 인간이 만물의 영장이고 천지 사이에 인간이 귀함을 긍정함으로써 '인위위본'의 주도 관념을 확립시켰다.

만물 가운데 인간의 지위로 말하자면, 중국 전통 문화는 인간과 자연의 통일성을 견지한다는 기초 위에서 인간의 지위와 작용에 대한 확고한 신념이 구축되어 있다. 인간은 만물의 영장으로 천지와 더불어 '서로 참여하고'(相參) '능히 천지의 화육을 도울 수 있다'[50]

속에서 생활하는 사람이 그 문화에 대해 정확히 알고, 그 발전 과정과 미래에 대해 충분히 인식하는 것을 말한다."(豊子儀, 「全球化与民族文化的發展」, 『文化研究』, 2001, 74쪽. 참조.)
50) 『中庸(下)』. "贊天地之化育."

고 인식하였다. 때문에 사물을 고찰하여 사물의 이치(物理)를 명백히 분별함으로써, "위로는 하늘을 헤아리고, 아래로는 땅을 증험하며 가운데로는 사람을 살폈다."[51] 즉 주위의 세계를 관찰함에 있어 인간이 중심이고 척도이고 목적이며 하늘은 수단에 지나지 않았다. 전통적인 천인(天人) 관계에서는 '인사'(人事) 문제를 가지고 천도에 부회함은 물론, 인간의 행위를 천도에 귀속시켜 인간의 윤상(倫常) 관계와 정감을 천도에 쏟아 부어 인격화한다. 이것은 실제로 주체 의식을 통해 자신의 외재 관계 형식을 실현한 것에 지나지 않는다. 역대 제왕들은 모두 '봉천승운'(奉天承運: 천명을 받들고 시운을 담당하다)을 언명했고, 농민들이 봉기할 때도 '체천행도'(替天行道: 하늘을 대신해 도를 행한다)의 기치를 내걸었다. 이른바 하늘의 뜻에 따라 시운을 담당하여 천행의 '징악양선'(懲惡揚善: 악행을 징벌하고 선행을 선양한다)의 도를 대리한다고 할 때의 '하늘'이란 실제로 사람들이 정치나 도덕 이상을 실현하는 수단일 뿐이지 목적은 아니다. 이처럼 천인 사이 인간이 주도가 되고 목적이 되는 관념은 '이인위본'의 문화 정신을 십분 발휘한 것이라 할 수 있다.

중국 문화에서 '이인위본' 사상의 두드러진 특징은 도덕 중심에 있다고 할 것이다. 유가의 '삼강팔조(三綱八目)',[52] 이학(理學)의 '존리거욕(存理去欲)', 도가의 '행선적덕'(行善積德)은 주장에 관계없이 모두 도덕 실천을 가장 중요하게 여긴다. 이런 의미에서 '이인위본'

---

51) 呂不韋(?~前235) 秦國宰相 著,「呂氏春秋·序意」,『呂氏春秋』가 쓰여진 연대는 대략 기원전 239년 즈음이다. "上揆之天, 下驗之地, 中審之人."
52) 『大學』, 三綱: "明明德、親民、止於至善." 八目: "格物、致知、誠意、正心、修身、齊家、治國、平天下."

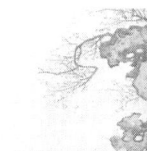

은 '도덕인본주의'라고 할 수 있다. 이와 같은 도덕 중심의 인본주의는 사람들이 윤리·정치의 전체 관계에 융합되게 하여, 개인 가치의 실현, 개체 도덕 정신의 제고를 전체 관계의 '양성(良性) 회복 운동'에 기탁했던 것이다. 사회관계로서의 전체, 그 기본 틀은 세 부분으로 구성된다. 정치적 군신 관계; 가정적 부자, 부부, 형제 관계; 사회적 친구 관계가 그것이다. 이 다섯 관계를 이른바 '오륜'(五倫)이라 한다. 이 다섯 윤상(倫常) 관계는 각기 그 특정한 도덕적 규범을 가지면서 일정한 역할을 담당했다. 따라서 서로 연계하고 서로 제약하여 사회의 정상적인 운영을 유지함으로써 인생의 가치와 목표를 실현했다.

총체적으로, 중국 전통 문화 속의 '이인위본' 관념은 대체로 다음 몇 가지의 의미를 포괄한다. 이를테면 '인간이 만물의 중심이다', '인간이 목적이고 하늘은 수단이다', '도덕 중심'이 그것이다.

'이인위본'의 관념에서 '인간이 만물의 중심이다'라고 함은, 인간과 자연의 상호 통일이 전제가 되며 그것은 서방의 비교적 공리성이 강한 '인류 중심론'과는 그 성격이 다르다.53) '인류 중심론'은 자아 욕망 팽창의 극단적 표현이지만, '이인위본'에서 인간은 만물 중심 사상으로서 단지 인간이 천지와 더불어 '서로 참여하고' '천지의 화

---

53) '인류 중심론'(人類中心主義, Anthropocentrism)은 서방 철학의 한 전문 용어이다. 그들이 말하는 '인간 중심'이란 인간이 지배와 통치의 위치에 있고 자연은 피지배와 피통치의 위치에 있다. 때문에, 인간과 사물은 불평등한 관계에 있다고 할 것이다. 서양의 데카르트로부터 헤겔에 이르기까지 근대 철학의 '주체성'(subjectivity) 원칙과 주객 관계의 사유 방식은 '인류 중심론'적 입장을 취한다.(張世英, 「人類中心論與民胞物與說」, 『江海學刊』, 2001年, 第4期, 참조.)

육을 도울 수 있다'는 차원에서 인간을 중시하는 것이다. 그럼으로 써 그 과정에서 사람을 살피고자 했다. '이인위본'은 모든 문제의 해 결은 인간으로부터 출발하고 인간 자신에 의해 진행하고자 함을 강 조한다. 문화 철학에서 보면 문화의 본질은 인간의 생명 존재와 표 현이다. 문화 철학은 문화를 그 핵심 개념으로 하여, 그 자신이 인 간의 문제, 문화의 문제가 그 근본 문제임을 설명한다. 이 때문에 문화철학과 '이인위본' 개념은 동일하게 인간에 대해 주목한다. 문화 철학의 이론 체계에서 세계란 문화의 세계이고 인간이란 문화의 창 조자이고 조절자이다. 문화는 인간을 위해 존재하고 인간은 문화의 중심이며 문화는 인간의 본질이다. 따라서 우리는 '인간이 만물의 중심'이라는 기초 위에서 더욱 확실하게 '인간이 문화의 주체'라고 설명할 수 있다. '인간이 문화의 주체'라는 사실로부터 출발하면 인 간 중시 또한 인간의 생명 존재와 표현에 대한 관심의 구현이다. 이 의미에서 보면 그 '인류 중심론'과 같은 관점을 해결할 수 있다. 왜 냐하면 '인류 중심론'은 인간과 자연 세계의 상호 대립을 전제로 하 지만, 문화 철학의 이해 속에서는 인간과 그 문화 세계는 일체인 것 이다. 이것은 인간과 자연의 상호 대립적 전제가 해소되어, '인간이 문화의 주체'라고 했을 때의 '주체'는 '인류 중심론'의 '중심'과는 그 의미가 다르다. 그것은 단지 인간의 자아에 대한 일종의 문화적 이 해일 뿐이다.

'인간이 만물의 중심'이라고 함은 '인간이 목적이고 하늘은 수단이 다'라는 말과 서로 관련된다. 이것은 인간의 지위와 작용을 강조한 말이다. 천도의 도움을 받아 인도를 실현할 때, 그 관건은 천도와 인도가 서로 통할 수 있는가의 여부에 달려 있다. 서로 통한다면 도움을 받을 수 있겠지만, 그렇지 않다면 인도는 천도를 남용하게 될 것이다. 인간이 천도를 정치 혹은 도덕 이상의 실현을 위한 도구로 삼게 되면, 결국 천하를 태평하게 할 수도 있고 천하를 크게 어지럽힐 수도 있다. 역사가 이것을 잘 설명해주고 있다. 문화철학에서 보면 천도라고 하는 것도 바로 문화 세계의 법칙성인 것이다. 인간은 자신의 문화 활동을 통해 문화 세계의 법칙과 서로 합치된다. 그렇기 때문에 문화철학에서는 인도와 천도가 서로 통한다고 한다. '하늘'은 인간의 수단일 뿐만 아니라 또한 인간의 목적이다. 목적과 수단의 통일은 문화적 의미상 중국 전통 문화 속의 '하늘'을 이해하고 더욱 훌륭하게 '이인위본'을 실천할 것을 요구한다.

인간과 사물 관계에서 중국 전통 문화는 '이인위본'을 확립하였다. 그렇다면 인간은 어떤 방법으로 이러한 물질에 대한 초월을 실현할 것인가? 그것은 바로 도덕을 통한 자연과 귀신 앞에서의 인간의 자아 완성인 것이다. 그리고 도덕 본위란 또한 '이인위본' 사상의 두드러진 특징이며, '이덕입인'(以德立人)은 인간에 대한 중국 전통 문화의 일관된 요구이다. 이러한 도덕 문화적 인본 사상은 인간의 도덕 실천적 주체성을 강조하기 때문에 도덕 실천은 지고한 위치까지 상승되었다. "임무는 단지 수립 내지는 규범의 궁극적 수립만이 아니라, 동시에 반드시 수립된 규범을 구체적인 생활과 행위에 적용시켜야 한다."[54] 덕성 수양, 도덕 실천, 도덕 인격 제고의 추구 등 인간 활동의 근본 방향을 이룬다. 이러한 가치적 성향은 인간의 정신 경지의 제고, 개체 도덕 목표의 건립에 대해서 모두 의미가 있는 것이

---

54) 彼得・科斯洛夫斯基(德)(P.Koslowski) 著, 孫瑜 譯, 『倫理經濟學原理』, 中國社會科學出版社, 1997, 재인용.

다. 문화 철학의 문화 세계에 대한 도덕 체계의 구축 차원에서도 하나의 중요한 지탱점이 된다.

　문화 세계에 있어 어떻게 하면 인간의 생존 가치를 확인하고 인간에게 적합한 도덕 규범 체계를 구축해낼 수 있을까 하는 문제 역시 문화 철학 연구의 임무이다. 중국 전통 문화 속의 도덕 본위 의식과 그 풍부한 내용은 여기에 유익한 참고 자료를 제공해준다. 다만, 우리도 다음과 같은 사항을 인식해야 한다. 말하자면, 이러한 정치 윤리의 외재적 생존 환경이 이미 변화하였고 공업화의 생산 방식이 농경 생산 방식을 대체하는 등 사회적 시대적 진보에 따라 많은 변화를 겪었다는 사실이다. 또 하나는 이 도덕 본위 의식은 객관상 객관 세계에 대한 인식과 개조를 소홀히 하여 분명히 인륜 중시와 자연 경시, 군체 중시와 개체 경시의 경향을 띰으로써 지나치게 개인의 의무와 도덕 인격을 강조하여 개인의 권리와 자유를 무시했다는 사실이다. "세계의 한 면이 우리에게 가까워질수록 다른 면은 우리의 시야에서 멀어진다." 문화 철학은 문화 세계와 그 법칙에 대한 총체적인 성찰이고, 도덕 체계의 이론 구축 측면에서도 그것의 총체성을 구현해내야 한다. 예컨대, 현대 공업 문명의 자연 자원에 대한 무분별한 개발과 이용은 지속적인 환경오염, 자원 고갈, 생태의 균형 파괴 등의 환경 문제를 초래하였다. 이 문제들에 대한 반성으로 그에 상응하는 생태 도덕적 의식, 즉 생태 윤리를 출현시켰다. 나아가 중화 민족의 입장에서 보면 현재 다음과 같은 두 측면의 문화 위기에 직면해 있다. 하나는 중국 전통 문화의 기본 정신과 밀접하게 연관되는, 중국 전통 문화에 대한 진실한 사랑과 중화의 진흥을 위해 현대 공업주의 문화 즉 현대 문화에 대한 추구 사이에서 생기는 모

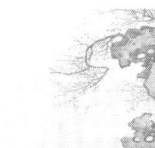

순과 충돌이다. 다른 하나는 중화 민족이 추구하는 현대 문화와 서양 세계에서 흥성하여 중국 문화에 영향을 주었고 앞으로도 지속적으로 영향을 미칠 후공업주의 문화, 즉 후현대 문화 사이에서 생기는 모순과 충돌이다. 오직 문화 도덕적 의식에 입각했을 때 양대 모순과 충돌을 깊이 인식할 수 있고, 또한 이 차원에서 출발했을 때 비로소 문제 해결의 근본 방법을 찾아낼 수 있다. 이 문제에 대한 방성과 성찰이 심화됨에 따라 반드시 새로운 윤리, 즉 문화 윤리가 형성될 것이다.

이 때문에 비록 중국 전통 문화의 정치 윤리 도덕이 사회의 안정, 조국 통일에서 큰 역할을 했을지라도, 전체적인 문화 세계와 대면했을 때 문화철학적 높이에서 윤리 도덕을 말하고 더 넓은 의미에서의 도덕 의식, 즉 문화 철학적 도덕 의식으로 이해해야만 그것으로 하여금 중화 민족 진흥의 과정에서 지속적이며 합당한 역할을 기대할 수 있다.

3. 강건유위(剛健有爲) - 진취적 문화 품격

'강건유위'는 중국 문화의 기본 정신 중의 하나로서, 중국인의 적극적인 인생 태도를 집약한다. 이것은 예로부터 중화 민족의 생존과 발전의 강대한 정신적 지주와 원동력이 되었다. 중국 문화에서 '강'(剛)은 곧 '강건'으로 견고성을 가리킨다. '유위'는 곧 '행위하는 바'로 역사적 책임감과 시대적 사명감이 있음을 가리킨다. '강건유위'의 사상은 일찍이 공자 시대에 이미 제기되었고 역사의 변천에 따라 끊임없이 심화되어, 각 계급과 계층에 의해 보편적으로 받아들여졌다. 그럼으로써 광범위한 영향과 보편적 의미를 지닌 일종의 민족정신을 형성했던 것이다.

공자는 '강'의 품격을 매우 중시했다. 그는 "의지가 굳고 용기가 있으며 꾸밈이 없고 말수가 적은 사람은 '인'에 가깝다"[55]고 말했다. '강의'는 일종의 품격으로서, 그 표현은 큰 절개에 임하여 빼앗을 수 없는, 이른바 "삼군의 장수를 빼앗을 수는 있어도 한 필부의 뜻은 빼앗을 수가 없다"[56]고 함이 그것이다. 공자의 입장에서 보면 '강의'와 '유위'는 불가분의 관계이다. 뜻이 있고 덕을 지닌 사람은 확고한 신념은 물론이고 용감하게 도의(道義)를 맡아 굽히지 않는 분투 정신을 지니려고 한다. 공자가 제자 증자에게 말했던 것과 같다고 하겠다. "선비는 그 도량이 넓고 뜻이 굳세지 않으면 안 된다. 맡은 책임이 무겁고 가야할 길이 멀기 때문이다. 인으로써 자기의 책임을 삼으니 그 책임이 막중하지 아니한가? 죽은 뒤에야 끝나는 것이니 가야 할 길이 멀지 아니한가?"[57] 공자는 배불리 먹으면서도 하루가 가도록 마음 쓸 데가 없는 인생 태도를 경멸하였다. 그는 실천하려고 노력했을뿐더러 숭고한 이상을 위해 꾸준히 분투하였다. 그 자신을 "학문에 발분하면 식사도 잊고 도를 즐겨 근심을 잊으며 늙음이 닥쳐오고 있는데도 모르는 그런 인간이다"[58]고 평했다. 그는 또 말

---

55) 『論語·子路』. "剛毅木訥近仁."
56) 『論語·子罕』. "三軍可奪帥也, 匹夫不可奪志也."
57) 『論語·泰伯』. "士不可以不弘毅, 任重而道遠, 仁以爲己任, 不亦重乎? 死而後已, 不亦遠乎?"
58) 『論語·述爾』. "發奮忘食, 樂以忘憂, 不知老之將至."

하기를, "군자가 먹음에 있어서 배부르기만을 추구하지 않으며, 거주함에 있어서 편안함만을 추구하지 않고 일에 있어서 민첩하며 말을 삼가고, 도가 있는 곳에 나아가 바르게 하면 배움을 좋아한다고 할 수 있다"[59]고 했다. 열심히 공부할 것을 주장했을 뿐이지, 다른 사람의 밑에 들어감을 달갑게 여기지 않았다. 공자의 이러한 사상은 『역전(易傳)』사상의 한 단계 더 발전된 형태라 하겠다. 『상전(象傳)』에 '강건' 관념이 등장하는데 강건 정신을 찬양하여 "강건하고 문명하다,"[60] "강건하고 독실하고 빛나다"[61]라고 했다. 또, 『상전』에 '자강불식'의 원칙이 제시되고 있다. 즉 "하늘의 운행이 강건하니 군자는 이것을 본받아 스스로 힘쓰고 쉬지 않는다."[62]고 하였다. 『상전』에서 선양한 '자강불식' 정신은 중국 역사에 있어 매우 큰 영향을 미쳤고 지금까지 사람들을 격려하여, 끊임없이 진취적이고 분투하게 만들었다. 이상 서술한 유가는 모두 강건자강, 적극유위의 주장인 것이다.

'강건유위'와 '자강불식'은 폭넓은 민족정신으로서 내포된 의미가 매우 풍부하다. 구체적으로 다음의 몇 가지 측면을 포괄한다.

① 건동(健動)을 강조한다. 이것은 강건유위 사상의 기초이며 근거이다. 중국은 역대로 동정변(動靜辯)이 있다. 불가, 도가, 현가(玄家)는 지유정(持柔靜)을 말하여 '무위', '출세'를 주장했고, 유가, 묵가, 법가는 지강동(持剛動)을 말하여 '유위', '입세'를 주장했다. 이 가운데서 특히 유가 학설이 가장 두드러졌고 영향도 컸기 때문에,

---

59) 『論語·學爾』. "君子食無求飽, 居無求安, 敏於事而愼於語, 就有道而正焉, 可謂好學也矣."
60) 『周易·大有』. "剛健而文明."
61) 『周易·大畜』. "剛健篤實輝光."
62) 『周易·幹卦』. "天行健, 君子以自强不息."

중국 고대에 비록 동(動)과 정(靜) 두 설이 존재했지만 '건동설'이 줄곧 주도적 위치를 차지해왔다.

② '일신'(日新)과 '혁명'(革命)을 숭상하였다. 이것은 강건유위의 적극적이고 진취적인 정신의 구체적 표현이다. 『역전』에서는 "천지가 변화하여 사시를 이루고 탕무(湯武)는 혁명하여 천명에 따르고 인심에 순응하니, 혁(革)의 때는 참으로 중대하다"라고 했고, "혁은 옛것을 버리는 것이고, 정(鼎)은 새로움을 취하는 것이다."[63]라 했다. 『역전』에서는 "날마다 새로워지는 것을 성대한 공덕이라고 한다."(日新之謂盛德)고 하면서 "날마다 그 덕을 새롭게 한다."(日新其德)를 주장하였다.

③ 고상한 절조와 항쟁 정신을 추앙한다. 이것은 '강건유위'에 의해 구현된 도덕 품격이다. 공자는 "지사(志士)와 어진 사람은 살기 위해 '인'(仁)을 해치는 일은 없으며, 자신을 죽여 '인'을 이룩하기도 한다."[64]고 했다. 그는 "천하에 도가 있으면 나타나고, 도가 없으면 숨겠다."[65]는 인생 준칙을 견지하기 위해 결코 무도한 자와 동조하거나 영합하지 않았다. 맹자 역시 '사생취의'(捨生取義: 목숨을 버리고 의를 취함)를 주장하여, 사람은 마땅히 "부귀에도 마음이 흔들리지 않으며, 가난하고 천한 대접을 받아도 자기의 지조를 꺾지 않으며, 권세와 무력에도 뜻을 굽히지 않는다."[66]는 대장부의 기개와 인격이 있어야 한다고 여겼다.

---

63) 『周易・雜卦』. "天地革而四時成, 湯武革命, 順乎天而應乎人. 革之時, 大矣哉." "革, 去故也; 鼎, 取新也."
64) 『論語・衛靈公』. "志士仁人, 無求生以害仁, 有殺身已成仁."
65) 『論語・泰伯』. "天下有道則現, 無道則隱."
66) 『孟子・滕文公下』. "富貴不能淫, 貧賤不能移, 威武不能屈."

이로 보건대 '강건유위', '자강불식'은 중국 문화의 기본 정신으로서 민족의 응집력을 강화함은 물론, 중화민족의 자립과 자강 그리고 포악한 세력에 두려워하지 않고 용감하게 저항하며, 또한 열심히 공부하는 적극적이고 진취적인 정실을 배양하였다. 이것은 분명 계승해야 할 우수한 문화 전통이다. 그러나 역사의 수레바퀴는 21세기로 전진하여 시대의 주제 역시 커다란 변화를 겪게 되었다. 이 때문에 강건유위, 자강불식의 사상도 한층 더 풍부해지고 새로워져야 한다. 변화란 사물의 근본 속성이며 인간의 문화 생명도 이와 같다. 인간은 문화 세계에서 생활한다. 문화 세계 그 자체는 바로 인간의 점진적인 문화적 창조 활동과 그 축적을 통해 형성된 것으로, '유위'와 '입세'의 결과이다. 인간의 생명 존재와 인간의 생명 표현은 하나이며 인간의 생명 표현 과정과 인간의 문화 행위 또한 긴밀하게 연관되어 있다. 때문에 '유위'와 '입세'가 존재해야만 인간의 문화 생명이 존재하고, 문화 창조 활동 속에서 인간의 문화 생명이 표현될 수 있으며, 그러한 문화 세계에서 생존하는 우리를 더욱 풍요롭게 하는 것이다. 러시아의 유명한 사상가 블라디미르 솔로비요프 (Vladimir Sergeevich Solovyov, 1853~1900)는 그의 명저 『서양 철학의 위기』 (Krizis zapadnoi filosofii, 1874)에서 "모든 문화는 시대성과 지역성을 갖춘다. 우수한 민족 문화는 반드시 시대성 속에 영구성을 포함하고 지역성 속에 일반성을 포함한다."[67]라고 지적하였다. 그러나 문화의 이러한 시대성과 지역성을 초월하여 우수한 민족 문화가 되려면 반드시 문화의 '유위'와 '입세'의 진취적 정신을 견지해야만 한

---

67) 弗拉基米爾·索洛維約夫(俄)(Vladimir Sergeevich Solovyov) 著, 李樹柏 譯, 『西方哲學的危機』, 杭州, 浙江人民出版社, 2000, 70쪽.

다. 문화 세계에서 인간의 이러한 '유위'와 '입세'는 반드시 영구하다고 하겠다. 왜냐하면 인류의 생존 요구는 무한하며 인류 생존과 문화의 모순 관계도 전체 인류 역사를 관통하기 때문이다.

그렇다면, 어떻게 '유위'할 것인가? 이에 대한 '강건유위' 사상의 '일신'과 '혁명'이다. 인간의 생명이 동물과 다른 점은 문화 창조성에 있다. 인간은 창조 능력을 가진 생명 존재로서 끊임없는 '일신', '혁명'이 존재해야만 인간의 생명 표현을 실현할 수 있다. 다른 측면에서 보면, 인류 생존과 문화의 현실 관계 속에서 역사 과정으로서 문화가 인류 생존에 대해 항상 적응에서 부적응으로 다시 적응으로 이행하는 것이다. 이와 같은 나선식 상승의 과정 속에서 적응이 그 기본이 되며, 문화 발전의 총체적 추세와 방향이 된다. 이 적응의 기본 추세는 인류 '유위'의 문화 행위에 의해 유지된다. 오로지 문화 세계 보편 법칙을 준수한다는 전제 아래 문화 창조 활동에 적극적으로 참여해야만 '부적응'을 적응으로 변화시켜 더 높은 단계로 발전할 수가 있다. 이 역사의 과정 속에서 문화적 창신은 가장 관건적인 작용을 일으켜 매번 사회 형태의 교체는 모두 인류 문화 형태의 전환, 인류 문화 창신의 결과로 볼 수 있다. 현재 중화 민족이 당면한 역사 발전의 기회와 도전은 문화의 창신을 더욱 중시해야만 한다. 문화의 창신을 통해 중국 전통 문화 속의 우수한 전통을 발양시킬 수 있고, 적극적인 자세로 세계 문화의 도래를 맞이할 수 있다. 여기서 볼 때, '일신', '혁명'의 사상은 문화 철학의 이론 구축에 대한 것이든 현재의 문화 현실에 대한 것이든 관계없이 극히 중요한 시사적 의미를 지닌다는 사실을 알 수 있다.

'일신'과 '혁명'은 구문화의 비판적 개조인 까닭에 필연적으로 이 과정에서 구문화로부터 저항받게 된다. 심지어 때로는 개체 생명 존재의 위협까지 받을 것이다. 이에 대해 '강건유위'가 강조하는 것은 인간이 고상한 절조와 항쟁 정신을 가져야 한다는 점이다. 이러한 도덕 품격은 인간에 대해 말한 것이지만, 문화 철학에 있어서는 인간과 문화가 서로 규정하며 서로 보완하고 도와서 일을 완성한다는 의미이다. 이 때문에 여기서 우리는 이와 같은 개인의 도덕 품격을 문화적 도덕 품격으로 상승시킬 수 있는 것이다. 현실 문화 세계는 각 구체적인 민족 문화에 의해 구성되며 모든 민족은 그 문화의 발전 과정에서 다음과 같은 두 측면의 문제에 직면하게 된다. 하나는 그 민족 내부의 신구 문화 관계이고, 또 하나는 그 민족의 문화 발전과 세계 기타 민족의 문화 발전 사이의 관계 문제이다. 이 양대 관계를 어떻게 볼 것이며 처리할 것인지는 한 민족의 문화 발전과 그것이 세계 문화 속에서의 위상과 작용을 결정한다. 이처럼 고상한 품격을 갖춘 민족 문화만이 내부적으로 여러 문화의 정수를 융합함으로써 민족 문화의 발전을 위해 강대한 민족적 응집력을 불어넣을 수가 있다. 대외적으로 광범위하게 문화적 교류를 진행하며, 개방, 발전, 평등, 상호 존중의 건강한 문화 심리 상태로 세계 문화의 도래를 대면하여 자신을 세계 문화의 체계 속으로 융합시키려고 노력함은 물론, 세계 문화의 발전에도 공헌해야 한다. 물론 민족 문화의 발전 과정에서 내외적으로 두 가지 문화의 위기도 수시로 존재한다. 오직 그러한 항쟁정신을 지닌 민족 문화만이 안으로 구문화의 저항을 극복하고, 밖으로는 효과적으로 외래문화의 강력한 충격을 막아낼 수 있다. 최종적으로는 민족 문화의 위기를 풀고 민족의 발전을 위해 더 좋은 문화 환경을 제공할 수 있다.

요컨대, 문화철학으로부터 보면 우리는 인생 태도로서의 '강건유위' 사상을 문화의 품격으로 이해할 수 있다. 이러한 품격을 지닌 문화는 반드시 근본적으로 인류 생존과 문화라는 근본 문제를 해결할 수 있다.

4. 귀화상중(貴和尚中) - 조화와 중용의 문화

'귀화상중'은 중화민족이 문제를 관찰하고 대처하는 하나의 기본 사유 방향이며 사람들의 심층적 의식에 내화(內化)된 기본 관념이다. '귀화상중'의 조화 관념은 국가의 통일과 민족의 단결 유지, 그리고 사회적 발전과 번영의 추진에 대해 역사적으로 모두 중요하게 작용했던 중국 문화 기본 정신의 중요한 구성 부분이다.

'귀화상중'의 조화 관념에서 '화'와 '중'은 상호 연관되는 두 개념이다. '화'는 상이한 사물 간의 평형과 통일을 가리키며, '중'은 이 평형과 통일의 법도(度)를 가리킨다. 『역전』에서는 '강'(剛)이 '중'을 간과하거나 극단에 치우쳐서는 안 된다고 하면서 '강건중정'(剛健中正)을 주장한다. '중'을 사물 운행과 인간 행위의 법도로 보아 '상중'의 방향으로 표현해냈다. 『중용』에서는 "희로애락이 아직 드러나지 않는 것을 '중'이라 하고 드러나서 모두 절도에 맞는 것을 '화'라고 한다. '중'이란 천하의 큰 근본이요 '화'란 천하의 공통된 도(道)이다. '중'과 '화'를 이루면 천지가 자리잡히고 만물이 자란다."[68]고 했

---

68) 『中庸』. "喜怒哀樂之未發謂之中, 發而皆中節謂之和. 中也者, 天下之大本也; 和也者, 天下之達道也. 致中和, 天地位焉, 萬物育焉."

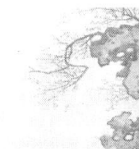

다. 즉 '중'이란 큰 근본이고 '화'란 공통된 도이므로, 중화 상태에 이르게 되면 천지는 각기 제 자리를 찾으며, 만물은 각기 제자리를 얻을 것이다. 이러한 조화는 가장 바람직한 질서 상태이고, 인간이 추구하는 가장 높은 이상이라 하겠다. 그리고 유가는 이와 같은 이상 실현의 근본적인 절차가 바로 '중도(中道)의 유지'라고 보았다. '중'은 사물의 '법도'로서 편벽되거나 치우치지 않음은 물론 지나치거나 미치지 못함도 없으며, 사물을 다루는 태도는 마땅히 '중'을 그 법도로 삼아야 한다. 즉 '지중'(持中: 중도를 유지하다)해야 하는 것이다. 공자의 견해에 따르면 '지중'이란 그 양단을 철저하게 들추어내어 중을 취한다는 것으로, 그것은 이미 '화'의 보증일 뿐만 아니라 '화'를 실현하는 절차이다. 공자는 '지중'은 반드시 예(禮)로 원칙으로 삼아야 하며, "조화를 알아서 조화에만 신경쓰고 예로서 절제하지 않는다면 또한 행하지 못한다."[69]고 했다. 다시 말해, 예를 어기고 조화를 위해 조화한다면 바로 향원(鄕原)이며 '덕을 도둑질하는 자'인 것이다. 유가의 '중화' 관념에서 '중'은 곧 '화'이고 '화'는 '중'을 포함한다. '지중'해야만 '조화'할 수 있다. '예'를 표준으로 하는 '중화' 관념은 '중용' 관념의 이론적 기초가 된다. 이것을 기초로 형성된 중용의 도는 중국 고대의 사회 모순을 조정함으로써 중화 상태의 철리를 유지하게끔 했다. 이른바 '높고 밝음을 지극히 하여 중용의 길을 간다.'[70]의 묘용은 '순(舜)이 그 양단을 잡아 그 중을 백성들에게 적용했다'[71]는 데 있다. 다만 통일과 균형을 강조하고 '중'을

---

69) 『論語・學而』. "知和而和, 不以禮節之, 亦不可行也."
70) 『中庸』. "極高明而道中庸."
71) 『論語・爲政第二』. "舜執其兩端而用其中於民."

넘지 않는다는 각도에서 말하자면 경우에 따라서 그것을 사물의 발전을 저해하는 보수적 이론이 되기도 한다. 이 때문에 정확한 이해와 운용이 요구된다.

'중화'는 아름다운 상태와 질서이고 정신적 경지이다. 그중에서 특히 '귀화' 관념은 중국 문화의 넓고 커다란 포용력을 길러준다. '귀화'는 사물이 다양성의 통일임을 긍정하며 서로 다른 유형과 서로 다른 민족의 문화가 서로 포용하는 것을 주장한다. 이에 대해 중국 문화사는 이미 충분히 증명해주고 있다. 문화 세계에서 '인류'와 '문화'는 가장 기본적인 존재이다. 어떻게 '인류'와 '문화'의 조화·통일을 이룰 수 있을 것인지에 대해서는 하나의 원칙을 세워 지도할 필요가 있다. 한 민족의 내부 문화 창조에서 그렇고, 민족 간의 문화 창조와 교류에서도 그렇다. 지구상에서 공동으로 생활하는 여러 민족은 '귀화'의 원칙 아래 각자의 문화를 창조하는 까닭에 우리의 문화 세계를 공동으로 구성한다고 하겠다. 우리는 우열을 기준으로 민족과 문화를 판가름할 수 없다. '문화 패권'과 '문화 독재'는 문화 발전 과정 속의 단지 비정상적인 현상일 따름이다. 민족과 문화의 차이는 각자가 선택한 생명 표현의 방식일 뿐이다. 따라서 서로 다른 유형의 민족과 문화를 형성하는 것이다. 바로 루스베네딕트(Ruth Benedict)가 말한 대로 "시작과 동시에 하나님은 여러 민족에게 한 개의 질그릇 잔을 부여해준다. 이 잔으로부터 인간은 그들의 생활을 들이키게 된다. 그들은 모두 잔을 묻히지만 그들의 잔은 동일하지 않다."[72] 잔은 단지 문화의 외재적 형식일 뿐이고 내재적인 것은 모

---

72) 露絲·本尼迪克特 (Ruth Benedict)(美) 著, 王煒 譯, 『文化模式』, 北京, 三聯書店, 1988, 23쪽, 참조.

두 인류의 생명 표현 활동이다. 때문에, 모든 상이한 유형의 민족과 문화는 모두 화목하게 함께 지내고 서로 존중할 뿐만 아니라, 최후에는 '문화 평화'의 인류 이상 상태에 도달한다고 하겠다.

'화'의 상태는 반드시 '지중'을 통해 유지해야 한다. 문화세계서 가장 근본적인 문제는 바로 인류 생존과 문화의 관계 문제이다. 그런 까닭에 우리는 인류 생존 요구를 일단으로 보아 맹목적으로 문화를 창조해서는 안 된다. 또한 문화의 객관 조건과 제약을 핑계 삼아 인간의 문화 창조 능력을 부정해서도 안 된다. 인간의 문화 창조 활동은 마땅히 인류 생존 요구와 객관적 문화 현실 사이에서 '지중'의 합리적 선택을 해야 한다. 인류 생존의 요구는 무한하여 합리적 요구이기만 하면 인류의 진정한 요구가 될 수 있다. 이른바 합리적 요구 측면은 인류 문화 발전의 과정에서 자신의 발전을 만족시키기 위해 제시된 것이다. 또 다른 측면의 제시는 문화의 객관 조건과 제약을 고려한 것으로 가능한 요구이기만 하면 현실적 요구가 될 수 있다. 이것은 사실 하나의 법도 문제이다. 인류 생존과 문화 간의 법도를 확실히 파악하기만 한다면 '지중'을 실현할 수 있다. 그러므로 '화'의 상태에 도달한다고 하겠다.

중국 유가 문화에서 '지중'은 예를 표준으로 삼으며, 전통적 예의 표준은 농경을 바탕으로 혈연과 종친을 특징으로 하는 중국 전통 사회에 적합하다. 역사 발전이 오늘에 이르기까지 사회의 구조는 이미 깊은 변화를 겪었다. '지중'도 새로운 표준을 적용시켜야 문화와의 공통된 발전을 실현할 수 있다. 문화 철학에 있어 문화 발전의 근본 동력은 '인류 생존'과 '문화'의 모순에 있고, 이 모순의 해결은 반드시 문화 세계의 보편 법칙의 준수가 전제되어야 한다. 이 때문에 문화 철학의 문화 세계에 대한 본질 파악과 인간에 대한 깊은 이해만 이 인류의 문화 활동에 하나의 가장 기본적인 이론 지도와 실천 규 범을 제공할 수가 있다.

중화 민족으로서의 기본 사유의 방향인 '귀화상중'의 관념은 중국 문화의 기본 정신 속에 관통되어 있다. 이를테면, '천인합일', '이인 위본', '강건유위'는 모두 '귀화상중'을 그 기본 가치의 방향으로 삼 는다. 또한 그것들은 동시에 '귀화상중'의 구체적인 표현이다. 그러 므로 '화'는 중국 전통 문화의 기본 정신이 집약적으로 구현된 것임 은 물론, 우리가 문화에 대해 마땅히 가져야 할 기본적인 태도이다.

제
3
장

■중국 문화와 서양 문화의

교류와 충돌

전반적인 인류 문화의 역사를 종람해보면 서양 문화의 역사이든 중국 문화의 역사이든 간에 일정 부분 외래문화와의 부단한 융합과 충돌의 역사인 것이다. 서양 고대에 있어 그 문화의 창성은 그리스 정신과 헤브루 정신의 합류에 의존했다. 다시 말해서, 외래 헤브루 정신을 적극적으로 흡수하여 지식을 중시하고 윤리를 경시하는 단일 취향적인 그리스 정신의 부족한 부분을 보충함으로써, 서양 문명의 재구성을 위한 더욱 완선하고 견실한 사상적 기초를 다졌던 것이다. 중국 고대에 있어서 그 문화의 부흥은 유학과 불학의 융합에 의존했다. 즉 외래적 불학사상과의 문화상의 혼인 관계를 통하여 윤리화된 전통 중국 유학의 지식론상의 진공 상태를 채움으로써, 중국 문화의 송명 시대에 또 한 차례의 동방 문화의 조류를 새롭게 이끌기 시작했다.

중국 역사로 보건대 중국 문화의 외래문화에 대한 첫 번째 성공적인 흡수와 융합은 불교와 중국 전통 문화의 충돌과 융합 속에서의 중국화 과정을 구현함에 있었다. 양한(兩漢) 시기 인도 불교의 동점은 중국 전파와 발전에서 시작되었다. 불교가 중국에 유입된 이후 장기간에 걸친 유교, 도교와의 충돌 과정 속에서 점차적으로 개조·흡수되어 최후에는 중국의 전통 사상과 문화 속에 융합되었다. 당조(唐朝) 시기에 이르러 중국화된 불교, 즉 선종(禪宗)의 출현과 불단의 독점은 중국 전통 문화의 구성 부분인 것이다. 불교의 중국화 과정은 상이한 문화 간 교류와 융합의 그 전범이라 할 만하다. 이와 같은 새로운 문화 양식은 문화의 상실이나 대체가 아니다. 이것은 상호 충돌 속에서의 그 일치점을 찾는 모순 통일이며 각 학파의 다양한 진화를 촉진시키는 것이다. 더 나아가서는 다원적인 융합에 도달하는 과정인 것이다. 외래 불교문화의 수입과 도전의 직면은 결코 중국 전통 문화의 대체가 아니다. 효율적으로 불교문화의 성과를 섭취하여 그것을 중국 문화의 일부분으로 개조시킴은 중국 전통 문화의 개방성, 견인성, 소화에 능숙한 능력을 보여주는 것이라 하겠다.

외래문화의 대규모 중국 전입은 크게 보아 두 차례에 걸쳐 이루어졌다. 한 차례는 위에서 말한 바와 같이 기원전 1세기부터 시작된 인도 불교문화의 전입이다. 이 이후로 천년의 역사 동안 인도 불교문화는 점차로 중국 문화에 흡수되어 중국 문화의 구성 부분이 되었다. 또 한 차례는 16세기 말, 즉 명 말청 초부터 전입되기 시작한 서방 문화로서 서양 문화의 중국 전입은 오늘날까지 4백 년에 걸쳐 이루어졌다. 그 전입 과정은 상이한 단계와 여러 가지 우여곡절을 겪었을 뿐만 아니라, 또한 단계, 전파 영역, 내용 등의 차이에 따라 상이한 특징을 보이고 있다. 서양 문화의 전입이 비록 여러 우여곡절을 겪기도 했지만 중국 문화에 끼친 큰 영향은 부인할 수 없는 사실이다. 특히, 근 백 년 동안의 중국문화사에 있어 '고금중서'(古今中西)의 논쟁은 이미 이 시대 문화 토론의 주제가 되었다. 본 장에서는 무엇보다도 먼저 서양 문화 전입의 시기와 특징에서부터 착수하고자 한다. 특히, 특정한 역사 사건을 통하여 중국 문화와 서양 문화의 교류와 충돌 속에서 융합·변화된 여러 역사 과정을 비교해 총괄하고자 한다.

제1절

근대 중서 문화의 교류와 충돌

1. 명 말 기독교와 유학의 충돌 – 전례논쟁과 문화 충돌

근대 이전, 중국과 유럽의 교류는 주요 탐험가와 선교사의 활동에 의지했는데, 그 가운데 선교사의 역할이 가장 중요했다. 이것은 서양 중세의 종교적 특성과 중국 봉건 사회의 상대적 폐쇄성에 의해 이루어진 것이다. 일찍이 당나라와 원나라 때 기독교(景敎)가 중국에 유입되기도 했지만, 진정한 의미에서의 중서 철학, 종교와 과학의 실질적인 접촉(상호 이해, 인식, 대화, 융합과 충돌)을 가능하게 했던 것은 명 말 중국을 방문한 천주교 예수회선교사들의 활동에 의해서였다. 그들의 진정한 목적이 비록 종교에 있었지만 마테오 리치를 대표로 하는 일부 개명된 선교사들이 최초 확립한 것은 중국 문화 사상에 적용시킨 선교노선이었다. 그들이 이론적으로 조작한 부유(附儒), 보유(補儒), 초유(超儒) 작업은 명 말 선교사의 중국 활동에서의 주도적 노선이 되었다. 이러한 의미에서 그들은 근대 중서 문화 교류의 개창자라고 할 수 있다.

16세기부터 시작하여 유럽 자본주의의 발전에 따라 포르투갈, 스페인, 네덜란드 등의 나라들은 연이어 동양으로 진출하여 서둘러 식민지를 개척하였다. 명대 중엽 로마 교황청은 유럽의 식민주의 세력과 협력하여 세계를 향해 그 교세를 넓혀갔다. 포르투갈의 지원 아래 마카오를 거쳐 다수의 선교사들을 중국 내지로 파견하여 천주교 전파를 시도했다. 천주교의 예수회선교사들은 서양 상선을 따라 중국에 오기 시작했는데, 그중에 마테오 리치는 가장 먼저 중국에서 국면을 타개한 인물이다. 마테오 리치는 중국에 온 뒤, 유가 경전을 열심히 공부하여 유가의 비조 공부자(孔夫子)에게서 자신들과 상통된 견해를 찾아내려고 노력했다. 다시 말해, 사서오경 속의 장구를 인용하여 천주교 사상을 선전한 결과 일부 사대부들의 호감을 샀다. 특히 그는 중국인의 하늘에 대한 제사(祀天), 조상에 대한 제사(祭祖), 공자에 대한 존경(尊孔)의 습속을 존중했기에 널리 중국 사회 각 계층의 호감을 얻어내고 선교 활동을 순조롭게 전개할 수 있었다. 1601년 마테오 리치는 대도(북경)로 갔다. 당시의 명나라는 한창 내우외환의 위기를 맞았던 시기로 명 신종(神宗)은 무기를 개량하는 데 재원을 지원해가면서까지 선교사의 도움을 받고자 하였다. 그래서 마테오 리치를 접견하고 상빈(上賓)으로 예우했고 파격적으로 그가 북경에 머물면서 선교활동을 벌일 수 있도록 허락하였다.

중국을 방문한 여러 종파의 선교사 가운데 특히 예수회 선교사들이 인재가 많았고 출중한 실력을 갖추고 있었다. 그들 대부분은 선진 과학 지식을 소유했고, 초기에는 중국어와 경서 학습에 주의를 기울여 중국 사회를 이해하고자 노력하였다. 말하자면 중국 사회에 순응하여 천주교 교의와 중국 전통 유학사상의 통일을 구하여 천주교가 중국에 뿌리내릴 수 있는 토양을 조성하려고 하였다. 수년간의 노력 끝에 예수회는 적잖은 상류층 인사들의 입교를 이끌어냈다. 명말 청 초에 그들은 이미 중국 10여 개의 성에 천주교 교당을 세웠다. 중국인 신도들은 1610년의 2500명에서 1650년에는 15만 명으로 급증하였다. 명나라의 유명한 정치가인 서광계(徐光啓)[73]와 이지조(李之藻)[74] 외에도 방천수(龐天壽)와 약슬(若瑟)과 같은 환관들도 천주교를 신봉했다. 남명(南明)의 영력제(永曆帝)와 황후, 태후와 태자도 입교하였다. 이로 보아 천주교는 명나라 말기에 상당한 전파력을 지녔음을 알 수 있다. 이와 동시에 일부 예수회 선교들도 중국 문화로부터 커다란 영향을 받았고 중국 관련 정보를 정확하게 유럽에 제공함으로써 유럽 자산 계급 계몽 운동의 전개를 자극하였다. 중국과 서양의 문화는 이로 인해 새로운 역사적 배경 아래 서로 연구하고 이해하면서 상대방의 양분을 흡수할 수 있었다.

당시 예수회 선교사들이 소개한 서양 과학은 한계성이 있었다. 천문, 수학 방면에서 그들이 최초로 중국에 소개한 것은 결코 서양 과학의 최신 성과물이 아니었다. 그렇다고 하더라도 대량의 신기술 지식과 과학 저작물은 편역을 거쳐 당시 중국의 풍토 속에서 널리 전파되었다. 특히 1620년 프랑스의 예수회 선교사 니콜라스 트리고

---

73) 徐光啓(1562~1633)는 명나라의 학자이자 정치가이다. 자는 子先이고 호는 玄扈이다. 上海에서 태어났고 세례명은 바울이다. 중국에 그리스도교와 서양 과학기술을 보급하는 데 공헌하였다. 1596년 廣東省 韶州에서 예수회 수도사 L. 카타네오(중국명 郭居靜)로부터 그리스도교 교리를 전수받았고 1603년 南京을 방문하여 다 로차(중국명 羅如望)로부터 그리스도교 세례를 받았다.

74) 李之藻(1565~1629)는 명나라 말기 학자이다. 자는 振之 또는 我存이고 호는 涼庵이다. 마테오 리치에게 사사했고 1610년 레오라는 이름으로 세례를 받았다. 1598년 진사가 되었고 南京工部에 근무했으며, 1612년 南京太僕寺(거마와 목축을 관장함)의 少卿이 되었다. 마테오 리치의 「坤輿萬國全圖」 등을 발간하고 이 밖에 서양 학문과 그리스도교에 관한 수많은 책을 번역함으로써 중국 천주교회 초기 3대 支柱의 한 사람이다. 「天學初函」은 그리스도교와 천문·지리·수학·측량관계의 총서이다. 「崇禎曆書」의 편찬에도 참여했으나, 완성하기 전에 사망하였다.

(Nicolas Trigault, 金尼閣)75)가 서유럽 각국에서 수집한 7천여 권의 서양어 저작, 그리고 1629년 이지조가 편집인쇄한 천주교의 첫 총서『천학초함(天學初函)』속에는 매우 많은 과학 저작들을 포함하고 있어 중국이 섭취할 수 있는 새로운 지식적 근원을 제공했다. 그럼으로써 명 말 청 초에 낡은 역법을 개혁했음은 물론이고 청나라 초기에는 대지 측량 사업을 전개하여 고대의 전통적인 과학기술과는 다른 중국 근대 과학기술의 새로운 시기를 열었다.

그러나 불행하게도 이처럼 초기의 양호한 교류 태세는 줄곧 지속되지 못했다. 이후 18세기 초에 발생한 '전례 논쟁'은 기독교와 유교의 상이한 두 문화의 직접적인 충돌을 불렀다. 이 충돌 과정과 결과는 모두 의미심장하여 자세히 음미해 볼 필요가 있다. 사실 당시 천주교가 중국에서 광범위하게 전파될 수 있을 지의 여부는 상당한 정도에서 중국 사회의 습속에 대한 적응성 및 유가 학설과 전통 전례를 취하는 태도에 달려 있었다. 이른바 전례 논쟁의 발단은 천주교

---

75) 니콜라스 트리고(Nicolas Trigault, 1577~1629)는 명나라 말년에 중국에 온 전도사이다. 자는 사표이며 프랑스에서 태어났다. 1594년 예수회에 가입하였고 1607년 인도에서 선교를 시작하였다. 1610년 마카오에 왔고 그 뒤 강소성 남경에서 중국어 공부를 하였다. 그 뒤에도 계속하여 중국의 수많은 지역을 오가면서 중국의 교무 상황을 파악하였다. 후에 그는 「예수회가 중국교구에서의 교무보고」라는 책을 편찬했으며 계속하여 마테오 리치의 설교방식을 주장하였다. 1615~1617년 선후하여 프랑스, 독일, 스페인 등 국가를 방문하면서 각국 국왕들에게 중국의 종교 활동을 지지해 줄 것을 청원하였다. 1619년 16명의 전도사들을 거느리고 중국에 와서 계속 선교 사업을 하면서 마테오 리치의 전도방식으로 광범위하게 중국의 상층 지식인들과 교제하였다. 선후로 하남, 산서, 섬서 등지에 전도의 거점을 마련하고 종교서적을 출판하였다. 이외에도 그는 중국 문자에 대한 연구에도 공헌하였다.

내부의 두 계파가 전개시킨 천주교와 중국 전통의 관계에 대한 논쟁에서 시작되었다. 이는 다음의 몇 가지 문제와 관련되어 있었다.[76)]

1) 조상을 공경하는 예(敬祖之禮): 중국인들은 사택에서나 공적으로나 선조를 받들지 않는 이가 없다. 그래서 사당과 가묘를 짓고 그 안에 공대(供臺)를 설치하여 그 위에 위패를 모신다. 위패에는 '선조모공지신위'(先祖某公之神位)라 쓴다. 매번 기일(忌日)이나 봄과 가을 두 계절에 모두 선조에게 제사를 올린다.

2) 공자를 제사하는 예(祭孔之禮): 중국인은 공자를 가장 숭배하기 때문에 부(府), 주(州), 현(縣), 진(鎭) 곳곳에다 문묘를 세웠다. 문묘 안에는 공자의 좌상을 빚기도 하고 목패(木牌)를 세우기도 하는데, 목패 위에는 '선사공부자지신위'(先師孔夫子之神位)라고 썼다. 봄, 가을로 두 번 나누어 해당 지역의 관가에서는 그 하급 관리나 관직의 사람들을 거느리고 공자에게 제사를 올린다.

3) 하늘에 제사하는 예(祭天之禮): 상제(上帝) 두 글자와 천(天)자는 만물의 변화를 주재하는 존재를 지칭한다.

이 세 가지 예에 대한 논쟁의 초점은 첫째, 선조의 위패에 대한 제사가 종교적 의식인가 아닌가, 둘째, 공묘(孔廟) 제사가 단지 공경과 예의에만 그치는가, 아니면 이단이라는 종교적 의미까지 함유하는가, 셋째, '상제'와 '천'자가 천지만물을 움직이는 진재(眞宰)로 불리는 것이 합당한가의 여부이다. 마테오 리치가 처음 중국에 왔을

---

76) 朱謙之 著, 『中國思想對于歐洲文化之影響』, 臺北, 商務印書館, 民 29. 7, 100쪽. 재인용.

때 중국의 영리한 유가 관원과 보수적인 백성을 보고 개교가 쉽지
않을 것임을 깊이 느꼈다. 때문에 선교 방식, 교의 내용을 중국 습
속과 조화시키는 데 힘썼다. 중국의 습속과 윤리는 예로부터 제천
(祭天), 사공(祀孔), 배조(拜祖)를 중요한 의식으로 생각했지만, 이러
한 것들은 천주교의 우상 숭배를 금지한다는 교의와 모순되는 것이
었다. 하지만 포교를 위해 마테오 리치는 이에 대해 관용적인 태도
를 취하였다. 후에 아담 샬, 베르비스트(Ferdinand Verbiest, 南懷仁)
등은 모두 마테오 리치의 관용 정신을 계승하였다. 그러나 일부 천
주교 선교사, 예컨대 예수회 선교사인 롱고바르디(Nicolo Longobardi,
龍華民)는 천주교의 중국화에 반대했다. 그는 중국 전례 논쟁을 유
발시킨 장본인이다.[77] 17세기 30년대에 '중국 전례 논쟁'은 천주교 내

---

77) 롱고바르디(Nicolas Longobardi, 1559~1654년)는 명나라 말년 천주교 전
   도사이다. 그는 이태리 시칠리아 지역의 한 몰락한 귀족가정에서 태어났
   으며 1982년 예수회에 가입하였다. 1597년 중국으로 가서 전도를 시작하
   였는데 먼저 마카오에서 광동지역의 교무를 담당하였다. 그의 전도방식은
   중국에 와서 선교 사업을 하는 대부분 전도사들과는 달랐다. 그는 공개적
   으로 사람들이 사회발전의 교도로 될 것을 주장했으며 신자들에게 반드
   시 중국의 전통적 습관을 버릴 것을 요구했는데 그의 노력으로 수년 사
   이에 300명의 신도들을 발전시켰다. 그러나 그는 현지인의 박해로 그곳을
   떠나지 않으면 안 되었으며 1609년 북경에 가서 예수회 중국전도구 회장
   직을 맡았다. 그 뒤 중국에는 천주교를 박해하는 사건이 발생했으며 롱고
   바르디는 다수의 전도사들과 마찰이 생겼다. 1610년 롱고바르디는 중국교
   구회장 직을 인계받고 나서 교도들의 제조존공(祭祖尊孔)을 금지시켰고,
   선교사들을 소집하여 소위 '중국의 전례 문제'에 관해 토론하였다. 세 번
   째 조에 대해 롱고바르디는 유가 경전 속의 어휘는 그것의 특정한 의미
   를 지닌다고 여겼다. 천(天), 상제(上帝)는 정주(程朱) 이학(理學) 속의 종
   교적 의미로서, 중국인의 생각 속에 뿌리 깊게 자리잡고 있으며, 또한 유
   가, 불교, 도교는 이단인 것이다. 그는 선교사들이 중국 교도의 제공사조
   (祭孔祀祖)를 용인한 데 대해, 줄곧 반대해 왔다. 더욱이 『상서』(尙書)의

부의 각 수도회 사이로 확대되었다. 스페인의 프란시스코회 (Francis-cans, 方濟各) 수도사가 먼저 분쟁을 일으켰다. 뒤이어 도미니크회 (Dominicans, 多明我)가 적극 개입하여, 내부적으로 의견 차이를 겪었던 예수회가 한쪽이 되고 프란시스코회, 도미니크회가 또 다른 한쪽이 되어 대립 국면을 형성하였다. 양 파가 한창 격렬하게 논쟁할 때, 중국의 예수회 선교사 가빌롱(J. F. Gerbillon, 張誠) 등은 '공자를 존경하고 조상에 제사하는 것이 종교적 성격이 있는지 여부'(尊孔祭祖是否具有宗敎性質)의 문제를 강희(康熙) 황제에게 제출해 질의하였다. 1700년 11월에 강희제는 정식으로 중국의 '제조존공'은 숭배하고 존경하는 예절에 불과하며, 전혀 종교적 성격은 없다고 지적하였다. 강희제는 매그로(Charles Maigrot) 주교를 접견한 뒤, 그가 중국의 유교문화에 대한 지식이 매우 짧고 중국 관방어조차도 잘 이해하지 못한다는 사실을 발견하였다. 더 나아가 "글의 이치도 파악하지 못하면서 방자하게 의론한다. 만약 그 본인이 중국의 문장, 도리를 대략이라도 통할 수 있다면 용서받을 수 있다. 그는 글의 이치를 알지 못할뿐더러 일자무식이니, 어떻게 중국 이의(理義)의 시비(是非)를 가볍게 논할 수 있단 말인가? 즉 하늘(天)을 물질(物)로 여기게 되면 하늘을 공경할 수 없다. 예컨대, 위로 사은을 나타낼 때는 반드시 황제 폐하(陛下), 계하(階下) 등의 말로 일컫는다. 또한 어좌(御座)를 지나칠 때도 허리를 굽혀 걸음으로써 공경함을 일으킨다. 이 모든 것이 임금을 공경하는 마음으로 어디서나 다 그렇다. 만

'상제'와 '천'을 '데우스'(Deus)로 번역하는 것을 더더욱 반대했다. 만약 중국어의 '천'과 천주교의 '데우스'를 혼동하게 되면 바티칸 교당의 '하나님'은 북경 천단(天壇) 상공의 '하나님'과 혼동될 수 있다는 것이다.

약에 '폐하'를 '계단 아래'로 여기고 어좌를 장인이 만든 것이라 하여 무례하게 대한다면 옳겠는가? 중국에서의 경천(敬天)이라는 의미는 바로 이런 의미이다. 가당치도 않게 반드시 '천주'라는 이름만을 고집한다면 종교를 빙자해 중국 경천의 뜻을 심히 어긋나게 하는 것이다."[78)라고 꾸짖었다.

반대파는 이 기회를 틈타 사태를 확대시켰다. 즉 교회의 일을 로마의 교황청이 해결해줄 것을 요청하지 않고, 도리어 세속의 황제가 결정하도록 의뢰하는 것은 상궤를 벗어난 처사라고 비난하였다. 이에 교황 클레멘스 11세는 예수회 선교사에 대해 억한 감정이 생겨났고 1704년 11월에 금령 7가지를 발표하였다.[79) 로마 교황청의 금령은 투르농(Charles Thomas Mailard de Touron)에 의해 중국에 전달되었다.[80) 교황의 칙령에 맞서 강희제는 이에는 이로써 선교사들

---

78) 『康熙與羅馬使節關係文書影印本』, 故宮博物院編, 1932年 刊本, 第11件. "不通文理, 妄誕議論. 若本人略通中國文章, 道理, 亦爲可恕. 伊不但不知文理, 卽目不識丁, 如何輕論中國理義之是非. 卽如以天爲物, 不可敬天, 譬如上表謝恩, 必稱皇帝陛下, 階下等語; 又如過御座, 無不趨蹌起敬, 總是敬君之心, 隨處皆然. 若以陛下爲階下, 座位爲工匠所造, 怠忽可乎? 中國敬天亦是此意. 若依閭當之論, 必當呼天主之名, 方是爲敬, 甚悖於中國敬天之意."

79) 금령 요지를 네 가지로 간추려볼 수 있다. ①'천'과 '상제'라는 어휘로 '천주'를 일컫는 것을 불허한다. ②예배당에 '경천'이란 문구의 편액을 걸어서는 안 된다. ③조상과 공자에 대해 기독교도가 제사지내는 것을 금지한다. ④위패를 집에 두는 것을 금지한다. (앞의 책, 第14件, 참조.)

80) 1705년 12월 투르농 주교는 북경에 가서 강희제를 알현했지만, 반년 동안은 감히 정식으로 그가 온 이유를 설명하지 못하였다. 나중에 강희제가 북경에서 매그로를 추방했다는 소식이 전해졌다. 투르농은 예수회 선교사들의 권고를 무시한 채, 1707년 1월 25일에 '남경(南京) 명령'을 발표하여 교황이 중국 전례를 금지한다는 금령을 정식으로 선포하였다. (앞의 책, 참조.)

에게 대청제국 조정의 선교 승인 인표(印票)를 소지하지 않거나 중국 전례를 준수하지 않는다면, 중국에서 선교 활동을 할 수 없도록 명령하였다. 또한 투르농을 마카오로 추방하고 감금시켰다. 뒤이어 요셉 안토니오(Joseph Antonius Provand, 艾若瑟)를 로마에 파견하여 그 뜻을 널리 알리고 교황이 이미 내린 명령을 거둬들일 것을 요구하였다.

1720년 로마 교황청은 특사 메짜바르바(Cark Ambrogio Mezzabarba)를 중국에 보내 화해를 시도하였다.[81] 이에 대해 강희제는 메짜바르바에게 거절의 입장을 명확히 전달했다. 강희제는 로마 교황청이 중국 전통의 전례 풍속을 무시한다고 판단했다. 그는 저들이 아집만 부리는 태도에 진노했고 다음과 같이 주비(朱批)하였다. 즉 "이 포고를 보니 서양인들은 소인임을 알 수 있다. 그런 그들이 어떻게 중국의 대리(大理)를 말할 수 있겠는가? 하물며 서양인들 가운데는 한 사람도 『한서(漢書)』에 통하는 자가 없으니, 설왕설래하며 논의하는 것 자체가 가소롭다. 지금 신하의 고시(告示)를 본 결과 승려나 도사의 이단 소교(小敎)와 결국은 서로 다를 바가 없으니, 이보다 난잡한 언설은 없을 것이다. 지금부터 서양인은 중국에서 종교를 행하지 말라. 마땅히 금지시키는 것이 옳은 일이니, 많은 불상사를 피하기 위함이다."[82] 일이 이 지경에 이르면 청나라와 로마 교황청의 관

---

81) 메짜바르바는 강희제에게 두 가지 일을 허락해줄 것을 요청하였다. 하나는 '신(메짜바르바)이 중국에서의 모든 서양 선교사들을 관리하도록 할 것'이고 또 하나는 '중국의 입교자는 모두 재작년 교황이 보내온 조약 내의 금지사항을 준수하게 할 것'이었다. (앞의 책, 참조.)

82) 앞의 책, 「嘉樂來朝日記」. "覽此條約, 只可說得西洋人等小人, 如何言得中國之大理. 況西洋人等, 無一人通漢書者, 說言議論, 令人可笑者多. 今

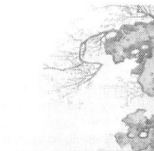

계가 철저하게 틀어졌음을 알 수 있다. 1773년 로마 교황청 클레멘스 14세는 유럽 각국의 압력에 못 이겨 예수회에 대한 단속을 실시하였다. 2년 후에 중국의 예수회는 철저하게 해산되었다.

이로 보아 전례 문제에 관한 논쟁은 근본적으로 로마 교황청이 마테오 리치가 개창한 예수회 선교사들이 중국의 사회 제도와 유가 학설 전통을 존중했던 것과는 다른 입장을 가진 데서 비롯되었다. 로마 교황청은 중국의 예속과 사회 특징을 무시한 채, 과거제도 아래의 중국 지식인의 사회생활을 참견하여, 결국 천주교를 절체절명의 위기에 빠뜨리고 말았다. 동시에 중국의 봉건 전제 제도와 폐쇄적인 사회 환경이 형성시킨 문화적인 자만심 및 배척심과도 직접적인 관계가 있다. 전례 논쟁은 약측 모두에게 막대한 손실을 끼쳤다. 서양으로 말하자면, 각 수도회는 모두 청나라 황제에 의해 국경 밖으로 추방당했고, 로마 교황청은 150년에 걸쳐 어렵게 개척하여 얻은 선교 성과를 거의 상실하고 말았다. 중국으로 말하자면 겨우 들어온 신선한 서학이 갑자기 차단됨으로써 황제, 관리로부터 백성에 이르기까지 200년 동안 접촉해왔던 서양의 선진 문명의 시간을 거의 잃어버리고 말았다.

또 다른 각도에서 보면 전례 논쟁은 서양의 입장에서는 오히려 전화위복이 되었다. 중국의 저명한 철학자 주겸지(朱謙之)는 이렇게 분석하였다. "백년에 걸친 중국 전례 논쟁은 사실 중국 사상이 유럽으로 수입되는 좋은 기회가 되었다. 로마 교황이 이단으로 치부한 공자는 불행하게도 예수회의 번역으로 인해 결국 유럽에 소개되었다.

見來臣條約, 竟是和尙道士, 異端小敎相同。彼此亂言者, 莫過如此。以後不必西洋人在中國行教, 禁止可也, 免得多事。"

이 이단의 학설이 전해졌던 까닭에 유럽 사상계는 하나의 커다란 자극을 받을 수 있었고, 또한 반기독교, 반신학, 반종교의 철학적 기초가 이루어져 유럽의 '철학 시대'가 형성되었다."[83]

2. 청말의 전면적 위기와 문화 변혁

강희 중엽 이후부터 청나라의 쇄국 경향은 명나라에 비해 훨씬 더 강화되었다. 마테오 리치로 대표되는 서학동점의 실패로, 중서 문화 교류의 세류(細流)까지도 거의 전부 중단되었다. 건륭 중엽, 원래의 여러 방향으로 열려 있던 통상이 광주(廣州)라는 한 통로로만 존재하게 되었다. 청나라 법규에 따르면 중국인은 외국에 나갈 수 없었다. 또한 외국 상인(夷商)은 광주에서 겨울을 지낼 수 없었고, 중국의 서적을 구매하거나 중국의 언어나 문자를 학습할 수도 없었다.[84]

바로 이와 같은 문화봉쇄정책과 문화전제주의는 중국인으로 하여금 외부 세계에 대한 지적 탐구 욕구를 완전히 질식시키고 말았다. 지식이 천박하고 견문이 좁으며 지나치게 자신을 과대평가하는 분위기는 청나라 사대부와 관료들 사이에 팽배해 있었다. 주지하듯이, 강희제 때의 정통파 대표인물인 양광선(楊光先)이 서양 역법을 반대한 사례가 사대부들의 편협한 심리를 나타낸 것이라고 하겠다.[85] 옹정,

---

83) 朱謙之 著,『中國思想對于歐洲文化之影響』, 臺北, 商務印書館, 民 29. 7, 108쪽.
84) 張德昌,「淸代鴉片戰爭前之中西沿海通商」,『淸華學報』10卷, 1期, 1935, 1.
85) (淸) 夏燮,『中西紀事』卷2,「滑夏之漸」. "寧可使中國無好曆法, 不可使

건륭 시대 이후, 중국인의 외부 세계 지식에 대한 유치함과 사회 풍조의 우매함은 현대인의 상상을 초월하였다.[86]

아편전쟁 이전에 청나라 황제는 '천조(天朝)의 물산은 풍족하여 무엇이든지 다 있다'는 태도로 세계를 무시했을 뿐만 아니라, 서양의 여러 나라를 '화외준우'(化外蠢愚), '만이지방'(蠻夷之邦)이라고 멸시하였다. 국경의 지방관은 세계에 관한 지식이 전무했다. 영국과 200년 동안이나 장사했음에도 불구하고 지구의 어디에 위치하고 있는지조차도 몰랐다. 사대부 관료계층 가운데 비교적 식견을 갖추었다는 임칙서(林則徐)조차도 "영국 병사는 다리를 뻗혔다 굽혔다를 제대로 못한다."[87]는 말을 굳게 믿고 있었다. 서양 문명은 해외 기담(奇談)이 되었고 서광계 등에게 익숙해지기 시작한 세계는 당시 중국인 마음속에는 도리어 이처럼 생소하였다! 더욱이 기형적으로 발전된 자기중심적인 문화 심리는 청대 중엽 문자옥(文字獄) 실시이후 보편적으로 마비된 시대적 정신과 불가분의 관계가 되었다. 바로 이러한 정신적 분위기는 전제 황권에 대한 숭배를 전대미문의 차원으로 이끌었다. 그리고 이러한 황권 숭배는 역으로 중국인의 독립사고 능력, 새로운 사물에 대한 지적 탐구 욕구, 새로운 환경 적응에 필수적인 창조적 정신 활력을 질식시키고 말았다.

中國有西洋人, 無好曆法, 不過如漢家不知合朔之法, 日食多在晦日, 而猶享四百年之國祚. 有西洋人, 吾俱其揮金以收拾我天下之人心, 如搶火於積薪, 而禍至之無日也."
86) 예컨대, 학식이 가장 해박하다고 할 수 있는 건가학파(乾嘉學派) 대사 유정섭(俞正燮)의 말에서도 이를 확인할 수 있다. 즉 "洋人巧器, 亦呼爲鬼工, 而羅刹安之, 其自信知識在腦不在心. 蓋爲人窮工極巧, 可見心竅不開, 在彼國爲常, 在中國則爲怪也."(俞正燮, 『癸巳存稿』 卷15, 「天主敎記」.)
87) 「擬喩英吉利國王檄」, 『林公忠公政書』 卷4. "英兵腿足伸展不便."

청나라 통치자는 천조대국으로 자처하면서 서양의 여러 나라들을 '오랑캐(蠻夷)'로 치부하였다. 이 상황은 1840년의 아편전쟁에 이르러서야 비로소 타파되었다. 쇄국적인 해금(海禁)정책이 조성한 자아도취와 화하중심론(華夏中心論)의 맹목적인 자만은 아편전쟁을 실패로 이끌었다. 아편전쟁에서 실패한 후 청나라는 주권을 완전 상실하는 굴욕적인 '중영남경조약'(中英南京條約)을 체결하였다. 이후에 서구 열강들은 또한 일련의 침략 전쟁을 일으켰으며, 청나라는 모두 참패하였다. 이에 영토 할양, 배상, 대외 통상 항구 개방, 외국인의 도로 건설, 광산 채굴, 공장 설립, 조계지 건립, 영사 재판권, 중국에서의 군사 주둔, 자유로운 선교 활동 등을 강요당했다. 중국은 주권이 독립되고 영토가 완전하던 봉건국가에서 반식민지, 반봉건적 국가로 전락하였다. 아편전쟁의 실패에서 임칙서와 위원(魏源)과 같은 일부 개명 인사들은 서양 문화에 대해 한층 깊이 인식할 수 있었다. 침략군과의 수차례 전투를 통해 임칙서는 "그 배가 견고하고 포가 날카로움은 그 장점이라 할 수 있다. …… 바람을 타고 파도를 헤쳐 나가는 것이 그들의 장기"[88]라는 사실을 간파하였다. 위원은 전쟁 패배의 치욕 속에서도 오랑캐의 장기 세 가지, 즉 전함, 화기(火器), 군대 양성과 훈련의 방법을 인식하였다.[89] 위원은 심지어 미국 정부에 대해 "일의 크기에 상관없이 각 관청은 회의를 거친 다음에 인가한다. 즉 모두 인가되는 것은 아니고 또한 열 사람 중에 여섯 사람이 합의해야 행할 수 있다." 그리고 미국 대통령은 세습을 폐지하고

---

88) 『籌辦夷務始末』(道光朝) 第8卷, 217~219쪽. "以其船堅砲利而稱其强", "乘風破浪, 是其長技,"

89) 魏源, 『海國圖志』, 北京, 中州古籍出版社, 1999.

4년을 임기로 한다고 하였다. 국민에 의해 공동으로 추천된 자산계급의 민주 정치 제도는 공평하면서도 보편적인 제도라고 했다. 스위스에 대해서는 "군위를 세우지 않고 오직 관리만 두어 …… 국무를 처리한다."라고 찬탄하면서 중국에서처럼 '큰 도둑 쥐의 탐욕스러운' 폐단이 결코 없는 진실로 '서방의 도화원'(西土之桃花源)이라고 하였다.90) 이러한 생각에 기초하여 "오랑캐의 장기를 배워 오랑캐를 제압한다."(師夷長技以制夷)는 주장을 제기했다.91) 서양 문화에 대한 임칙서, 위원의 인식은 단지 표층만 건드렸을 뿐이었다. 그러나 당시 조정이나 민간의 상하 모두가 서학에 대해 말하기를 껄끄러워하고 서양 문명에 무지하던 상황에서 그들이 서학에 주목하여 '사이'(師夷) 주장을 제기함은 의미가 크다고 하겠다.

18세기 60년대 초, 풍계분(馮桂芬)은 위원의 사상을 직접 계승해 발전시켰다. 그는 서양 과학기술의 선진성을 인정하는 기초 위에서 '변법'과 '자강'을 주장하였다. 그 중점은 여전히 채서학(采西學), 제양기(制洋器), 선어이(善馭夷)에 있었다. 풍계분의 일부 관점은 마치 '정치'(政)의 차이를 건드린 듯하다. 예컨대, 중국 내정 측면에서 "네 방면에서 서양 오랑캐만 못하다."(四不如夷)고 하면서, "인재를 버리

---

90) 앞의 책. "事無大小, 必須各官會議, 然後准行. 即不鹹允, 亦須十人中有六人合意, 然後可行."; "不設君位, 惟立官長 …… 辦理國務."

91) 위원(魏源)의 입장에서 보면 "중국은 오직 서양의 장기를 모두 배워 중국의 장기로 삼아야"(盡得西洋之長技爲中國之長技) 비로소 외래 침략자들을 제압하여 중화 민족의 존엄을 회복할 수 있다. 즉 "그들의 장점을 이용한다고 함은 그들의 장점을 좇아 제어한다는 것이다. 기풍이 날로 열리고 지혜가 날로 솟아 바야흐로 동해의 백성이 마치 서해의 백성과 같게 된다."(因其所長而用之, 即因其所長而制之, 風氣日開, 智慧日出, 方見東海之民猶西海之民) (앞의 책, 참조.)

지 않음이 서양 오랑캐만 못하고, 땅의 이로움을 잃지 않음이 서양 오랑캐만 못하고, 임금과 백성이 막히지 않음이 서양 오랑캐만 못하고, 이름과 실상이 반드시 부합됨이 서양 오랑캐만 못하다"[92]고 생각했다. '네 방면에서 서양만 못하다'고 함은 결코 정치제도가 서양만 못하다는 결론이 아니라, 봉건적 기강이 부진해 잠시 발생된 현상으로 간주되었다.

위원, 풍계분의 사상은 후대인에게 지대한 영향을 끼쳤다. 양무파(洋務派)는 그들의 이론을 받아들여 서양 군사와 기계를 배우는 것을 목적으로 하는 양무운동을 전개하였다. 그러나 시간이 흘러도 조정의 대신들의 동서양 문화에 대한 인식은 크게 변하지 않았다. 즉 "중국 문무 제도는 모든 측면에서 서양보다 훨씬 앞섰다. 단지 화기만이 그들에 미치지 못할 뿐이다."[93] "중국의 학술은 깊고 정밀하고 강상명교와 경세대법이 모두 갖추어져 있다. 다만 서양인의 제조 기술의 장점을 취해 우리의 단점을 보완하면 될 것이다."[94] 초기의 개량파는 대체로 양무운동에 의부하면서 '선견포리' 방안을 옹호하였다. 하지만 그들은 위원, 풍계분 등의 사회 비판 사상을 계승하여, 서양 자본주의 국가의 여러 제도에 대한 호감을 명확히 인식으로 바꿔 중국 정치 제도의 후진성을 폭로하였다. 1870년대 왕도(王韜)는 서양의 강점은 기예기교(器藝技巧)뿐만 아니라 더욱이 "서양 각국은

---

92) 馮桂芬, 『校邠廬抗議・制洋器議』. "人無棄材不如夷, 地無遺利不如夷, 君民不隔不如夷, 名實必符不如夷."

93) 『同治夷務』, 卷25, 9쪽. 李鴻章의 말 "中國文武制度, 事事遠出西人之上, 獨火器萬不能及."

94) 張之洞, 『勸學篇・自序』. "中國學術精微, 綱常名教以及經世大法, 無不畢具, 但取西人製造之長補我不逮足矣."

…… 크고 작은 정무를 막론하고 죄다 의회(議院)에서 충분히 참작하고 논의한 뒤에 실시한다. …… 중국은 그렇지 못하다. 백성이 원하는 것을 위에서 반드시 알리거나 참여시킨다고 할 수 없고, 백성이 싫어하는 것을 위에서 반드시 살펴서 실시하지 않는다고 할 수 없다."[95] 그는 중국이 부강을 꾀한다면 '민심을 헤아리는 것'이 무엇보다도 중요하다고 여겼으며, 군주제, 민주제, 군주입헌제를 비교하여 중국은 영국을 본받아 군주입헌제를 실행해야 한다고 주장했다. 정관응(鄭觀應)은 1880~90년대 개량파의 주요 인물로서 자신이 민족 공상업 발전에 종사했던 어려운 과정을 통해 "정치를 개량하지 않으면 실업은 결코 흥성하기 어렵다"는 결론을 얻어냈다.[96] 왕도, 정관응과 동시대 인물인 진치(陳熾), 설복성(薛福成), 하계(何啓) 등도 유사한 인식에 도달하였다.

갑오전쟁의 참패는 양무운동의 실패를 선고했다. 초기 개량주의자들의 서양 민주 정치에 대한 외침은 강유위(康有爲) 등에 의해 현실적 추구로 변해 더 이상 '선견포리'가 아닌 정치 제도의 변화를 요구했다. 이 점은 1898년 광서(光緖) 황제에게 올린 『청정립헌개국회

---

95) 王韜, 『弢園文錄外編・達民情』. "泰西各國, …… 無論政事大小悉經議院妥酌然後擧行 …… 中國則不然,民之所欲上未必知之而與之也, 民之所惡上未必察之而勿施之也."

96) 鄭觀應, 『盛世危言后編・自序』. "政治不改良, 實業萬難興盛." 그는 "공법(公法)을 행하려면 국력을 신장시키는 것보다 더 중요한 것은 없다. 국력을 신장시키려면 민심을 얻는 것보다 더 중요한 것은 없다. 민심을 얻으려면 백성의 사정을 헤아리는 것보다 더 중요한 것은 없다. 백성의 사정을 헤아리려면 의회를 설립하는 것보다 더 중요한 것은 없다"라고 주장했다. 鄭觀應, 『盛世危言后編・議院』. "欲行公法, 莫要于張國勢, 欲張國勢, 莫要于得民心 欲得民心, 莫要於通下情 欲通下情, 莫要於設議院."

절(請定立憲開國會折)』 속에서 집약적으로 설명되고 있다.[97] 강유위, 양계초(梁啓超)가 정치 제도의 개혁에 매진할 때 엄복(嚴復)은 더욱 진일보하여 동서 문화의 비교를 사상관념에까지 끌어올렸다. 일찍이 1895년에 엄복은 서양의 증기 기관차, 무기와 천문 산법, 자연 과학이 물론 선진적이기는 하지만 결코 그것의 본질적인 것은 아니다. 그렇다면, 서양 근대 문화의 본질은 무엇인가? 엄복은 "요점을 말하자면, 단지 학술은 거짓을 제거하고 진실을 숭상하며 형정은 사적인 것을 굽히고 공정함을 실현할 뿐이다."(扼要而談, 不外於學術則黜僞而崇眞, 于刑政則屈私以爲公) 즉 과학을 중시하고, 민주를 견지하는 것이다. 이러한 인식의 기초 위에서 엄복은 중서 문화의 여러 가지 차이를 제기하였다. "중서의 사리가 가장 다르고 단연코 합치될 수 없는 것은 다음과 같은 것들일 것이다. 중국인은 옛날을 좋아하고 현재를 소홀히 하지만, 서양인은 옛날보다 현재에 더 힘쓴다. 중국인은 일치일란(一治一亂), 일성일쇠(一盛一衰)를 하늘이 인사에 행하는 자연스러움으로 여기지만, 서양인은 날마다 무한히 전진하여 이미 흥성하면 다시 쇠할 수 없고 이미 다스려지면 다시 어지러울 수 없

---

97) 康有爲, 『請定立憲開國會折』. "신이 들으니 동서 여러 나라의 강성함은 모두 헌법을 제정하고 국회를 열기 때문이라고 합니다. …… 그러므로 인군과 수천 수백만의 국민이 합심해서 하나가 된다면 어찌 나라가 강해지지 않겠습니까? 우리나라는 전제적 정치체제를 시행하고 있으므로 어찌 나라가 약해지지 않겠습니까? …… 헌법을 제정해 시행함은 물론 크게 국회를 열어 여러 정사를 국민과 함께 하고 삼권 정립을 시초로 행한다면 중국이 안정되고 강해짐은 헤아려 날로 기대할 있을 것입니다.(臣竊聞東西各國之强,皆以立憲法開國會之故. …… 故人君與千百萬之國民, 合爲一體, 國安得不强, 吾國行專制政體, 國安得不弱? …… 立行憲法, 大開國會, 以庶政與國民共之, 行三權鼎立之創, 則中國之治强可計日待也.)

음을 학술의 극치로 여긴다. …… 중국은 삼강을 가장 중시하지만 서양인은 평등을 가장 분명히 한다. 중국은 어버이를 친애하지만 서양인은 현인을 숭상한다. 중국은 효로써 천하를 다스리지만 서양인은 천하를 공동으로 다스린다. 중국은 상전을 높이지만 서양인은 국민을 높인다."98) 엄복의 비교는 역사관, 정치관, 윤리관, 학술관, 자연관 등에 미치고 있다. 그는 중국 사상 관념의 낙후성을 간파하여 "백성의 힘을 고무시키고, 백성의 지혜를 넓히며, 백성의 덕을 새롭게 해야 한다"99)고 피력하였다.

아편전쟁의 포성 속에서 서학동점은 또다시 시작되었다. 중국인이 진정으로 서양 세계와 서양 문화를 인식하여 엄격하게 논하게 된 때는, 바로 아편전쟁으로부터이다. 아편전쟁의 실패는 부패하고 낙후한 봉건주의는 신흥자본주의에 대항할 수 없고, 경직되고 정체된 유가 문화는 서양자본주의 문화에 대항할 수 없다는 사실을 말해주는 것이었다. 갑오전쟁은 또다시 중국 전통 문화와 외래문화의 충돌을 재현시켰다. 갑오전쟁의 실패는 중국이 해안 방어의 강화와 공업 발전을 통해서 서양을 막아내겠다는 꿈은 여지없이 부서졌다. 그리고 무술변법과 신해혁명의 실패는 중국으로 하여금 정치 체제의 변혁만으로는 효과를 내기 어렵다는 사실을 인식하도록 하였다. 중화 민족이 직면한 진정한 위기는 군사상에서가 아닌 바로 문화상에서 비롯된

---

98) 嚴復, 『論世變之亟』. "中西事理, 其最不同而斷乎不可合者, 莫大於中之人好古而忽今, 西之人力今以勝古; 中之人以一治一亂一盛一衰?天行人事之自然, 西之人以日進無疆, 旣盛不可複衰, 旣治不可複亂, 爲學術致化之極則. …… 中國最重三綱, 而西人首明平等; 中國親親, 而西人尙賢; 中國以孝治天下, 而西人以公治天下, 中國尊主, 而西人隆民."

99) 嚴復, 『原強』. "鼓民力, 開民智, 新民德."

것이었다. 외국 침략자의 견고한 군함과 예리한 총포의 위협과 진동, 그리고 서양 상품, 문화의 영향과 충격 아래 잔혹한 현실 세계는 중국인으로 하여금 현실과 대면하여 자신을 반성하게 하였고, 중국이 서양보다 후졌다는 사실을 인정하지 않을 수 없었다. 그들은 시정을 비판하고 봉건전제에 반대하였다. 그리고 변혁을 꾀함은 물론 서양 문화를 배워 외국의 침략과 압박을 막아 무너져가는 봉건통치를 구해내자고 주장하였다. 이에 당시 청나라 정부도 중앙에서 지방에 이르기까지 서양의 선진적인 기기와 기술을 도입하여 철로, 광산, 제조업의 창설을 추진했고, 서양 서적 번역 소개, 인재 외국 유학, 과거 제도 개혁, 신식 학당 설립, 자유로운 신문 발행 허락 등을 개시하였다.

서양 문화가 중국에 들어오면서 중국 전통 문화는 준엄한 도전에 직면하기 시작하였다. 도전이 시작되자, 중국은 상하를 막론하고 한동안 서양 문화를 사도(邪道)로 보고 배척을 통해 스스로를 지켜내려고 하였다. 그러나 이 방법은 결과적으로 효과를 거두지 못했다. 일련의 군사상의 실패는 이미 근대 중국에게 치욕을 안겨줌과 동시에 중국인이 문화 자각적 방향으로 나아가게 만들었다. 반세기가 넘는 세월을 지나서야 선진적 지식인은 그 시야를 사상 관념의 변혁으로 돌렸다. 하지만, 전통 문화의 신성성과 우월성을 굳게 믿고 있는 다수의 인사들의 입장에서 보면, 그들은 의심할 여지도 없이 이경반도(離經叛道)에 있었고 잘못된 길로 들어서고 있었다. 이것은 신구 교체 시대에 이루어진 바로 신학과 구학, 서학과 중학이 병존하는 상황에서 근대 중국의 선진 지식인들이 동서 문화의 관계를 진지하게 사색하여, 양자의 공통점과 상이점을 비교하고 양자의 결합을 찾는 과정이었다. 이러한 과정 속에서 그들이 제기한 해답이 비록 여러 가지 한계 때문에 결함과 성숙되지 못한 측면이 존재하기도 했지만, 계몽적 의미를 지닌다는 점에서는 다르지 않았다. 이에 따라 중국 전통 문화의 전환이 촉진되었던 것이다.

3. '5·4'신문화운동과 마르크스주의 중국 전입

1) 문화의 계몽 – '5·4'신문화운동의 계시

1919년 5월 4일, 베이징(北京)의 학생들은 시위를 거행하는 것으로 중국 정부의 일본 굴욕정책에 대해 항의하였다. 이에 따라 일련의 동맹 휴학, 파업 및 기타 서로 연관되는 사건들을 일으켜 한 차례의 사회적인 소동과 사상혁명을 초래하였다. 이 열조는 얼마 되지 않아 학생들로부터 "5·4운동"이라고 불려졌다.[100] 이 운동의 영향은 광범위하다. 이는 학생과 노동자운동이 흥기, 국민당의 개조와 중국 공산당 및 기타 정치과 사회단체가 탄생하게 하였다. 반군벌주의

---

100) 시대의 발전에 따라 이 명사에는 최초의 뜻보다 큰 의의가 추가되었다. 한 방면으로는 그때의 학생 및 지식인들의 사회와 정치활동을 포함하고 있었고 다른 한 방면으로는 또 최초로 1915년에 시작되었고 후에는 신문화운동의 신문학, 신사상운동이라고 불리게 되었다는 것도 포함하고 있다. 오늘까지도 많은 서양사람들은 아직도 이 한 차례의 신문화운동을 "중국의 문화부흥"이라고 이해하고 있다(The Chinese Renaissance). (周策縱 著, 周子平 等 譯, 『五四運動: 現代中國的思想革命』, 南京,江蘇人民出版社, 2005. 7, 1~7쪽.참조.)

와 반제국주의운동이 발전을 얻고 한 가지의 새로운 백화문화(白話文化)가 확립한 것은 보급교육의 발전을 아주 많이 편리하게 만들었다. 중국의 뉴스와 대중의 여론은 빠른 진보를 가져왔다. 이 운동은 또 낡은 가정제도의 쇠락과 여권(女權)운동의 흥기를 가속화 시켰다. 제일 중요한 것은 공자의 가르침의 권위와 전통의 논리관념은 근본적인 것과 치명적인 타격을 받았고 새로운 서양사상은 숭배를 받았다는 점이다.

1915년,『청년잡지』의 창간을 시점으로 진독수(陳獨秀) 등은 신문화운동을 일으켰다. 그들은 자산계급의 신문화, 신도덕, 신사상, 신관념으로 중국 봉건주의의 구문화, 구도덕, 구사상, 구관념을 철저히 비판함으로써 동서문화 논쟁을 일으켰는데, 논쟁은 1915년부터 10수년 동안 지속되었고 중국 근대사에서 광범하고 지대한 영향을 미쳤다. 비록 기존 논쟁의 연속이었지만 제기된 문제나 이론의 깊이 등 차원에서 기존의 논쟁을 훨씬 초월하였다. 우선, 처음부터 논쟁은 국부적이고 말초적인 문제를 탈피하고 문화전반에 대해, 특히 사상관념 측면에 집중시켰다. 논쟁자는 동서양 문화의 특징과 근본적 차이를 밝히려 하였고 동시에 역사관 문제도 훨씬 두드러졌다. 예컨대, 동서양 문화 차이의 본질과 근원은 무엇인가? 문화평가의 기준은 무엇인가? 신문화운동이란 무엇인가? 이런 문제들의 중심으로 상이한 역사관은 전면전을 일으켰다. 이번 운동에 참여한 학자들은 그 관점과 입장이 어떠하든지를 막론하고 망국멸종의 위기에 처한 민족을 위해 그 활로를 탐구하려는 초심은 일치했다. 또한 '과학과 현학의 논쟁'(科玄論戰), '동서문화논쟁'(東西文化論戰), 중국 사회의 성격과 변혁의 길에 대한 논쟁에서 관점이 상이한 양측도 그 출발점과 방법론에서는 일치했으며, 전통문화가 반전통에 앞장선 이들 중국지식인의 사유 방식, 심리 구조, 정신적 기질, 문화 시야 등 측면에서 미친 영향과 한계성은, 현대의식과 백화말로 무장된 이들의 사상 체계를 뚫고 굴절되어 나타났다. 그러나 이 시기는 분명 중국 문화의 각성 시기이고 개방 시기이며, 반성 시기이고 혁명 시기였다. 수많은 중대한 문제에서 그 사고는 예리하고 심각하여 오늘날까지도 여전히 영향력을 과시하고 있다.

'5·4신문화운동'은 민중을 상대로 현대화를 취지로 했던 진정한 계몽운동이었고 중국의 현대화 발전을 위해 필요한 관념적 기초를 닦았다. 반드시 전통 문화와 현대 문화의 중간 매개자로서 근대 문화 철학의 역사적 지위에 중시하고, 자각적으로 중서문화의 융합과 중국문화의 현대화 도경에 대한 탐구에서 얻어낸 성과 및 그 이론적 교훈을 수용해야 한다. 그 당시의 시대적 난제는 중국 문화의 현대적 출로 문제였는데, 이를 중심으로 여러 계파가 나타났다. 서구화학파(西化派), 현대 신유학 학파, 마르크스주의 유물사관학파, 국민당 국가 철학 등이 있었는데 모두 중국 현대 역사의 발전 추세에 지대한 영향을 끼쳤다. 5·4운동의 광풍 속에서 열정적으로 "우리 자신이 모든 측면에서 저들보다 못하다는 사실을 인정해야 한다. 마땅히 목숨 걸고 그들을 따라 배워야 한다."면서 완전 서구화를 주장했던 서구화학파든, "근세 문명은 동서양은 절대로 둘로 나눠진다."고 보면서 국민성의 개조하고 대중문화의 선도하며 사회주의 문화관을 고양시킬 것을 주장하던 유물사관학파든, 중국 전통 문화의 정수를 발굴하고 민족 문화 생존권을 수호하며 전통 문화의 현대적 생존과 전환의 계기 및 미래를 탐구하는데 혼신을 다했던 현대 신유가

학파든지, 심지어는 삼민주의를 유가의 도덕 전통에 밀어 넣고, 봉건주의와 자본주의, 파시스트주의 기초 위에서 "민족 도덕의 회복", "민족 정신의 재건", "민족 문화의 부흥"을 시도했던 국민당정부의 철학 등 모두 중국이 세계의 현대화 조류에 말려들었지만 발전이 더디어 망국멸종의 위기에 처한 역사적 전환점에서 자구의 길을 모색하는 과정에서의 산물이다. 그 길이 올바른 것이지 그릇된 길인지, 곧은 것인지 굽은 것인지, 살 길인지 죽을 길인지를 막론하고, 이론과 실천적 경험 또는 교훈은 오늘날 현대화의 정상적인 궤도에 진입한 중국 현대문화 건설에 대해 중요한 계시가 있을 것이다.[101]

신문화운동의 초기, 진독수 등 사상가들은 사상 계몽의 결정적 역할에 대해 강조하였다. 중국이 서양을 따라 배우던 역사적 과정에서 보면 이는 분명 새로운 단계를 나타내고, 당시의 사회정치적 배경과 연결해 봐도 이 주장은 비판과 항쟁의 정신을 내포하고 있었다. '5·4' 후기, 정치 혁명이 나날이 고조되었지만 호적(胡適) 등 일부 지식인들은 기존의 견해에 정체되어 있으면서 개량주의자가 되었다. 신문화운동이 사상계몽으로부터 정치적 혁명에로의 전환에는 역사적 필연성이 있다. 문제는 정치적 혁명을 진행하는 과정에서 내지는 정권을 탈취한 뒤, 사상계몽을 중요한 위치에 두지 않았을 뿐만 아니라, 심지어는 시대에 뒤떨어진 봉건의식을 마르크스주의로 여겼다. 이것은 사회주의 건설이 좌절당하게 된 중요한 원인이다. 사상계몽과 국민교육은 고립적인 것이 아니며 그것은 단지 사회 변혁의 한 부분이다. 경제적 또는 정치적 변혁을 이탈한 사상계몽은 공상에만 치우치게 될

101) 楊嵐, 張維眞 著, 『中國當代人文精神的構建』, 北京, 人民出版社, 2002.6, 82~83쪽. 참조.

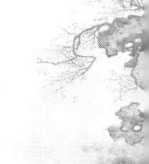

뿐만 아니라, 지배계급이 낡은 제도를 수호하는 하나의 구실로 된다.

'5·4'운동은 문화 방향상에서 정확성이 있다고 생각한다. '5·4' 신문화운동이 여러 민중에게 호소하는 것은 바로 현대화를 요지로 하는 진정한 의미의 계몽 운동으로서 중국의 현대화 발전 과정을 위해 필요한 관념의 기초를 다졌다. 이론과 실천상에서의 경험 또는 교훈은 오늘날 현대화의 정상적인 상태에 들어선 중국 현대 문화 건설에 있어 모두 중요한 시사를 주고 있다. '민주'와 '과학'은 여전히 오늘날 중국인이 추구하는 목표이며, 오늘날 '5·4' 시대에 완성하지 못한 사상 계몽의 과제를 보충해야 한다. 오늘날의 중국 문화 재건은 '5·4'의 계몽 정신을 긍정하는 한편, '5·4'의 사상 한계를 초월하려는 것이다.

오늘날 시각에서 5·4 계몽운동을 반성해보면 또 그 한계성을 발견할 수 있다.

(1) 구국이라는 현실적 임무는 눈앞의 이익에만 급급해하는 폐단을 초래했다. 서양 현대 문명을 완전하게 수용하지 못했으며, 심지어 가장 본질적인 문제조차 파악하지 못했고 아직 확실하게 이해하지 못한 상태에서 부랴부랴 개조하다보니 국정에는 맞았을지 몰라도 당시 사회의 폐단을 제거하는 데는 도움이 되지 않았다. 과학, 민주, 현대 도덕 관념, 현대 개인 등 관념에 대해서도 제대로 이해하지 못했다. 서양 현대 정치, 도덕, 사회, 문화 관념에 대해서 주목했지만, 현대 경제 관념, 과학 기술 관념, 사유 방법 등과 같은 기본적인 것에 대해서는 오히려 생소했다. 현대 철학 체계의 건립은 서양 철학의 체례로써 전통 사상의 자료를 정합하고 또는 서양의 논리 방법으로 중국의 인생 철학의 정의(精義)를 해석하거나 서양의 유행 관념을 직

접 소개하는 것이었다. 이들 모두 진정으로 동서문화 융통에 이르지 못했을 뿐만 아니라, 중국 현대 문화의 핵심 이념도 구축하지 못했다.

(2) 중국 전통문화 일원적 가치관과 경학적 사유방식의 잠재인 영향을 받았고 게다가 과학 정신의 결여로 국민성격은 지극히 정서화했다. 여러 계파들의 각자 관점을 고집하면서 상대를 공격했을 뿐만 아니라, 현대성 기초에서의 상호 보완 기능을 무시하였다. 더욱이 현대 문명의 기초와 이탈했기 때문에 여러 사상계파들은 다분히 추상적으로 자신들의 이론적 체계를 구축했기 때문에, 이들의 사상투쟁은 사장(辭章)이나 의기적인 투쟁에 빠져들기 십상이었다. 실천적 기준으로 정정하지 못했고, 제때에 새로운 양분을 섭취하지 못했으며 드넓은 가슴으로 객관적인 관찰을 할 수 없었기 때문에 한계에 처하고 말았다. 자유주의 서구화 학파와 현대 신유가 학파가 민족 모순과 시대 주제의 소용돌이에서 침몰하게 되었던 것도 이것과 밀접히 연관된다. 또한 현실이라는 토양에 뿌리를 내리고 왕성하게 자라났던 유물사관학파는 정치 투쟁에서 형성된 학술스타일로 인해 동시대의 다른 학파의 장점을 충분히 수용할 수 없었다. 결국 편협 때문에 생긴 폐단은 날로 분명하게 드러났다.

(3) 5·4신문화운동의 주제는 중국 문화의 현대적 출로를 모색하고, 중서문화의 형태와 사유 방식에 대한 비교에서 양자가 연결할 할 수 있는 방법을 찾는 것이다. 그러나 대비과정에서 다만 중서문화의 특징을 좀 더 뚜렷이 인식했을 뿐, 연결 방법은 찾지 못했다. 도처에 모순의 대립 내지는 이율배반적이었고, 시대성과 민족성, 현대와 전통, 현실 문제와 이상주의, 정치 투쟁의 수요와 학술의 자유 독립, 현대의 공동적 가치와 애국주의 등 마땅히 서로 다른 측면에

서 각자의 규칙을 지켜야 했지만, 서로 다른 계파의 공동된 중국식의 "천하일통"이라는 잠재의식에서 강제로 하나로 통합되었다. 하지만 일원적 진리관은 다원적 가치의 취향을 보완할 수 없었다. 각 계파는 모두 문화를 제멋대로 가공해서 조합할 수 있는 사상재료로 여기면서 인간이 자연환경 인문환경 등에 적응하고 생존방식의 체계화를 개변하는 것으로 생각하지 않았다. 이론의 구축은 현실적 성장과 불가분의 관계이다. 다만 추상적으로 문화의 취향을 논의했을 뿐. 현대 문화가 현실적으로 성장할 수 있는 기초에 대해서는 충분한 주의를 기울이지 못했고 또한 그러한 토대를 의식적으로 마련하지 못했다. 예컨대, 경제적 기초와 연결하지 못한 사상의 상부 구조는 대중들과 교류할 수 없었기에 결국은 창백하고 무기력할 수밖에 없었다. 5·4계몽사조의 흐름은 정치 혁명 속에서 찬란했고 또한 정치 혁명에 허공에 떠 있다가 소실되었다.

2) 역사의 선택 – 마르크스주의 중국 유입

그 어떤 철학과 이론도 현대 세계사에서 마르크스주의만큼 중국에 커다란 영향을 끼치지 못했을 것이다. 마르크스주의가 지배적 지위를 점한 수십 년 동안 여러 대에 걸쳐 수십 억 인구의 운명을 좌우 지했고 나아가서는 전체 인류의 역사 발전 과정에도 영향을 미쳤다. 마르크스주의는 서양의 이론 체제에서 발원했지만 중국에 유입되었고 곧바로 크게 환영을 받았다는 점은 중서문화 교류사에 있어 분명 음미해 볼 가치가 있는 문제이다.

중국인 가운데 가장 먼저 사회주의를 접했던 인물은 아마 왕도(王韜)[102]일 것이다. 1871년 3월 파리노동자들은 봉기를 일으키고 파리 코뮌을 세웠다. 당시 왕도는 마침 유럽에 머물러 있었기에 봉기 상황을 자세히 알 수 있었다. 그는 홍콩으로 돌아온 후에 장종량(張宗良)과 함께 유럽의 일부 신문을 번역하여 홍콩의 〈화자일보(華字日報)〉, 〈중외신보(中外新報)〉 등 신문과 간행물에다 발표했다. 1873년 8월에는 그것들을 모아 책으로 엮은 뒤, 다시 〈보법전기(普法戰紀)〉라는 제목을 달았다. 이와 같은 번역이 초기 사회주의 운동과 파리 코뮌의 상황을 전해주는 것이었다. 1873년에서 1882년까지 상해 강남 제조국은 비정기적인 간행물 『서국근사휘편(西國近事彙編)』을 펴냈는데, 이 간행물에서 처음으로 공산주의, 즉 '강밀니당'(康密尼黨 – '공산당'의 음역), '강밀니인'(康密尼人), '구라파 대동' (歐羅巴大同), '빈부적균'(貧富適均), '빈부균재설'(貧富均財之說) 등 명사와 개념이 출현하였다.[103]

1901년 1월, 『역서휘편(譯書彙編)』 제2기에는 일본 학자 유하장웅(有賀長雄)의 「사회당 진압과 사회 정책(社會黨鎭壓及社會政策)」이라는 글이 번역 게재되었다. 이 글에서 사회주의에 대해 정의하였고,[104]

---

102) 王韜(1828~1897): 본명은 王利賓으로, 1828年 蘇州의 학자의 집안에서 태어났다. 어렸을 때는 아버지에게 경전을 배웠고 경학에 상당한 조예가 있었다. 그는 당시 중국인으로 서양세계를 유람한 사람으로서 후대에 큰 영향을 남긴 인물이며, 西學의 東漸과 中學의 西傳에 큰 공헌을 했다. 1897년 상해에서 70세를 일기로 생애를 마쳤다.(張海林 編著, 『近代中外文化交流史』, 南京, 南京大學出版社, 2003. 11, 277~289쪽, 참조.)

103) 李其駒 等編, 『馬克思主義哲學在中國』, 上海人民出版社, 1991, 4쪽.

104) 有賀長雄, 「사회당 진압과 사회 정책」(社會黨鎭壓及社會政策), 楊廷棟 등 편역 『譯書彙編』, 1901, 第2期. "서양 학자들은 빈부의 불균등 가엽

또 '공산당'이라는 단어도 등장하고 있다. '사회주의', '공산당'의 중국어 개념은 대체로 여기서 비롯된 것이다. 1902년 10월 양계초는 『신민총보(新民叢報)』에서 「진화론자 키드(B. Kidd)의 학설」 등의 문장을 발표하여 마르크스를 '마이커스'(麥喀士)라고 칭하면서 '사회주의의 태두', '저술이 아주 많다'라고 하였다. 아울러 마르크스의 사회주의는 당시 독일에서 가장 강력한 양대 사상 가운데 하나로 여겼다.

그가 소개한 사회주의 이론의 핵심은 "사회주의자는 근 백 년 동안 세계의 특산물이다. 그 가장 중요한 뜻을 은밀하게 포함하고 있는데, 그러나 토지 공유와 자본의 공유화를 주장하며, 오로지 노동력을 모든 사물의 가치의 원천으로 여긴다."[105]고 하였다. 이후부터 일본 유학생들 사이에서는 일본어로 된 사회주의 논저를 번역 소개하는 붐이 일었다. 예컨대, 행덕추수(幸德秋水)의 『20세기의 괴물 제국주의(二十世紀之怪物帝國主義)』와 『사회주의 신수(社會主義神髓)』, 복정준조(福井准造)의 『근세사회주의』(趙必振 역), 서천광차랑(西川光次郎)의 『사회당』, 도전삼랑(島田三郎)의 『사회주의 개평(社會主義槪評)』, 촌정지지(村井知至)의 『사회주의』(侯士綰 역) 등이 그것이다. 이들 역서들은 마르크스주의 학설을 중국인에게 소개했던 책들이다. 사회주의 이론을 중국인에게 소개하는 과정에서 마군무(馬君武), 등실(鄧實), 주집신(朱執信) 등이 선택해서 중점적으로 소개하고

게 여기고 항상 자본가의 압제에 있는 고용 노동자를 걱정하여 마침내 균빈부(均貧富), 제항산(制恒産)의 학설을 제창하게 되었는데 이를 사회주의라고 한다."

105) 梁啓超, 『飮氷室合集』, 專集 第2冊. "社會主義者, 近百年來世界之特産物也. 隱括其最要之義, 不過曰土地公有, 資本歸公, 專以勞力爲百物價値之源泉."

선전한 것들은 향후 사회주의의 중국의 양식과 운명에 있어 지대한 영향을 미쳤다.[106]

신해혁명 이전 마르크스주의를 적극적으로 소개했던 잡지는 『천의보(天義報)』이다.[107] 1908년 초 출판된 『천의보』에는 엥겔스가 1888년에 『공산당선언』 영문판에 쓴 서문의 역문이 게재되었다. 아울러 『공산당선언』 제1장 「자산자와 무산자」라는 글도 자세히 실렸다. 유사배(劉師培)는 『공산당선언』 서문에서 "이 선언이 서술한 바를 보면 유럽 사회의 변천에 있어 그 빠뜨린 부분들을 자세히 알게 해준다. 그 요점은 모든 나라 노동자들이 단결하여 계급투쟁을 해야 한다는 것인데 진실로 쉽지 않은 말이다. ……"[108]라고 말했다.

이상은 마르크스주의와 사회주의에 대한 단편적인 소개로 사람마다 견해가 다를 뿐만 아니라, 당시 일본 사회주의 운동 특유의 국가 사회주의, 개량주의, 무정부주의의 영향이 뒤섞인 것들이다. 이들 간행물은 당시 대다수가 일본에서 출판된 것들이라 국내에는 영향이 그다지 크지 않았다.

신해혁명 실패 이후 사람들은 혁명의 성과에 실망하였다. 이에 일부 지식인들 가운데는 사회주의 강습(講習)하는 사조가 나타나기도

---

106) 『辛亥革命前十年間時論選集』 第2卷, 上, 133~143쪽, 참조.
107) 『天義報』는 중국에서 최초로 무정부주의를 선전한 간행물로, '女子復權會'의 기관지이자 뒤의 '社會主義講習會'의 기관지이기도 했다. 원래 무정부주의자들의 간행물이었지만, 초기 무정부주의자와 마르크스주의의 구별을 그다지 분명하게 하지 않았다. 그래서 무정부주의설을 선전할 때, 마르크스와 엥겔스도 함께 언급되었다.
108) 『天義報』 第16~19期 合刊, 1908年, 3月. "觀此宣言所敍述, 於歐洲社會變遷纖悉靡遺, 而其要歸, 則在萬國勞民團結, 以行階級斗爭, 固不易之說也. ……."

하였다. 가장 먼저 중국 내에서 공개적으로 사회주의를 표방했던 사람은 강항호(江亢虎)이다.[109] 그는 자신의 주장은 '순수사회주의'라고 하였다. 강항호는 『사회주의학설』에서 "각국의 사회주의 학자들은 장차 도래할 혁명의 재앙을 예견하여 바삐 마르크스의 학설을 제창하였다. 즉 그들은 균등 분배, 근본 평화적인 해결 방법을 찾아 격렬파의 균산주의 실행을 막음으로써 조기에 변란의 화를 탈취하고자 했다"[110]고 말했다. 이 견해는 마르크스 사회주의와는 거리가 멀었기 때문에, 당 내에서조차도 강항호의 중국사회당과 사회주의는 진위가 혼동된 사이비적 위조품이라는 지탄을 받았다.

손중산은 1912년 강항호의 초청에 응하여 일찍이 상해 중국 사회당 기관에서 사회주의와 관련된 연설을 한 적 있다. 그는 "독일의 마

---

109) 江亢虎(1883~1954): 본명은 紹銓이고 江西省 弋陽陶灣의 관리 집안에서 태어났다. '中國社會黨'의 영수로서 정치가이자 저명한 학자이기도 했으나 뒤에 매국노로 비판받았다. 1911년 11월, 그는 상해에서 '중국사회당'을 결성하였다. 이는 중국에서 공개적으로 자신들이 사회주의 정당이라고 선포한 첫 번째 사례이다. 중국사회당의 간행물 『신세계』는 「이상사회주의와 실행사회주의(理想社會主義與實行社會主義)」의 부분적인 내용을 등재한 적이 있다. 강항호는 나아가 '역사 유물론'이라는 전문용어를 최초로 사용한 중국인이기도 하다. 그러나 강항호와 그의 중국사회당은 분명 마르크스주의를 오독하였다. 그들의 언론과 정강(政綱)을 살펴보면 그들은 단지 마르크스주의 혹은 사회주의라는 명목으로 활동했던 사회개량주의자들이다. 중국사회당이 선포한 종지는 "공화 찬동, 인종 차별 융화, 법률 개량, 유산 승계제도 타파, 평등한 국민 교육 보급, 노동 장려, 지세(地稅) 전문 징수, 군비 제한"이었다. 그리고 그것을 표방한 활동 내용은 공연이나 강연회 개최, 선전품 발송, 사회 공공의 복지 시설 확충, 농공상의 결사 단체 실험이었다.

110) 『江亢虎文存』 中編. "各國社會主義學者, 鑒於將來革命之禍, 汲汲提倡馬克思之學說, 主張分配平均, 求根本和平之解決, 以免激烈派之實行均産主義, 而肇攘奪變亂之禍."

르크스는 온 힘을 다해 자본 문제를 꼬집어내어 30년 동안이나 깊이 연구하여 『자본론』을 저술하였다. 혼신을 다해 진리를 설명하여 조리가 없는 학설을 마침내 체계적인 학설로 만들었다. 사회주의를 연구하는 자들은 모두 그 근본을 알게 되어 단지 기초적이고 치열한 언론에는 더 이상 영합하지 않았다."[111] 손중산은 이 강연을 3일 동안 연속했으며 그 자신의 사회주의에 대한 이해를 기본적으로 전부 노출시켜 사회주의의 본질을 드러내 보였다.[112] 여기서 손중산조차 마르크스 사회주의의 영향을 어느 정도 받고 있었음을 알 수 있다. 그러나 그는 곧바로 마르크스의 사회주의를 미국 헨리 조지의 단세(單稅) 사회주의와 혼동하기 시작했다.[113] 다시 말해 손중산은 마르크스 사회주의 이론의 방향을 잘못 읽었던 것이다.

전체적으로 볼 때, 신해혁명을 전후한 시기에 마르크스주의에 대한 소개는 단편적인 것에 지나지 않았다. 어떤 것은 부정확했고 심지어 마르크스주의와 완전 상반되기도 하였다. 그 전파의 범위도 유학이나 화교 배경의 급진파 고급 지식인에 국한되었다. 광범위한 지식인과 민중은 결코 마르크스주의의 거대한 영향을 받지 못했다.

마르크스주의는 러시아의 10월 혁명 이후에 레닌의 이름과 함께 중국의 신문과 간행물을 통해 광범하고 전파되었고 나아가 중국 지식인

---

111) 孫中山, "在上海中國社會黨的演說", 『孫中山全集』 第2卷, 北京, 中華書局, 1982, 506쪽. "有德國麥克司者指出, 苦心孤詣, 研究資本問題垂三十年之久, 著爲『資本論』一書. 發闡眞理, 不遺餘力, 而無條理之學說, 遂成爲有統系之學理. 研究社會主義者, 鹹知所本, 不復專迎合一般粗淺激烈之言論矣."

112) 앞의 책, 508~509쪽, 참조.

113) 앞의 책, 513~514쪽, 참조.

과 민중에게 수용되고 신봉되었다. 모택동의 말을 빌리자면 "10월 혁명의 포성은 우리들에게 마르크스레닌주의로 보내왔다."[114] 무엇보다도 10월 혁명의 승리는 사회주의 혁명가인 이대소(李大釗)에게 막대한 영향을 끼쳤다. 그는 1918년 11월에 출판된 『신청년』에 「布林什維主義的勝利」라는 제하의 글을 발표하여 마르크스주의에 언급하였다. "그것은 혁명적 사회주의이며, 그들의 당은 혁명적 사회당이다. 그리고 그들은 독일 사회주의 경제학자 마르크스를 종주로 받든다." 그 뒤로도 이대소는 「프랑스·러시아 혁명의 비교관」, 「서민의 승리」, 「나의 마르크스주의관」 등의 글을 발표하여 마르크스주의를 선전하였다.[115]

진독수는 1920년 9월에 출판된 『신청년』 8권 1호에 「정치혁명」이라는 글을 발표하였다. 그는 무정부주의의 논점을 비판할 때, "자산계급이 두려워하는 것은 자유 사회의 학설이 아니라 계급 전쟁의 학설이다." "나는 혁명의 수단을 통해 노동 계급(생산 계급)의 국가를 건설하자는 데 동조한다. 대내외의 일체 약탈을 금지하는 정치 법률의 창조가 현대 사회에서 가장 필요로 하는 것이다"라고 명확하게

---

114) 毛澤東, 『毛澤東選集』 第4卷, 「論人民民主專政」, 人民出版社, 1991, 第2版. "十月革命一聲炮響, 給我們送來了馬克思列寧主義."
115) 이대조(李大釗)는 또한 북경대학과 북경여자고등사범에서 『유물사관』, 『사회주의와 사회운동』, 『사회주의의 미래』, 『현대 정치』, 『여성노예운동사』 등을 강의를 개설하고 청년학생들에게 마르크스주의를 소개하였다. 이대조의 선전과 선도 아래 수많은 지방에서는 마르크스주의를 연구하는 단체가 나타났다. 『신청년』, 『매주평론(每週評論)』, 『요일평론(星期評論)』, 『신보(晨報)』에도 계속해서 『공산당선언』, 『정치경제학비판서언』, 『고용 노동과 자본』 등 저작을 번역 게재했다. 마르크스, 엥겔스, 레닌 등의 전기 자료들도 이러한 간행물에서 흔히 볼 수 있었다.(張海林編著, 『近代中外文化交流史』, 南京, 南京大學出版社, 2003, 11, 292쪽. 참조.)

선포했다. 이달(李達)은 일본에서 유학할 시기 1919년에 수많은 마르크스주의의 저작을 열람했고 『유물사관해설』, 『사회문제총람』, 『마르크스 경제학설』 등의 저작을 번역하여 국내에 출간했다. 그는 또한 「사회주의란 무엇인가」, 「사회주의의 목적」 등의 글을 지어 『민국일보(民國日報)』에다 발표했다. 이들 글에서 그는 사회주의가 발생한 원인을 분석하여 사회주의와 공산주의 그리고 무정부주의의 차이를 설명했다. 이 밖에도 상해의 『시사신보(時事新報)·학등(學燈)』과 북경의 『신보』 문화란, 그리고 『건설』, 『해방과 개조(解放與改造)』 등 간행물들은 수많은 사회 개조 토론, 사회주의 학설, 사회주의 정당, 자본주의 국가 노동자 운동을 소개하는 글들을 게재하였다.

'5·4' 운동 이후 마르크스주의를 연구하고 선전하는 풍조는 날로 성행하였다. 통계에 따르면 1922년까지 대략 30종의 마르크스주의의 저술이 중문으로 번역되었다. 이밖에도 일본 사회주의 경제학자 교토(京都)제국대학 교수인 하살필(Kawakami Hajime, 1879~1946)[116]의 마르크스주의 유물사관 및 경제 학설과 관련된 대부분의 저작들이 당시의 수많은 진보적 신문과 간행물에 번역되어 게재되었다.

초기 마르크스주의가 중국에 유입된 상황을 보면, 10월 혁명의 성공과 하살필과 같은 일본인의 2차 번역서들은 이론을 받아들이게 된 중국인의 심리적 경향과 선택 양식에 있어 지대한 영향을 미쳤다.

---

116) 하살필(Kawakami Hajime, 1879~1946)은 일본의 저명한 마르크스주의 경제학자, 철학자이다. 그의 저서는 일본뿐 아니라 중국의 혁명가들에게도 큰 영향을 주었다. 하지만 그는 오랜 사상의 여정을 거쳐 인생의 후반기에 마르크스주의자가 되었다. 유학은 그의 사상 여정에 있어 분명한 영향을 주었다. 중국어 역본인 『하살필(河上肇)자전』(北京, 商務印書館, 1963.)을 참조하기 바란다.

초기 마르크스주의를 신봉했던 중국의 지식인들은 구미에 유학한 경험도 없었고 마르크스주의의 원서를 깊게 연구할 만한 외국어 실력도 갖추지 못했다. 그들은 대부분 일본에서 유학했기에 약간의 일본어를 이해할 수 있었다. 이들은 10월 혁명의 성공 경험에 고무되었고 결국 일본인을 통해 마르크스주의를 파악했던 것이다. 러시아의 레닌사상, 일본인의 해석, 중국의 사회 현실은 그들이 마르크스주의를 받아들이게 되는 양식과 결과를 결정하였다. 그들은 단지 약간의 마르크스주의의 기본 요점만을 이해했을 뿐이지 전면적으로 마르크스주의를 탐독했거나 연구하지는 않았다. 이것은 구미의 민주와 자유 이론이 근대 중국에 유입된 정황과 같아서 일종의 서양 이론의 중국에서의 곡해 또는 기형이라고 말할 수 있다.

중국은 러시아가 일찍이 플레하노프(Plekhanov, Georgii Valentinovich, 1856~1918)[117] 등의 다년간 마르크스주의에 대한 소개・번역・연구를 거쳐 사상과 이론의 준비 단계를 갖추었던 것과는 달랐다. 마르크스주의가 중국에서 유입되자마자 곧 사회를 치유하는 구급약과 사람들의 행동을 지도하는 하나의 지침서로 받아들여졌다. 실천성과 실용성은 중국 마르크스주의의 최대 특징이다. 때문에 비록 중국 초기의 마르크스주의자들, 즉 이대소, 진독수, 모택동 등이 당시 결코 많은 양의 마르크스, 레닌의 서적들을 읽지 않았음은 물론, 그들이 알고 있는 지식의 대부분도 일본인이 썼거나 번역한 마르크스, 엥겔스, 레닌과 관계된 일부 통속적인 소책자였다고 할지라도, 그들이 마르크스레닌주의를 받아들이고 선전하는 데는 영향을 미치지 못했다.

---

117) 플레하노프(Plekhanov, Georgii Valentinovich, 1857~1918): 러시아의 정치 철학자이자 멘셰비키 (Mensheviks)의 지도자이다.

그들의 목적은 그것을 연구하는 데 있지 않았고 활용하여 중국의 현실 문제를 해결하는 데 있었다. 마르크스레닌주의는 일종의 무기와 진리로서 당시의 중국 지식인들에게 받아들여졌다.

마르크스주의는 각 방면의 풍부한 내용을 지니고 있었다. 엥겔스가 마르크스의 무덤 앞에서 연설할 때, 유물사관과 잉여가치의 학설은 마르크스의 양대 발견이라고 지적하였다. 잉여가치 이론은 본래 사회주의 혁명에서 무산계급의 이론적 기초였다. 하지만 당시 중국의 자본주의는 발달하지 못한 상태였고 무산계급도 빈약하기 짝이 없었다. 또한 선전하고 선동해야 할 공장과 광산의 기업조차도 볼품 없어 이 기본학설의 실용성과 실용 범위는 아주 제한되어 있었다. 이 때문에 이대소와 진독수 등이 마르크스주의를 선전할 때, 그 중점은 유물사관, 특히 유물사관의 계급투쟁 학설에 두었다. 이대소가 마르크스이론을 소개할 때 계급투쟁은 마르크스이론 체계의 핵심으로서 지나간 역사는 모두 계급 경쟁의 역사였다. 계급 경쟁은 "당초에는 단지 경제적 경쟁, 경제상의 이익 다툼이었으나, 나중에는 정치적 경쟁, 정치상의 권력 다툼으로 발전하여, 곧바로 계급 대립 위에 구축된 경제적 구조의 자기 진화에 이른 것이다."[118] 진독수 역시 마르크스주의는 독일에서는 국가사회주의로 변했지만 러시아에서는 공산주의로 불린다고 하였다. 이 두 계파의 주장은 서로 정반대로서 공산주의가 계급 전쟁, 직접 행동, 무산 계급 독재, 국제 운동을 주장함에 반해, 국가사회주의는 노동자와 자산 소유자의 협력, 의회 정

---

118) 李大釗,「我的馬克思主義觀」,『新靑年』第6卷, 第5 · 6號, 1919, 9~11月.
　　 "當初只是經濟的競爭, 爭經濟上的利益, 後來更進而爲政治的競爭, 爭政治上的權力, 直至那建立在階級對立上的經濟的構造自己進化."

책, 민주 정치, 국가주의를 주장한다고 했다. 그러므로 "우리 중국인은 이 두 사회주의에 대해 도대체 어떤 것을 채용해야 하는 것일까? 나는 중국의 개조와 존재는 대부분 국제사회주의 운동의 도움을 받아야 한다고 생각한다. 이것은 꺼려 감추는 것을 용납하지 않는다. ……"[119]라고 지적했다.

모택동은 더욱 직접적으로 말하고 있다. "계급투쟁은 얼마간의 계급 승리임과 동시에 얼마간의 계급 소멸이기도 하다. 이것이 바로 역사이며 수천 년의 문명사이다. 이 관점으로 역사를 해석한 것이 역사적 유물주의이고, 이 관점의 반대편에 선 것이 역사적 유심주의이다."[120] 중국 지식인은 레닌의 10월 혁명 성공의 위력에 힘입어 마르크스주의를 수용했던 것이다.

이대소, 진독수가 선전한 유물사관이 진화론을 대체하여 수많은 중국지식인과 민중에게 받아들여질 수 있었던 원인은 무엇인가.

첫째, 유물사관은 인류 역사를 더욱 구체적이고 실재적으로 해석했다. 그것은 더 이상 지극히 단순한 생존 경쟁 원칙이나 비교적 공허한 사회 유기체 관념이 아니었다. 다시 말해, 유물사관은 경제 발전을 기초로 삼아 사회적 존재와 각종 사회 상부 구조, 의식 형태, 관념 체계, 풍습, 민정을 설명해냈다. 그러므로 거기에는 아주 이성적

---

119) 陳獨秀, 『陳獨秀選集』, 「社會主義批評」, 天津人民出版社, 1990, 132~147쪽. "我們中國人對於兩種社會主義, 究竟應該採用哪能一種呢? 我以爲中國底改造與存在, 大部分都要靠國際社會主義運動幫忙, 這是不容諱節的了…."

120) 毛澤東, 「丟掉幻想, 准備斗爭」, 『毛澤東選集』 第4卷, 人民出版社, 1991, 第2版, 1487쪽. "階級鬪爭, 一些階級勝利了, 一些階級消滅了. 這就是歷史, 這就是幾千年的文明史. 拿這個觀點解釋歷史的就叫做歷史的唯物主義, 站在這個觀點的反面的是歷史的唯心主義."

설득력이 있었던 것이다. 중국에는 '경세치용'(經世致用), 즉 공리를 중시하는 유학 전통이 줄곧 존재하였다. 그것은 경제, 지리, 각종 사회 물질적 존재 조건이나 방면으로부터 정치 성쇠, 민생 빈부를 연구하고 논증하는 사상 학설이라 할 수 있다. 일찍이 춘추 시대에는 "창고에 곡식이 가득 차야 예절을 알고, 의복과 음식이 풍족해야 영욕을 안다"[121] "백성을 많게 하고, 부유하게 하고, 가르쳐라"[122]라는 사상 관념이 있었다. 송명 이학(理學)의 충격과 지배가 있었지만 역대로 무실적 치세의 능신이었던 상홍양(桑弘羊)과 장거정(張居正)의 이미지는 항상 선비들로부터 긍정을 받았다. 이러한 문화의 누적은 당시 중국 지식인이 마르크스주의적 유물사관을 선택하는 데서도 작용하였다고 할 수 있다.

둘째, 구체적인 내용을 말하자면 중국 사회사상 속에는 줄곧 유토피아적 전통이 있었다는 점이다. 유가의 '치국평천하'는 '삼대(三代)의 치로 복귀'(複三代之治)하기 위함이었고, 도(道)·묵(墨)·불(佛)에도 각기 다른 유토피아 내지는 극락세계가 존재한다. 근대의 홍수전(洪秀全), 왕도, 강유위, 손중산에 이르러서도 각자 그들의 새로운 대동적 이상세계를 구축하였다. 공상적인 사회 청사진을 자신의 현실 분투의 최종 목표와 원대한 이상으로 삼는 것은 이들 지식인들이 실천하고 투쟁하는 거대한 원동력이 되었다. 유물사관이 펼친 미래 이상은 중국의 대동이상 전통과 서로 통하고 일치하는 측면이 있다.

공산주의의 유물사관으로서의 미래 청사진은 혁명적 신념과 이상을 제공함은 물론, 계급투쟁의 유물사관으로서의 현실 묘사는 혁명

---

121) 『管子·牧民·國頌』, "倉廩實則知禮節, 衣食足則知榮辱."
122) 『論語』, "庶之, 富之, 敎之."

을 위해 근거, 수단, 절차를 제공해주었다. 그런 까닭에, 유물사관의 마르크스주의가 중국에서 가장 근본적인 이론 학설과 기본 관념이 되었다. 그리고 중국 현대의 긴박한 정세와 구망(救亡) 투쟁은 사람들이 주객관적으로 매우 충분하지 않는 조건으로 깊이 몰입하는 이론적 사색과 서재적 연구를 진행하게 만들었다. 사람들이 일단 그것을 받아들여 신속하게 현실적 실천 속에 운용하면서 더 이상 그것의 이해득실을 되돌아볼 정신, 시간, 조건을 잃고 말았다. 마르크스주의는 1918년 이후에 정식으로 중국에 들어왔다. 1921년 그 지도 아래에 있었던 중국공산당이 중국에서 창립되었다. 그 이후, 공산당 당원들은 곧바로 현실 사회 투쟁에 뛰어들었다. 현실적 투쟁의 필요, 때때로 이루어진 마르크스주의 계급투쟁 학설에 대한 연구에서 강조하는 것을 제외하면, 이미 전체적인 의미에서의 마르크스주의에 대해서는 생각이 미치지 못하였다. 마르크스주의는 중국에서 역사유물주의 사관, 즉 계급투쟁과 공산주의 이상으로 정형화되었다. 그러기에 중국에서는 항상 계급투쟁으로 모든 문제를 바라보게 되었다. 진독수의 1923년 『중국 국민 혁명과 사회 각 계급(中國國民革命與社會各階級)』, 모택동의 1926년 『중국 사회 각 계급의 분석(中國社會各階級的分析)』 등은 모두 당시 전체적인 계급투쟁의 형세로 사회를 분석한 것들이다. 그리고 마르크스주의의 다른 한쪽 날개인 변증유물주의는 마치 중국지식인과 중국공산당원에게는 망각된 것처럼 보였다. 1927년 대혁명이 실패하자 모택동은 군사 투쟁 속에서 중국 고대의 병가(兵家) 변증법을 연구하게 된다. 그런 다음에야 그는 마르크스주의의 이 부분에 대해 주목하였다.

셋째, 10월 혁명 전후의 중국 사회 현실은 간명하고 강력한 이론적인 지도가 아주 필요한 상황이었다. 신해혁명에서 10월 혁명까지가 중국이 내우외환의 시련을 겪었던 시기이다. 각 제국주의 국가, 특히 일본은 침략으로 중국은 지극히 민족 존망의 위기에 직면하게 하였다. 원세개(袁世凱)가 군주제의 유혹 아래 일본과 망국적인 '21조약'을 체결함으로써 중국 사회 각 계층의 "밖으로는 강권에 맞서고 안으로는 매국노에 반대하자.(外抗强權, 內反國賊)"는 저항의 물결이 일어났다. 원세개가 전복되자 크고 작은 군벌들이 권력과 이권을 다투어 전쟁이 끊이지 않았다. 국가는 남북으로 분열되고 할거와 혼전으로 들끓었다. 경제는 파탄되었고 시장은 불황에 빠졌다. 중국의 지식인들은 더욱 효과적으로 수많은 민중들을 동원하여 군벌 통치를 타도할 수 있는 이론적 무기를 갈망하였다. 마르크스주의의 계급 투쟁 학설은 바로 이러한 요구에 맞아 떨어졌다.

중국에서의 마르크스주의 초기 전파는 중국 현대 사상계에 거대한 진동을 일으켰다. 중국 민중이 세계를 관찰하고 중국의 사회 문제를 고려할 수 있도록 참신한 이론적 무기를 제공해주었다. 이후에 이 이론의 지도 아래 성립된 중국 공산당과 이 이론의 영향을 받은 손중산의 초기 국민당이 연합하여 중국의 노동자와 농민 대중을 이끌어 국민혁명운동을 일으켰다. 그리하여 봉건 군벌을 타도하고 부분적으로 외국 조계지를 중단시켜 통일된 남경 정부를 세웠다. 그 이후로도 중국공산당은 여전히 마르크스주의의 계급투쟁 학설에 의거해 가장 광범위하게 노동자와 농민을 단결시켜 거대 자산계급의 이익을 대표하는 국민당 정권을 상대로 수십 년간의 계급투쟁을 진행하였다. 결국 1949년에 국민당 정부를 축출하고 노동자와 농민의 이익을 대표하는 중화인민공화국 정부를 건국하였다. 역사적 발전이 여기에 이르기까지, 원형을 잃은 마르크스주의와 극단적으로 발전한 마르크스주의 계급투쟁 학설은 이미 그 역사적 사명을 다했다고 말할 수 있다. 그다지 합리적이지는 않았다고 하더라도 완전히 정리에 맞고 매우 효과적으로 그 역사 과정을 걸어왔다. 중국은 중국의 실제에 부합되고 중국의 현안을 더욱 효과적으로 해결할 수 있는 하나의 새로운 마르크스주의를 발전시켜야 한다. 아니면, 차라리 완전히 새로운 경제 이론을 찾음으로써 중국 인민을 경제 건설의 중요한 공작 속으로 끌어들여야 한다. 유감스러운 일은 그 시기에 일부 중국 지식 엘리트들과 중국 공산당 지도자들은 이것을 보지 못한 채 그들은 계속해서 무산 계급 독재와 계급 투쟁 학설을 극단적으로 선전해 나갔다.

제2절

중국 문화와 서양 문화의 차이

중국 전통문화와 서양 문화는 세계문화 중 근본적으로 다른 두 체계이다. 두 체계는 역사의 발전에 따라 선후로 출현하여 대등하게 발전하였다. 1840년 아편전쟁 이전에 양자는 각기 독립적으로 발전하여 뚜렷한 충돌과 융합이 없었다. 사회 생산력의 발전에 따라 과학기술의 진보는 물론, '신항로'의 개척과 국제교류가 빈번하게 이루어졌다. 특히 근대에 서구 열강들이 대외침략과 확장을 감행함으로써, 두 문화는 정면으로 충돌하고 투쟁하기 시작했다. 그리하여 근대 중서 문화 논쟁과 비교의 역사가 시작되었다. 1919년의 '5·4운동' 기간에 유교는 근본적으로 비판을 받았지만, 제1차 세계대전 이후에는 오히려 중국 전통 문화를 새롭게 인식하자는 강렬한 요구가 출현하였다. 이러한 외침은 당시 유럽에서 출현했던 "서방은 머지않아 몰락하리라"는 논조와 대조를 이룬다.123) 이것은 서양 문화의 한계성을 반성하고, 동양 문화, 즉 중국 전통문화인 동방주의 사상에 관한 새로운 인식을 반영하는 것이다. 근현대 동양학자들의 대표적인 평가와 논술들을 간략히 살펴보면 다음과 같다. 일본학자 스즈키(鈴木)는 『중국철학사』에서 "종교는 유태인이, 철학은 그리스인이, 신비학은 인도인이, 윤리학은 중국인이 각각 대표적이다"124)라고 주장했

---

123) 李述一, 李小兵 著, 『文化的衝突與抉擇』, 人民出版社, 1992, 8~9쪽.참조.
124) D. T. Suzuki, 中國古代哲學, London, 1914, S. 47.

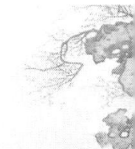

다. 또한 중국학자 양수명은『동서문화와 그 철학(東西文化及其哲學)』
에서 중화민국 시대에 민족을 구하는 유일한 활로는 전통적 촌락자
치에 새로운 생기를 불어넣는 데 있다고 주장했다. 그는 인도 문화
를 연구하는 입장에서 출발하여 중국, 서양, 인도의 문화를 비교하여
미래 문화를 전망하였다. 또한 현대 서양 문화의 맹주지위는 장차
중국 문화에 의해 대체되고 나아가서는 인도문화에 의해 중국 문화
역시 대체될 것이라고 했다.125) 이러한 비교 방법은 이후 중국에서
진행된 자체사상사에 대한 연구에도 영향을 미쳤다. 대표적 학자로
풍우란 (馮友蘭)을 꼽을 수 있는데『인생 이상의 비교(人生理想之比
較)』라는 저작이 있다. 1949년 중화인민공화국이 성립된 뒤로는 마
르크스주의의 보급에 주안점을 두었기 때문에 중서 문화와 관련된
문제에 대해서는 전혀 신경을 쓰지 않는 쪽으로 변해가는 듯했다.
그러나 개혁 개방은 중국 경제를 발전으로 이끌었고 문화 또한 활기
를 띠기 시작하였다. 20세기 80년대에 진입하여 '문화열풍'이라는 거
대한 조류 속에서 사람들은 눈길을 중서 문화 문제로 돌리기 시작하
였다. 본 연구는 중서 문화를 이론적으로 비교하여 양자의 근본적
차이점을 명시하고자 한다.

중서 문화를 비교하기에 앞서, 그 비교 내용과 범위를 어느 정도

---

125) 原文의 내용은 다음과 같다. "照我的意思人類文化有三步驟, 人類兩眼
視線所集而致其硏究者也有三層次: 先著眼硏究者在外界物質, 其所用的
是理智; 次則著眼硏究者在內界生命, 其所用的是直覺; 再其次則著眼硏
究者將在無生本體, 其所用的是現量; 初指古代的西洋及在近世之復興,
次指古代的中國及其將在最近未來之復興, 再次指古代的印度及其將在
較遠未來之復興. 而此刻正是從近世轉入最近未來的一過渡時代也."(梁
漱溟 著,『東西文化及其哲學』, 北京, 商務印書館, 2004, 180쪽.)

설명하고 규정해야 할 것이다. 앞의 문화에 대한 정의, 구조, 분류로부터 보자면, 문화는 물질문화, 정신문화, 제도문화를 포괄한다. 물질문화는 볼 수 있고 만질 수 있다고 하여 '경성문화'(硬性文化 Hard Culture)라고 한다. '경성문화'는 문화의 표층 구조이다. 그러나 제도문화와 정신문화는 상대적으로 '연성문화'(軟性文化 Soft Culture)에 속한다고 하겠다. '연성문화'는 문화의 심층 구조이다.[126] 중서 '경성문화'의 차이는 한눈에 환히 드러나지만, '연성문화'의 차이는 좀 더 변증적으로 분석할 필요가 있다. 각 민족은 자신을 다른 민족과 구분하는 특수한 문화 심리 소질, 사유 방식, 가치 척도, 도덕 규범, 정서 취향을 가진다. 이러한 것들이 바로 문화의 심층 구조로서 '연문화'의 차이다. 이제 이 차이들을 구체적으로 비교·분석해보자.

1. 중국과 서양의 인식방식 차이

동서양 민족은 각자 독특한 문화적 배경과 사회 심리 구조, 상이한 생산 활동 방식과 발전 수준을 지니는 까닭에, 사유, 인식 방식과 풍격에서 매우 큰 차이가 있다. 일반적으로 서양 민족의 사유 방식은 논리 분석을 특징으로 하고 세부적 인식을 중시하기 때문에, 인식 속의 명확한 성질, 요소, 형식은 줄곧 인식론 연구·토론의 초점이 되어왔다. 명확하고 정확한 인식을 추구하고 사유 속의 불명확

---

126) 슈펭글러(Oswald Spengler) 著, 齊世榮 等 譯, 『西方的沒落』, 北京, 商務印書館, 1963.

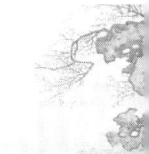

성, 모호성을 배척함은 서양 인식 이론의 중요한 전통이다. 중국을 대표로 하는 동양 민족의 사유 방식은 직관과 종합이 기본 특징이다. 전체적 측면에서의 사물 파악을 비교적 중시하기 때문에 인식 중의 모호적 경향이 두드러진다. 혹자는 중국의 변증법을 행동의 변증법이라고도 하는데 이 말은 일정부분 이치가 있다고 하겠다. 이와 같은 중서 인식 방식의 차이는 여러 민족의 이론 사유와 과학 문화가 서로 다른 방향으로 발전하도록 영향을 미쳤다.

첫째, 논리적 사유와 직관적 사유

사유 방식은 인류 문화의 중요한 구성부분이고 인류 문화의 최고 응집된 곳이며, 인류 문화의 주체적 설계자와 담당자이다. 또한 그것은 인류 문화 현상의 심층적 본질인 문화 현상 배후에 속하는 것으로, 인류 문화 행위에 지배적 작용을 하는 요소이다. 사유 방식의 연구, 인류 사유의 오의(奧義)를 드러냄은 인류 사유 능력의 제고와 인류 문화 발전 촉진에 있어 중요한 의미를 지닌다.

인류의 사유 방식은 논리적 사유(이성적 사유)와 직관적 사유(비이성적 사유 또는 頓悟)라는 두 기본 유형으로 나눌 수 있다. 논리적 사유는 넓은 의미로 말하자면, 인류의 모든 인지 형식, 즉 통상적으로 말하는 감성 인식 형식인 감각, 지각, 표상과 이성 인식 형식인 개념, 판단, 추리 등을 포괄한다. 좁은 의미로 말하자면, 그것은 이성적 사유 방식이다. 인간의 행위 주체, 정신생활은 결코 순수 이성적이지 만은 않으며 비이성적 성분이 존재하기도 한다. 비이성적 성분과 이성적 성분은 상호 연계되어 작용함은 물론, 상보상성(相補相成)하여 그 주체 의식의 풍부한 내용을 공동으로 구축한다. 그리고 중서 문화는 이에 대한 분명한 차이를 보인다. 중국 전통 문화는 직관적 사유를 중시하고 서양 문화는 논리적 사유를 숭상한다.

그리스 철학은 서양 철학의 원천이며 옛 그리스인은 자연에 대해 강한 흥미를 가지고 있었다. 그들은 세계 본원, 주객체 관계, 사물이 어떻게 변화하고 발전하는지 등에 관심을 가졌다. 비록 간단한 기구로 이루어진 그들의 관찰과 실험은 논리적 연관성이 부족하고 이성적 방식이 그렇게 체계적이지는 않지만, 그들의 직접적인 관찰은 항상 이성적 사유의 색채가 짙었다. 옛 그리스 원자론의 창시자 데모크리토스(Demokritos, BC 460경~370경)는 가장 먼저 인식 기원, 인식 발전 단계, 인식 진리 표준 등 문제를 체계적으로 고찰한 철학자이다. 그는 원자론에서 출발하여 감각 발생의 근원, 과정을 설명하여 소박한 반영론을 제기하였다. 피타고라스(Pythagoras, BC 582~500년)의 수학 사상은 더욱이 논리적 사유와 정확한 사유 방면에서 그리스 철학을 풍요롭게 만들었다.

근대 서양 철학은 주체 세계의 명확성에 대한 탐구로부터 주체 사유의 명확성에 대한 고찰로 변화·발전하였다. 인식론은 우리가 어떻게 인식하고 무엇을 인식할 수 있는지의 문제에 대답하려고 노력한다. 헤겔(Hegel, 1770~1831)은 독일 고전 철학의 집대성자일 뿐만 아니라 근대 유리주의(唯理主義) 사변 철학의 완성자이다. 그는 객관 유심주의의 입장에서 출발하여 새롭게 이론의 사물 세계 본질에 대한 가지성(可知性)을 확립했고, 현상 세계와 자재(自在)한 존재 사이에 상호 소통하고 전화(轉化)할 수 있도록 다리를 놓았다. 베이컨(Francis Bacon, 1561~1626)은 근대에 출현한 과학귀납법의 창시자이며 근대 최초로 귀납작용을 강조하는 입장에서 출발하여 과학 양식을 논리 조직화한 선구이기도 하다. 마르크스는 베이컨 귀납법의 실질과 내용을 총결산하여, "과학은 실험의 과학으로서 과학은 바로 이성 방법을 이용하여 감성 데이터를 정리하는 데 있다. 귀납, 분석, 비교, 관찰, 실험은 이성 방법의 중요한 조건이다"[127]라고 지적한 바 있다.

18세기 말, 19세기 초 과학의 눈부신 발전에 따라 서양의 과학 철학은 분석의 시대에 진입하기에 이르렀다. 분석의 시대는 수리적 논리와 언어적 분석이 주요 수단이 됨은 물론, 인류 지식의 논리 구조와 기능이 요점이 되는 인식론 발전 단계를 가리킨다. 우주적 해석은 완전히 과학자에게 넘겨주고 철학의 임무는 단순히 지식의 성격을 분명히 구분하는 데 있을 뿐이다. 가장 전형적인 예가 바로 러셀(Russell)이 발전시킨 현대논리실증주의이다. 이 학파는 분석을 수단으로 삼아 과학 이론 속의 개념, 명제, 어휘, 어구의 의미를 연구하여, 경험 사실과 과학 개념을 제시하고 이론 간의 논리 추리 관계를 진술함을 강조한다. 한마디로 말해서 논리실증주의의 기본 특징은 경험을 전제로 하고 귀납을 방법으로 하며, 수리 논리를 도구로 삼아 과학 지식의 경험과 그 이론적 논리 구조를 분석하는 데 있다.

만일 추상 사변과 논리 사유가 서양 사유의 특징이라고 한다면 동양 민족의 전형인 중국 전통 사유 방식은 오랜 기간 동안 '직관'과 '경험'이라는 특징을 지닌다. 직관적 사유는 중국 전통 문화에 있어 주도적 위치를 차지하는 사유 방식이다.

중국 고대 과학과 철학의 각종 범주는 향내(向內) 사유로 이루어

---

127) 『마르크스 · 엥겔스 전집』 제2권, 163쪽.

진 것이며, 각종 경험 현상을 빚어 체득하고 활연관통(豁然貫通)하여 개념을 제시한 것이다. 이러한 개념은 항상 서양 철학이 향외(向外) 사유 혹은 논리 연역을 통해 이루어진 것과는 다르며, 이 개념의 이해는 단지 마음속으로 깨달을 수 있을 뿐, 말로 전하기 어렵다. 예컨대, 도(道), 성(誠)의 이해, 중의(中醫)학 이론과 기공의 이해는 모두 어진 자가 어짊을 보며 지혜로운 자는 지혜를 본다는 논리이다. 또, 한 폭의 중국화와 서예 작품을 보더라도 향내적으로 파악해야만 화가의 신비롭고 고상한 기복을 느낄 수 있다.

중국 선철들이 제시한 '체인'(體認), '성명지지'(誠明之知), '담연지지'(湛然之知), '장식'(藏識), '선정'(禪定) 등은 모두 직관적 함의를 정도가 다르게 표현한 것들이다. 장자는 힘써 숙고하면 고작 '소지'(小知)를 얻는 데 불과하지만, 신비한 직관은 '대지'(大知)에 도달할 수 있다(道體合一)고 여겼다. 법상종(法相宗)의 제8식(阿賴耶識)은 전6식(즉 眼耳鼻舌身意), 말나(末那, 전6식과 제8식 사이의 交通을 유지한다)와 구별점이 있는데, 그것은 외물과 직접 접촉하지 않고 영원히 주재 작용을 하는 '장식'이라는 점이다. 장재(張載)는 사람의 '천지지성'(天地之性)에는 '보고 듣고 하는 감각에 기원을 두지 않고'(不萌於見聞) '귀와 눈 등의 감각 기관의 한계 밖에서 안과 밖을 합할'(合內外於耳目之外) 수 있는 '천덕 양지'(天德良知)가 존재함을 확신했다. 주희(朱熹)는 직관과 이명동의(異名同義)인 '체인', '체도'(體道)를 '치심물중'(置心物中)으로 해석했다. 그는 직관은 진정으로 주체 자체 속에 침투한 내재적 경험을 가리키며, 이 내재적 경험의 본원은 객관 물질에 근원하고 그 내용도 이와 같다고 생각했다. 동시에, 이러한 내재 경험은 감각이 주가 되지만 이 감각은 통상 말하는 감성 인식 단계의 감각과는 다르다. 그것은 일정 정도에 있어 일부 이성 인식이 침투한 사물의 어떤 질에 대한 인식이다. 이것은 바로 평소 말하는 '역사 경험'과 같고 그 경험은 이미 어떤 사물에 대한 개괄과 총결산인 것이다. 그러므로 그것은 직접성과 단순성은 물론 간접성과 복잡성도 함께 갖추고 있다. 또한 단도직입적이고 간단명료할 뿐만 아니라 핵심을 찔러 본질을 드러낼 수 있다.

둘째, 세부적 분석과 전체적 종합

중국 전통 문화는 직관적 사유 중심이 만들어낸 결과가 바로 전체 본위 관념이다. 직관적 사유의 특징은 순간적으로 전체를 명확하게 통찰하는 것이다. 유가의 맹자는 인간의 내면에는 우주의 보편적 이법이 갖추어져 있음(萬物皆備於我)을 주장했고, 도가의 장주(莊周)는 "천지와 함께 살고 만물과 하나 됨"(與天地並生, 而與萬物爲一)을 제창했다. 신유학의 대사(大師) 동중서(董仲舒)는 이와 같은 천지만물 일체의 전체 관념을 계승해 발전시켰다. 그는 국왕의 '왕'자를 해석하여 상하 가로의 세 획은 천(天)·지(地)·인(人)을 나타내고, 세로의 한 획은 황제를 나타낸다고 했다. 황제는 하늘의 아들(天子)로서 하늘의 뜻을 받들어 인간을 통치하며, 그래서 천·지·인을 하나의 유기적 전체로 연결한다는 것이다. 동중서의 해석은 고대 중국인들의 소박한 전체 관념을 구현했다고 볼 수 있다. 중국 문화는 '천인합일', '정경합일'(情景合一), '지행합일(知行合一)', '덕형일체'(德刑一體), '제권일통'(諸權一統)을 강조한다. '제권일통'은 2천여 년 동안 '대일통'(大一統) 관념을 형성시켜 왔다. '대일통'은 역대 봉건 제왕의 최고의 정치적 추구였다. 전체 사유 관념은 사람들의 일생

생활 속에서도 구체적으로 나타나고 있다. 예컨대, 중국의 성씨는 가족 전체의 성이 앞에 놓이고 가족 개체 성원의 이름은 뒤에 놓인다. 하지만 서양은 이와 상반된다. 가족의 성이 뒤에 놓이고 개인의 이름은 앞에 놓인다. 중국어의 습관은 "그는 요녕성(遼寧省) 심양시(瀋陽市)에서 태어났다"고 하여 항상 큰 지방을 먼저 말한 다음에 작은 지방을 말한다. 그러나 이것을 영어로 번역해보면, "He was born in Shen Yang city, Liao Ning province"가 되는데, 먼저 개체를 말한 다음에 전체를 말한다. 중국 문화는 사람의 좋고 나쁨의 평가를 '인품'(人品) 두 자로 표현한다. '품'(品)은 '구'(口)가 세 개로서 삼(三)이란 옛 중국어에서 많은 중의 정해지지 않은 수를 뜻하므로, 많은 사람들이 당신이 어떻다고 하면 곧 그렇게 되어 개인이 바꿀 수가 없다. 때문에 중국인은 항상 '군중의 입은 쇠도 녹인다.'(衆口鑠金), '계속 헐뜯으면 뼈도 녹는다.'(積毀銷骨), '사람의 말이 두렵다'(人言可畏) 등등을 말해왔다.

중국 전통 문화의 전체 본위 관념은 개체와 개성을 경시하는 결과를 불렀다. 이것은 중국 전통 문화로 하여금 의무와 책임을 강조하고 개체의 권리를 경시하게 만들었다. 그것의 현실적 표현은 국가 이익, 집단 이익을 개인 이익보다 높게 보는 집단주의 정신을 강조하는 것이다.

서양 문화는 논리적 사유, 분석적 사유를 중시하여 그 개체를 중요하도록 이끌었다. 분석적 사유는 사물을 하나하나 분해하여 연구한다. 이것은 바로 부분, 개체를 두드러지게 함은 물론, 가장 중요한 자리에 위치시킴으로써, 서양 문화 속에 개체주의, 자유주의의 철학 관념을 발생시켰다. 이와 같은 관념은 개체, 개인을 사회적 논리 원점(元點)과 가치 원점으로 삼아 민법에 반영시키는 바로 권리 본위 관념이다. 권리 본위는 서양의 인권 관념, 민주 관념을 발생시켰고 서양의 법률도 여기로부터 발전해 나왔다.

2. 인간 - 자연 관계에서 가치 취향의 차이

하버드대학교의 두유명(杜維明) 교수는 중국 문화의 관심 대상은 인간이라고 주장했다. 사람과 사람의 관계가 중국 문화 관심의 핵심 문제였고, 사람이 현실에 발 딛고 있기 때문에 정치윤리학이 상당히 발달하였다. 서양 문화는 자연에 관심을 가졌다. 인간과 자연의 관계는 옛 그리스가 중시한 핵심 문제이며 여기서 이지와 과학기술이 파생되었다.

중국 철학은 유·불·도를 막론하고 모두 인생철학이다. 유가는 행위(作爲)를, 도가는 장생을, 불가는 깨달음(悟覺)을 각기 추구하였다. 유가는 공자사상을 정통으로 하며 그 핵심은 '인'(仁)이다. 무엇이 '인'인가? 공자는 "'인'이란 사람을 사랑하는 것이다", "자기를 이기고 예(禮)로 돌아가는 것이 '인'이다"[128]라고 했다. 이로 보건대 어떻게 처세할 것인가의 학문임을 알 수 있다. 그 관심은 군신, 부자 등 일련의 인간과 인간 사이의 윤리 관계를 밝히는 데 있고, 수신양성(修身養性)의 목적은 자신의 정치 참여의 포부, 즉 치국(治國)·평천하(平天下)를 실현하는 것이다. 순수 과학의 연구와 모든 자연

---

128)『論語·顔淵』. "仁者愛人", "克己復禮爲仁"

과학은 대다수가 선택할 가치가 없는 관심 밖의 영역이었다.

중국 문화는 인간과 자연 관계에 있어 스스로의 가치 취향을 가지고 있다. 중국 문화의 중요한 특징 중의 하나가 바로 '천인합일'로서 자연을 인격화하고 인간의 정신을 자연계에 융해시켜 인간과 자연이 함께 호흡하는 조화 상태를 추구한다. 이 '천인합일'의 문화 특징은 여러 방면에서 표현되고 있다. 중국의 고악(古樂)은 우아하고 아름다우며 평온하여 사람이 거의 어렴풋하게 들을 수 있을 정도로 편안하다. 중국 문화는 대지에 깊게 뿌리내리고 있는데, 그 시초는 곧 중농(重農)이었다. "사민(四民) 중에 선비 아래가 곧 농민이다.", "백성은 먹는 것을 최고로 여긴다."[129]라고 하였다. 인간과 자연의 조화로부터 전체 사회의 조화에 이르기까지 이른바 "사람으로서 할 수 있는 최선을 다하고 천명(天命)을 기다린다(盡人事, 待天命)"고 했던 것도 여기에 기인하였다. 도가 사상은 더욱이 인간의 인생에 대한 차마 떠나지 못하는 정서이며 대자연 속에서 생명 위안을 찾는 걸작이다.

서양 고대 과학은 자연에 대한 탐색 속에 존재했기 때문에, 일찌감치 피타고라스, 유클리드 (Euclid, 약 BC 330~275년), 아르키메데스 (Archimedes, 약 BC 287~212년)와 같은 전문과학자들이 출현했던 것이다. 인간과 자연의 관계에 있어 서양 문화는 하늘과 인간이 대립적 투쟁 상태에 있다고 생각했다. 그런 까닭에 중국 문화와는 다른 자연에 대한 태도가 발생하였다. 즉 인간이 마땅히 자연을 정복하고 통제해야 한다는 것이다. 이것은 인간과 자연의 대립을 강조

---

129) 『漢書・酈食其傳』. "四民之中, 士之下卽爲農", "民以食爲天"

함으로써 자연을 적대 세력으로 보는 태도라 하겠다. 호머(Homer)의 서사시는 순전히 해외 모험, 자연 정복을 제재로 한다. 그들의 영웅은 모두 대자연의 풍랑 속에서 단련하고 성장하였다. 이것은 중국에서는 절대로 불가능하며 중국의 조화, 평온과 선명한 대조를 이룬다. 서양도 인간과 인간의 관계를 얘기하기는 하지만, 관심 영역은 윤리가 아닌 무엇보다도 경쟁에 있다. 학생이 학교에 다니게 되면 학업이 남보다 월등해야만 장학금을 받을 수 있다. 직장인은 힘써 일하여 다른 동료보다 뛰어나야 승진과 임금 인상의 기회가 주어진다. 상품도 마찬가지다. 값이 싸고 품질이 좋아야 다른 사람보다 한발 앞서 판로를 개척할 수 있다. 만약 경쟁에서 공들이지 않는다면 사람이나 물건 모두 도태될 수 있다.

3. 중·서 가치관과 인생 추구의 차이

중·서 가치관과 인생 추구의 차이는 사회 생활의 각개 측면에서 나타나고 있다.

첫째, 중·서 인생 가치 취향의 차이로 표현

유가가 중국인에게 제공한 가치 관념은 봉건 전제 제도의 지원하에 점점 뿌리 깊은 인생 신념으로 바뀌었다. 2천여 년 동안 중국 문화의 정신 지주였던 이 인생 신념은 인생의 가치가 바로 현세의 행위 속에 존재한다고 여긴다. 한 개인이 사회에서 행위 할수록 그의 생명은 더욱 의미가 있다. 전제 사회에서 권력만이 모든 것을 지배하기 때문에, 인간의 행위 중 자신의 참정(參政) 포부의 실현이 가장 컸다. 치국·평천하의 웅대한 이상은 수많은 중국 문인의 평범하여 하릴없는 일생을 통치하였다. 이 일원화의 인생 가치관의 영향은 한편으로 순수 과학과 자연 과학의 연구에 대해 대다수 사람들을 무관심하게 만들었다. 이 때문에 이 방면의 지식 문화는 발전하지 못하여 과학은 맹아 상태에 묶이고 말았다. 중국 문화는 봉건 전제의 장기 지속에 따라서 그와 서로 적합한 궤도가 기형적으로 발전했던 것이다. 다른 한편으로는 인간의 지혜와 재능이 모두 정치적 권모술수에 집중되어 세계상 그 유래 없이 변화무상하지만, 실질적으로 매우 안정된 정치, 문화 양식을 창조했다. 이런 종류의 양식에 있어 정치와 문화의 상호 연결은 그 다른 어떤 문명보다 더욱 긴밀하다. 이 특수한 정치 문화 양식은 중국의 독특한 역사 현상에서 발생된 것이며, 절대 다수인은 자신의 정치 포부나 인생 신념의 실현이 거의 불가능하기 때문에 항상 다른 출구를 찾지 않을 수 없었다. 그래서 수많은 지식인은 "궁한 자는 홀로 한 몸의 선만을 꾀하고, 영달한 자는 천하를 함께 구제한다"[130]라는 말을 이상적 지침으로 여겼다. 일반적으로 말해서, 관리가 되지 못하거나 성인이 되어 치국·평천하를 할 수 없게 되면, 물러나 은사가 되어 시를 읊조리고 술을 마시며 스스로 만족해 풍류를 즐긴다든지, 책을 저술하여 후세에 그 이름을 남겼다. 그러기에 도교, 불교가 시운에 따라 매우 왕성하게 일어나 탐생자(貪生者)는 스스로 수도하러 떠났고 염세자는 개의치 않고 염불하였다.

---

130) 『孟子·盡心上』. "窮者獨善其身, 達者兼濟天下."

그러나 서양 문화 속의 인생 가치는 다원적 취향으로 나타난다. 정치에 참여해 대통령이 되는 것도 인생 가치의 실현이지만, 장사를 하여 실업가가 되는 것도 상당히 가치 있는 일로 인식되었다. 서양인의 눈에 가장 좋은 직업은 변호사, 의사를 포괄한다. 미국에서는 대통령이든, 할리우드의 유명한 영화배우이든, IT업계 거두 빌 게이츠이든, NBA의 투사 마이클 조단이든 관계없이 모두 잡지의 표지모델로 실릴 수 있다. 이들은 사람들이 마음속으로 모두 닮고 싶은 우상이다.

둘째, 개인 중심과 가족 중심

어떤 사람은 서양 근대 인문주의는 신학을 배경으로 탄생되었으며 원죄 관념은 서양에서 뿌리 깊게 자리 잡고 있다고 생각한다. 그러므로 서양인의 도덕 지향은 개인은 자신에게 책임을 지우고 개인의 분투를 통해 하나님에게 속죄하는 것이다. 서양 문명은 평소 종교에 대한 토론이 상당히 성행했다. 기독교의 중요한 교의 가운데 하나가, 즉 하나님 앞에서는 만민이 평등하다는 가르침이다. 하나님이 부정되었을 때, 서방은 원자 관념이 발생되었다. 개인은 하나의 원자로서 어떤 사람에 의존해 존재하지 않는다. 개인의 권리는 어떤 사람도 침범할 수 없고, 개인 본위, 자아 중심이 신봉되었다. 이러한 개인 본위적 사상은 생활의 각 방면에 영향을 미쳤다. 인간의 친분 경계선도 그 구분이 명확하다. 노인과 젊은이가 함께 식사할 때도 자신의 식사 값을 각자 낸다. 아들이 부모의 일을 도와준다고 하더라도 부모는 아들에게 그에 상응하는 대가를 지급해야 한다. 설사 아이라고 할지라도 매우 존중하여 아이의 방에 들어갈 때는 먼저 "내가 들어가도 되겠니?"라고 물어야 한다. 자녀가 부모의 곁을 떠나 독립하려는 노력을 강조하고 그것을 영예로 여긴다. 또한 개인이 터득한 견해에 대해 담론하기를 즐긴다. 집회, 토론회, 교실에서 뒤질세라 앞다퉈 발언하는 것을 하나님이 부여한 권리로 여겨 마음껏 토로한다. 미국의 『독립선언』이 바로 상술한 가치관의 가장 좋은 본보기라 하겠다. 모든 인간으로서의 평등은 하나님이 부여한 것으로 조금도 빼앗을 수 없는 권리이다. 그 속에는 생명, 자유, 행복 추구가 포함된다.

그러나 중국은 가족 중심의 사회이다. 가정은 중국인 마음속에 생활의 우주이고 지고 무상한 응집력을 지니고 있다. 가정으로부터 이탈한 자는 '방랑자'로 전락한다. "부모가 살아 계시면 멀리 떠나지 않는다."(父母在, 不遠遊)를 강조한다. 가정에는 부자 관계, 형제 관계, 부부 관계가 있어 각기 그 본분을 지키고 의무를 다해야 한다. 즉 인륜을 다해야 한다. 맹자는 성인은 "인륜의 백성"(人倫之民)이라 하였다. 인륜의 핵심은 복종에 있다. 다시 말해, 유소자(幼少者)는 연장자에게, 아내는 남편에게 각각 복종해야 한다. 가정이 이처럼 바뀌게 된 중요한 원인 가운데 하나가 곧 '효'(孝)이다. 중국에서의 '효도'란 나라의 근본이고 고유문화의 정수이다. 중국에는 예로부터 '효' 문화가 존재함은 물론, '효'를 통해 천하를 다스린다는 설이 있다. 가정과 '효'는 본래 위대한 이성의 의미가 있지만, 지나치게 강조되어 과도한 가족 의식을 형성시켜 결국 개인 자유의 발전을 등한시하는 역효과를 낳았다. "천리를 보존하고 인욕을 없애야 한다."(存天理, 滅人欲)고 함으로써 개인의 군체에 대한 책임을 인생의 종지로 삼았다.

셋째, 공리(功利), 시효(時效)의 강구와 윤리, 도덕의 중시

서양 문화는 자연 과학의 발전으로 인해 공리와 실제 효익(效益),

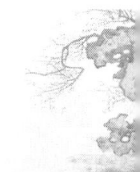

경제적 이해타산에 능숙하다. 예컨대, 볼펜을 탁상에 놓는 경우에 어떤 상태로 배치하는 것이 가장 효과적인 지를 강구한다. 즉 펜 끝을 밖으로 두었을 때 펜을 잡는 시간을 아낄 수 있겠는지, 아니면 펜 끝을 안으로 두었을 때 시간을 아낄 수 있겠는지를 따진다. 실험을 통해 펜 끝을 밖으로 하면 그것을 집을 때, 두 동작이 필요하다는 사실을 알 수 있다. 먼저 집고 다시 한 번 돌려야 하기 때문이다. 만일 펜 끝을 안으로 향하게 두면 집어서 바로 쓸 수가 있다. 펜 끝의 방향을 안으로 하느냐 밖으로 하느냐에 따라 펜을 잡는 데 걸리는 시간의 차이는 단지 영점 몇 초에 불과하다. 그러나 만약 대기업에서 모든 사람이 몇 초를 절약하여 합계를 내면, 적잖은 시간을 절약할 수가 있다. 그 시간만큼 직원 수를 덜 고용해도 된다는 계산이다.

중국 문화는 오래도록 봉건 종법의 농경사회에 처해 있었기 때문에, 자연과학이 발달하지 못하고 인륜 관계의 조정이 강조되었다. 예의 규범은 모든 것에 앞서며 의(義)와 이(利)를 과도하게 분별한 결과 가치 관념에 편차가 생겼다. 이로 인해 사람들은 어떤 예의 규범에 부합하기 위해 자신의 이익을 희생해야만 했다. "어찌 꼭 이익만을 말하는가."(何必曰利)의 제창은 숭고한 도덕 준칙으로 인식되었고, "의리를 소중히 여기고 이익을 경시한다."(重義輕利)의 제창은 고상한 품격과 굳은 절개로 인식되었다. '문화대혁명' 기간에는 "오로지 사회주의의 풀만을 원하고 자본주의의 싹은 원치 않는다."고 외쳐대기도 하였다. 단지 정치적 타산만 이루어졌고 경제적 타산은 등한시되었다. 대외관계에서도 정치적 영향만이 고려되었고, 그 생각이 경제적 효익에는 미치지 못했다.

제3절

세계화시대 중서 문화의 상호 침투와 영향

근대 중서 문화의 교류와 충돌의 역사적 과정을 살펴보면 서양 문화의 중국에 대한 영향은 주로 중국인의 관념과 사유 방식에 대한 영향에서 나타난다는 사실을 어렵지 않게 간파할 수 있다. 그것은 전통적 중국인의 '숭고박금(崇古薄今)'의 구관념을 진화론적 신관념으로 바꾸어 그들로 하여금 인류 사회는 끊임없이 진보하고 발전한다는 사실을 인식시킴으로써 자산 계급 유신파의 정치 개혁과 혁명파의 민주 혁명을 위해 이론적 기초를 제공하기 시작했다. 중국인의 '가정 중심'적 구관념을 '인격 독립'적 신개념으로 바꾸어 그들로 하여금 가정 혁명을 통해서만 인격 독립, 개성 해방을 실현할 수 있다는 사실을 인식시킴으로써 근본적으로 국민성을 개조하여 수많은 독립 인격을 갖춘 신국민을 육성해내기 시작하였다. 중국인의 '중농억상'(重農抑商)의 구관념을 '상업부국'(商業富國)의 신관념으로 대체하여 그들로 하여금 상업은 부국과 강국의 길임을 인식시켜 근대 공상업을 발전시키기 시작하였다. 중국인의 '중의경리'(重義輕利)적 구관념을 '의리통일'(義利統一)적 신관념으로 대체하여 그들로 하여금 서양 근대 과학 기술의 학습을 중시하게 함으로써 물질 생산품, 경제 효익, 사회 효과를 강구하게 하였다. 동시에 서양 과학의 사유 방법은 중국인의 고정적 전통 사유를 변화시켰다. 다시 말해, 사물 분석의 모호성, 불확정성을 어느 정도 바꾸어 사물에 대해 부문별

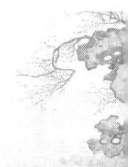

분류와 엄밀한 분석을 더욱 중요시하게 만들었다. 이러한 모든 것들은 유사 이래 중국인의 가장 큰 규모의 관념 및 사유 방법의 개조와 변화라고 말할 수 있다. 그것은 서양 문화의 근대 중국 사회에 대한 영향이 광범위하고도 다층적이었음을 설명해주는 것이기도 하다.

21세기 오늘날 경제의 세계화는 문화의 세계화를 불러와 국제간의 문화 교류는 새로운 발전 단계에 들어섰다. 그리고 세계화의 배경 아래 특히 서양 문화는 강력한 패권적 지위를 차지하고 있기 때문에, 중국 전통 문화에 대해 더욱 강한 영향력을 행사함은 물론, 중화 민족 전통 문화에 대해 다각도로 충격을 가하고 있다. 그러나 중서 문화의 영향과 충격은 상호적인 것이지 결코 일방적인 영향은 아니다. 여기서는 중서 문화의 상호 침투와 영향을 현실적 영향과 잠재적 영향으로 나누어볼 수 있다. 현실적 영향이란 강력한 문화로서의 서양 문화가 중국 문화에 가해진 강력한 충격과 해체 작용을 가리킨다. 또한 잠재적 영향이란 강권 문화에 대한 약세 문화의 침투 작용 가리킨 것으로, 즉 중국 문화가 서양 문화에 끼친 영향을 말한다.

1. 현실적 영향: 서양 문화가 중국 문화에 끼친 영향

첫째, 시장 경제적 공리주의의 전통적 '윤리지상' 관념에 대한 충돌

사회주의 시장 경제 제도가 점차로 확립됨에 따라 물질 이익에 대한 사람들의 관심은 갈수록 증폭되고 있다. 그럼으로써 전통적인 '안빈낙도(安貧樂道)'와 '중의경리(重義輕利)' 등의 관념은 미증유의 도전에 직면하였다. 상품 경제 의식, 물질 이익 원칙은 사람들의 사회생활 속에서 광범위하게 구현될뿐더러 갈수록 더 많은 사람들에게 받아들여지고 있다. 이처럼 전통적 '도덕지상', '윤리지상' 관념에 대한 부정은 중국 사회에 있어 일종의 진보임에는 틀림없다. 하지만, 소수인의 단순한 물욕 추구, '금욕'에서 '향락주의', '금전지상', '배금주의' 등으로 나아가는 부정적 요소가 존재하는 것도 사실이다. 반드시 여기에 상응하는 대책을 세워 올바른 길로 이끌어야 할 것이다.

둘째, 서양 문화 속의 '법치' 관념의 봉건 종법 가부장제의 '인치(人治)' 관념에 대한 충격

중국 고대 사회는 종법가부장제의 세습 사회이다. '인치'는 이미 현대의 시장 경제에 맞지 않을 뿐만 아니라, 세계화의 새로운 형세에도 적당하지 않다. 세계화에 더욱 필요한 것은 '법치'이다. 왜냐하면 법제의 발전 수준은 사회의 현대화 정도를 가늠하는 중요한 지표인 동시에 사회 문명의 진보를 헤아릴 수 있는 중요한 척도이다. 고도로 발달된 사회주의 현대화문명을 건설하려면, 반드시 고도의 사회주의의 민주와 법제를 건설하고 종법가부장제의 '인치' 잔재를 철저하게 청산해야 한다.

셋째, 서양 문화 속의 '경쟁' 관념의 전통적 '중용의 도'에 대한 충격

세계화의 이상 속에서 특히 중국 시장 경제가 지속적으로 안정되게 발전함에 따라 사회는 '경쟁' 정신을 더욱 제창하고 있다. 이와 같은 사회적 조건에서 창신, 개척, 진취를 제창함은 물론, 사람들에게 '위기' 의식을 가지도록 함으로써 의식이 변화되도록 요구한다.

아울러 주동적이고 적극적으로 이러한 변화에 적응하게 하고 인간의 적극성, 창조성을 동원하여 총명, 재능, 지혜가 충분히 발휘되도록 한다. 그러나 현재 중국은 여전히 농업 문명에서 공업 문명으로 향하고 있는 변화의 시기에 놓여 있으며 수많은 사람들은 아직도 범범한 일상 속에서 생활하고 있기 때문에 이러한 '경쟁' 의식이 결핍되어 있다. 만일 우리가 경쟁에 참여하지 않고 중용의 도에만 집착한다면 스스로 실패나 투항을 선포하는 것과 다름없다.

넷째, 서양 문화 속의 '평등' 관념과 전통 문화 속의 '등급' 관념의 충돌

중국 전통 문화에는 뚜렷한 등급의 특징이 있다. 이것은 중국인의 사상과 의식을 강하게 속박하는 요소이다. 오늘날까지 등급 관념은 중국인의 머릿속에 남아서 사람들의 활동과 행위에 영향을 주고 있다. 그리고 세계화의 물결은 진리 앞에서, 법률 앞에서, 경쟁 앞에서 모든 사람의 평등을 요구한다. 이 평등 의식은 전 국민의 적극성, 창조성을 동원하여 모든 사람들에게 최대한도로 개인의 잠재적 능력을 발휘하게 함으로써 사회의 발전과 진보를 촉진시킨다. 또한 이 평등 의식은 봉건 사회가 남긴 등급 관념, 특권 의식, 야합 관계 등의 그릇된 기풍을 씻어내고 현실안주, 위계질서, 평균주의 등과 같은 전통적 낙후 관념에 충격을 가하고 있다.

다섯째, '다원화' 가치 관념의 전통적 '관료중심주의'에 대한 충격

중국 전통적 가치 취향 성취의 이상 형태는 입덕(立德), 입공(立功), 입언(立言)이다. 이 목적에 도달하기 위한 중요한 수단이 바로 관리가 되는 길이었다. 중국 봉건사회에서 이 '관료 중심'(官本位)의 단일적 성취 가치 취향은 역사상 중국 과학 기술과 상회 경제의 발전과 진보에 심각한 저해 요소가 되었다. 그리고 현재 사회 경제 조건에서 가치 관념의 성취는 변화가 일어났다. 한 개인의 성과 경중, 가치 대소는 주로 그가 사회, 국가, 국민에 대해 어떻게 공헌했는가에 따라 평가되었지만, 사회 성취 가치 취향이 단일화에서 점차로 다원화되어 가는 것은 물론, 경제가 고도로 발달하고 사회가 고도로 문명화되는 미래에서는 관료 중심적 전통 관념은 점점 희석될 것이다.

여섯째, '과학기술 중시'의 서양 문화 전통이 '직관중시·사변경시'적인 중국 전통 사유 방식에 끼친 영향

직관을 중시하고 사변을 경시하는 사유 방식은 중국 문화가 서양 문화와 구별되는 중요한 특징이다. 이 특징은 중국으로 하여금 과학 기술과 과학 이론 측면에서 낙후하게 만들었다. 서양 문화에는 아리스토텔레스의 형식 논리 체계와 유클리드의 엄밀한 기하학이 존재하여 서양인의 엄밀한 추리, 논리 중시, 궁극적 원리 탐색과 연역적 사유 습관을 길러냈다. 그러나 중국 제자백가의 저작은 중국인에게 지나치게 경험을 강조하여 직관과 영오(領悟)의 발달, 유비(類比) 추리에 능한 사유 특징을 조성하였다. 그럼으로써 자연 과학 기술에 대한 연구를 등한시하게 만들어 결국에는 중국의 과학기술 수준의 낙후를 초래했다. 세계화의 발전과정에서 중국인의 사유방식은 준엄한 도전에 직면하게 되었다.

2. 잠재적 영향: 중국 전통 문화가 서양 문화에 끼친 영향

세계화의 과정에서 중국의 전통 문화도 갈수록 더 많은 세계인에게 이해될 수 있었다. 중국 전통 문화의 정수, 즉 '조화'의 사상, '천인합일'의 사상 등은 서양 문화 발전에 영향을 줬을 뿐만 아니라 세계화 추세가 확대됨에 따라서 이러한 영향은 현재 구체적으로 나타나고 있다.

첫째, '천인합일관'의 서양 기술 이성에 대한 충돌

중화 민족 문화 관념 속에서 인간의 존재와 자연의 존재는 서로 포함되는 관계에 있다. 인간은 자연 속에, 자연은 인간 속에 용해되어 인간과 자연은 상호 융합되고 조화로운 관계에 있다. 서양의 인본주의는 자연을 인간이 연구하고 인식하고 개조하는 대상으로 생각한다. 즉 자연과 인간은 상호 대립적 관계로서 인간의 가치 실현은 자연을 정복하고 자연을 할양하여 인간의 필요를 충족시키는 데 있다. 그러므로 이러한 사유 관념의 지배 아래 서양 문화는 과학의 발전과 자연의 정복을 강조할 수밖에 없다. 과학 기술 이성의 지도 아래 서양은 공업 문명의 발전 과정에서 자연환경의 파괴, 편향적 인간 평가를 양산해냈다. 기술 이성의 본질에 대해 프랑크푸르트학파는 아주 예리한 논술을 펼치고 있다. 아도르노(Adorno)는 공업 문화 기술 효과와 대중 전달 매체의 협동 아래 대대적으로 허위 원광(圓光)의 총체 정합 관념을 퍼뜨린다고 생각했다. 이리하여 심각하게 물화(物化)한 사회 속에서 주체와 객체의 첨예한 모순을 힘써 덮어

감추는 한편, 대량으로 생산되는 천편일률적인 문화 생산품으로 정감을 통일적 형식에 꿰맞춘다고 했다. 교묘하게 포장된 의식 형태를 받아들이게 되면 결국은 개성을 무조건적으로 넘겨주어 평면화된 생활 방식, 유행화된 소비 행위, 천박화 된 심미 정취 속에 함몰된다.[131] 이로 보아, 문화 공업은 하나의 기만책임을 알 수 있다. 그 승낙은 허위임은 물론, 그것이 제공하는 것은 바라볼 수는 있으나 만질 수는 없는 거위적 쾌락인 것이다. 그것은 허위적 쾌락을 이용해 사람들을 속여 더욱 가치 있는 활동적 잠재 능력에 종사하도록 만든다. 지금까지 말한 모순을 해결하려면 영국의 역사학자 토인비(Toynbee)가 말한 대로 "중국 문명의 정수가 인류 문화를 전진하도록 이끌었을 때만이 세계 역사는 진정한 귀착점을 찾을 수 있다."[132] 수많은 서양학자들도 중국 전통 유가 사상만이 이러한 문제들을 근본적으로 해결할 수 있다고 보았다.

둘째, 중국 전통 문화의 넓은 포용성이 서양 문화 패권주의 사상에 대한 충격

　　역사적으로 볼 때, 중국 문화는 결코 완고하고 보수적이거나 폐쇄

---

131) 아도르노(Theodor Wiesengrund Adorno 1903~1969)는 프랑크푸르트학파의 제1대의 중심인물이며 사회비평이론의 전초자이다. 『啓蒙的辯証法』은 전체 프랑크푸르트학파 이론 논리의 중요한 전환이며, 후현대와 후마르크스주의 보다 먼저 나타났다. 따라서 프랑크푸르트학파의 발전 과정에서의 중요한 이정표를 세웠다. 이 책은 맨 처음으로 공업 문명의 사상기초 −'工具理性'에 대해 체계적인 철학적 비평을 가하고 있다.(Adorno 著, 洪佩郁 等 譯, 『啓蒙的辯証法』, 重慶, 重慶出版社, 1990, 118쪽, 참조.)

132) Toynbee, 池田大作 著, 苟春生 等 譯, 『展望二十一世紀−湯因比與池田大作對話錄』, 北京, 國際文化出版公司出版, 1985, 참조.

적이며 경직된 체계가 아니다. 그것은 끊임없이 융합할뿐더러 외래 문화를 수용하고 개조하여 스스로 풍부하게 한다. 중국 문화의 포용성은 매우 강해 개성이 뚜렷함은 물론, 모든 것을 받아들일 수 있다. 세계화의 오늘날 중국 전통 문화의 서양 문화에 끼친 각종 영향 또한 나날이 심화되어 가고 있다. 서양 문화의 패권사상은 결국 중국 문화의 영향 아래 수그러들고 완화될 수 있다. 나아가 철저하게 개조함으로써 세계화시대에 나날이 강대한 생명력을 과시할 것이다.

제
4
장

■ 현대 중국 문화의

부흥과 재건

근대 이래 중국 문화에 대한 담론은 시종일관 '국수(國粹) 사조'와 '서구화(西化) 사조'의 두 형태로 표현되었다. 이 두 사조는 서로 대립되는 개념으로 고착되어 근대 이후 역사의 중대한 전환 시기에는 대체로 중서 문화의 우세와 열세에 의해 중국 문화의 방향이 정해졌고 항상 그중 하나만이 선택되었다. 따라서 다른 문화는 거의 선택의 여지가 없었다. 이러한 성향은 중국 문화 심리에 크게 영향을 미쳐서 서양의 것이라면 모두 좋은 것으로 받아들인다거나 반면에 역사상 도태된 것마저도 진귀한 것으로 여기는 경향이 나타났다. 다시 말해, "중국 문화는 모든 면에서 서양 문화보다 못하다."(百事不如人)는 식으로 이해하는가 하면, 일각에서는 역으로 서양 문화에 대해 지극히 배타적인 태도를 취하면서 오직 중국의 전통 문화만이 진선진미하다고 했다. 역사를 회고해 보면, 예전의 '국수론', '서구화론', 그리고 1980년대의 '중체서용론'(中體西用論), '하동하서론'(河東河西論) '문화수출론'(文化輸出論) 등은 모두 이러한 두 사유와 밀접한 관계가 있다. 이 맥락에서 본다면 대립되는 두 사조의 정착은 중국 문화 건설의 이론적 탐구를 저해했다고 할 수 있다.

두 사조의 대립에 따른 영향은 항상 그 이론 연구에 있어 '국수'와 '서구화'의 선택상에서 배회하게 했지만, 근대 이래 중국 문화의 발전과 실천은 이 두 양식 중 어느 것도 선택하지 않았다. 전반적인 서구화도 복고도 아닌 이러한 현상은 중국 문화 이론에 대한 현실적인 발전의 정체를 의미한다. 또한, 이론 연구의 정체는 중국 문화 발전의 자발성, 문화 건설의 자각 의식, 그리고 공동 의식 이론의 교훈성을 결핍시켰다. 비록 10여 년 동안 "민족성, 대중성, 과학성"[133] 등 문화적 방침을 관철했음에도 불구하고 중국 문화는 이원적 대립 사유의 속박과 극좌 사조의 간섭으로 뿌리내리지 못했다. 중국 문화 발전의 자발성은 중국 문화 건설에 있어 전체 민족 공통 인식의 정확한 방향의 결핍으로 나타났다. 따라서 전면적인 개방의 현실에 직면하여, 어떻게 우수한 민족 전통의 맥을 이어가고 어떻게 외부의 문화를 수용하며, 경제가 날로 급성장하는 국제화 정세에 맞는 자기만의 문화 발전의 길을 어떻게 모색할 것인가 등의 문제를 반드시 직시해야 한다. 중국 문화가 직면한 이 위기는 중국 문화 건설의 방향을 명확히 하여 문화에 직면한 여러 문제를 해결함으로써 극복이 가능하다. 즉 중국 문화를 자발적 문화에서 자각적 건설의 방향으로 나가도록 해야 한다. 그러므로 이 과제에 대한 좀 더 깊은 이론적 탐구가 필요하다고 하겠다.

---

133) '민족적, 과학적, 대중적' 문화는 일찍이 신민주주의 혁명 시기에 중국 공산당이 제기했던 문화 건설 방침이다. 1940년 1월 5일 중공중앙선전 부장 張聞天은 延安에서 「중화 민족 문화의 내용과 성격(中華民族新文化的內容與性質)」이라는 강연을 통해 신문화의 발전 방향을 '민족적, 민주적, 과학적, 대중적' 등 12자 방침으로 개괄하였다. 강연의 대강은 15절로 구성되었고 1940년 4월 10일 중공중앙기관지 간행물인 『解放』 제103기에 수록되었다. 중국 공산당의 16차 대회 보고에서는 선진 문화 가 나아갈 방향을 논리 정연하게 제시하였다. "현대 중국에서 선진 문화를 발전시키려면 현대화를 향한, 세계를 향한, 미래를 향한 민족적, 과학적, 대중적 사회 문화로 발전시켜야 하며, 끊임없이 인민들의 정신 세계를 풍부하게 하여 그들에게 정신적 힘을 실어줘야 한다."고 논술하였다.(「中國共產黨第十六次全國代表大會報告」, 『全面建設小康社會, 開創中國特色社會主義事業新局面』, 2002, 참조.)

제1절

현대 중국 문화의 변천과 전환

1. 1960~1970년대 문화대혁명 – 전통 문화의 전면적인 부정과 파괴

40년 전의 중국에서는 이른바 '무산계급문화대혁명'이 10년 동안 지속되었다. 그것은 광풍 폭우처럼 전국을 휩쓸고 지나갔다. 어디를 가나 크고 작은 비판대회, 투쟁대회, 강연대회, 성토대회가 이어졌다. 정부, 학교, 공장, 농촌 등에는 도처에 대자보(大字報)가 나붙었음은 물론, 어디서든 군복을 입고 손에 붉은색 어록 책을 들고 종일 구호를 외치며 뛰어다니는 청년들의 모습을 흔히 볼 수 있었다. 형형색색의 군중 조직이 우후죽순처럼 생겨났고, 이들은 서로가 자신들의 주장에 정당성을 부여하여 갑론을박하는 등 군중 조직은 분열 상태에 있었다. 나아가서는 그로 인해 폭력 사태로까지 치닫기도 했다. 이 와중에 공산당 간부와 국가 지도자, 그리고 수많은 정직하고 선량한 사람들이 억울한 누명을 쓰고 박해를 받아야만 했다. 심지어는 국가 주석 유소기(劉少奇)조차 헌법과 법률의 보호를 받지 못하고 '변절자'(叛徒) 내지는 '내부 간첩'(內奸) 등의 누명을 쓰고서 자신을 변호할 권리마저 박탈당했다. 또한, 어제까지만 해도 '계승자', '위대한 부통수'였던 임표(林彪)가 어찌하여 당과 국가, 인민을 저버리고 해외 도주의 길을 택했는지에 관해 사람들은 의문을 품기 시작

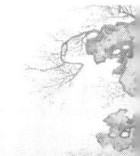

했다. 1971년 '9·13 사건'은 '문화대혁명'의 고조 속에서 소리 없이
한 차례 사상 해방 운동을 불러일으켰다. 임표의 죽음은 사람들에게
경악과 함께 희망을 안겨주었고, '문화대혁명' 기간 중에 중국에서
그나마 한 가닥 희망을 바라볼 수 있게 하였다. 사람들은 그 나름대
로의 사고방식으로 '문화대혁명'이 발생하게 된 원인과 지금껏 발생
한 모든 현상들을 분석하고 연구했다.[134]

 '문화대혁명' 후기에 접어들자 국민들의 의지와는 상관없이 주은
래(周恩來)를 겨냥한 '비림비공'(批林批孔)과 등소평(鄧小平)을 겨냥
한 '반격우경번안풍'(反擊右傾飜案風)[135] 등의 운동이 일어났다. 그
과정에서 국민들은 점차 그것이 그릇된 목적과 방법으로 일으킨 그
릇된 운동이었다는 사실을 깨닫게 되었다. 그러한 인식의 파급은
'천안문사태'로 이어졌다. 이어 1976년의 '4·5 운동'[136]은 국민들이

134) 嚴家其 等 著, 『文化大革命十年史』, 天津, 天津人民出版社, 1986, 9, 1쪽,
   참조.
135) "등소평을 비판하고 右傾翻案風을 반격하자"(批鄧反擊右傾翻案風)는
   '문화대혁명' 말기 모택동이 일으킨 최후의 대규모 정치 운동이다. 1976년
   2월 25일 중공중앙은 정식으로 전국적으로 "등소평을 비판하고, 우경번
   안풍을 반격하자"는 운동을 전개하였다. 이번 투쟁으로 등소평은 또다
   시 실권했고 모든 직위를 박탈당했으며, 華國鋒이 국무원 대리총리로
   등극하였다. 중국은 이로부터 또 한 번의 혼란에 빠지게 된다.("星島環
   球網"를 참조. www.singtaonet.com)
136) '4·5 운동'의 도화선은 周恩來의 서거에서 비롯되었다. 그는 생전에 인
   민의 사랑과 존경을 받았다. 周恩來가 서거한 지 4개월 후 청명을 즈음
   하여 그를 추모하는 화환이 천안문 광장의 인민영웅기념비 앞에 발견되
   기 시작했다. 그러자 '4인방'은 이것을 저들에 대한 도전으로 간주하여
   금지령을 내렸다. 1976년 4월 5일 오전 수많은 군중들이 천안문 광장으
   로 구름처럼 모여들었고 화환을 처리하는 공안과 충돌을 빚었다. 이 사
   건으로 등소평은 세 번째로 직위 해제를 당했다.(秦家懿, 『上下求索中國
   魂』, 臺北, 允晨文化, 1993, 212~213쪽, 참조.)

자발적으로 '문화대혁명'의 과오를 배격하고 '4인방'(四人幇)을 반대하는 집단적 행동이었다. 1976년 10월 '4인방'의 척결은 '문화대혁명'의 결속을, 그리고 중국 전역을 휩쓸었던 '비상운동'의 종결을 의미했다.

일반 중국인들은 '문화대혁명'을 단지 정치 운동으로만 인식하였다. 이는 모택동 사상의 지도 아래 "계급 투쟁을 기본 강령으로", "자본주의 길을 걸으려는 권력자와 자산 계급의 반동 학술 권위자들을 무너뜨리고 자산 계급과 모든 착취 계급의 의식 형태를 비판하기 위함이며", "사회주의 경제를 기반으로 한 상부 구조에 적합하지 않는 모든 것을 척결한다."[137]는 이른바 '자발적인' 대중 운동이었다. 이 운동에서 가장 전형적인 것은 "혁명은 무죄이며, 반란은 이유가 있다"는 표제였고, '문화혁명' 후기(1973년)의 '비림비공', '평법비유(評法批儒)' 운동은 모택동이 직접 일으킨 것이었다. 이 기간 동안 정치 동란이 확대됨에 따라서 중국 사회에 잠복해 있던 고질병이 일제히 불거져 나왔다. 뿐만 아니라, 사회주의의 '신문화', '신사상', '신관념'의 면모가 당당하게 출현하여 문화 개념에 일련의 전도와 착각을 일으켜 전통 문화에 대한 극단적인 파괴가 자행되었다. 이 과정 속에서 전통 문화는 파멸의 위기에 놓이고 말았다.

'문화혁명' 기간 동안 국민의 문화생활은 한없이 공허했다. 이 시기 가장 많이 출판된 도서는 『모택동어록(毛澤東語錄)』이었고[138] 가

137) 朱宗玉, 楊元華, 朱敏彦 편, 『中國共産黨七十年紀事本末』, 廈門, 鷺江出版社, 1991, 501쪽, 참조.

138) 1967년 8월 말까지의 문화대혁명 1년 동안 모택동의 초상은 8억 4천만 장이 발행되었고, 『모택동어록』도 5천 9백만 질이나 출판되었다.(任知初, 『紅衛兵與嬉皮士』, 香港, 明鏡出版社, 1996, 227쪽 참조.) 그 후 문화대혁명 기간 5년 내에 『어록』은 8가지 소수 민족 문자와 36개 외국 문자

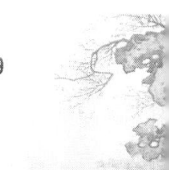

장 많이 방영된 영화와 연극은 강청(江靑)이 혁명 경험을 바탕으로
창작했다는 '양판희'(樣板戱)139)였다. '대중'은 '문화의 주인공'이 되
었고, 모택동은 마르크스가 말했던 "종교는 가난한 사람들의 아편이
다"에서 '아편'의 지위를 대신하여 '대중의 신'이 되었다. '조청시'(早
請示), '만회보'(晩匯報), '천천독'(天天讀)140)은 생활 패턴으로 굳어
졌고, '어록가'(語錄歌)를 부르고 '충자무'(忠字舞)를 추는 것이 일상
화되었다.141) 이와 동시에 문화 예술의 본위 관념과 허무주의 구조

로 42.06억 권이 출판되었고 초상화는 41.55억 장 발행되었다.(陳永發,
『中國共産革命七十年(下)』, 臺北, 聯經出版社, 1998, 822쪽, 참조.)

139) 王紹光, 「私人時間與政治ー中國城市閒暇模式的變化」, 『中國社會科學
季刊』, 夏季卷, 1995, 5. 112쪽, 참조.

140) 문화대혁명 시기 수많은 이색 규정이 있었다. '조청시'는 모택동을 우상
으로 삼고 매일 아침 공부하고 일하기 전에는 똑바른 자세로 모택동 초
상화 앞에서 주석을 우러러 보면서 손에 쥔 『어록』을 가슴에 대고 리더
가 "경애하는 모주석의 만수무강을 축원합니다! 만수무강! 만수무강!"이
라고 외치면 모두 "만수무강! 만수무강!"하며 따라 외치면서 『어록』을 머
리 위를 향해 규칙적으로 앞뒤로 흔든다. 그 다음 리더가 우렁찬 목소리
로 초상화를 향해서 "경애하는 모주석, 오늘도 우리는 당신의 가르침으로
…… 교도 …… 결심 ……"이라고 보고한 뒤에야 모두들 각자의 위치로 돌
아가서 자신들의 일을 본다. 이 과정을 '조청시'라고 한다. '만회보'도 '조
청시'와 비슷하다. 이것은 하루의 일과가 끝난 뒤나 침상에 들기 전에 모
주석의 초상화을 향해서 각자의 하루 동안의 일들을 종합 보고하는 것을
말한다. '天天讀'은 매일같이 붉은 책가위로 된 『어록』을 외우는 행위이
다. 사람들은 『어록』을 항상 몸에 지니고 다녔고 일하기 전에는 먼저 어
록을 외웠다.(張文和, 李豔 編著, 『口號與中國』, 367~369쪽, 참조.)

141) '語錄歌'와 '忠字舞'는 모택동을 숭배하는 하나의 의식이었다. 초등학교
에 입학해서 가장 먼저 배우는 것이 바로 '우리의 사업을 인도하는 핵
심 역량'(領導我們事業的核心力量)이란 노래였다. 林彪가 지었다는 '再
版前言歌'는 30자 방침이 포함되어 '毛主席語錄再版前言'은 총 737자
였다. 작곡가 費心이 작곡했고 선전대가 무대에서 노래를 불렀다. '충자
무'는 '어록가'와 짝을 이루어 벽보에 '충'자를 써놓고 그것을 보면서

에서 극단적인 실용주의가 '문화혁명'예술의 특징이 되었다.

　"봉건주의, 자본주의, 수정주의를 타파하자"라는 미명 아래 수많은 고적과 문물이 무참하게 파괴되었다. 가계의 간판에서 거리의 도로 표지판, 헤어스타일에서 패션, 그리고 피아노와 축음기 같은 현대 문명과 관련된 생활 용품까지도 모두 혁명의 대상이 되었다. 심지어 혁명의 붉은색을 더 돋보이게 한다는 명목으로 홍위병(紅衛兵)은 교통신호등의 위치마저 바꿔 놓았다.[142] '문화대혁명'은 '반문명'행위였고 카리스마를 숭배하는 집단적 무의식 운동으로서 무질서의 극치였다. '문화대혁명'은 급기야 특수한 역사적 공간, 특정된 역사적 순간으로 굳어졌던 것이다.

　'문화대혁명'이 중국 사회 전반에 끼친 영향과 손실은 막중하다. 중국의 국민경제를 붕괴의 위기로 내몰았고, 이에 중국 경제는 단순한 지령성 계획 경제로 변화되어 시장 조절의 기능을 상실한 제품 경제가 되었다. 평균주의는 배분의 주된 방식이었고 국민 경제는 절망 상태에 빠졌다. 동시에, 중국의 사회주의 민주와 법제 역시 파괴되어 인민들의 정당한 권리는 보장받을 수 없게 되었다. '문화대혁

　'東方紅'과 '大海航行靠舵手' 등 노래에 맞추어 춤을 추었다.(張文和, 李艶 編著, 『口號與中國』, 369쪽; 陳永發, 『中國共產革命七十年(下)』, 824~826쪽, 참조.)

142) '紅'은 혁명의 색상인데 어찌 통행 정지나 금지로 사용할 수 있단 말인가? 이에 "빨간불 정지, 초록불 주행"을 "빨간불 주행, 초록불 정지"로 바꾸었다. 여기서 파생된 교통 규칙도 자동차는 왼쪽으로 주행하게 하였다. '좌'는 혁명을 대표한다는 이유로 홍위병이 대열을 맞출 때도 "오른쪽으로 정렬"을 "왼쪽으로 정렬"이라고 시정하였다.(任知初, 『紅衛兵與嬉皮士』, 香港, 明鏡出版社, 1996, 69쪽. 章立凡, 「畸形發展與逆流(下)」, 李英明 主編, 『轉型期的中國: 社會變遷』, 臺北, 時報文化, 1995, 222쪽, 참조.)

명'은 질서를 상실한 한바탕의 정치 난동이라고 할 수 있다.

역사상 다른 '문화운동'과 비교해 볼 때, '문화대혁명'은 그 규모나 영향 면에서 1919년의 '5·4 신문화운동'과 1980년대 '문화열'을 훨씬 능가한 것이었다. 전자가 후자와 다른 점은 지식인들이 운동의 주체가 되어 자발적으로 참여하는 문화적 계몽 운동이 아니었다는 사실이다. 오히려 '문화대혁명' 때의 지식인들은 비판과 타도의 대상이었다. 따라서 대중적이라는 측면에서 보면 그것은 반문화운동이었고, 문화적 의미에서 말하면 그것은 창조와 진보라기보다는 역사상 그 유례를 찾아볼 수 없는 퇴보였다. 또한, 문화적 시각에서 보면 그것은 추상적 인문정신의 유토피아 구축 노력에 대한 종말이었다. 민족사 비극의 '문화대혁명'은 반드시 민족 문화, 민족 정서, 그리고 사유 방식에 이르기까지 질적인 변화를 가져올 만큼의 철저한 반성이 이루어져야 할 것이다.

'문화대혁명'은 '5·4 신문화운동' 시기의 일부 혁명 요소의 불균형적이고 한계를 뛰어넘는 발전과 서로 관련되고, '5·4' 시기 사상 문화계가 보편적으로 현실 경제와 정치 상황에서 이탈하여 '문화유토피아'를 구축하고자 했던 기풍과도 관련된다. 그리고, 취약한 현대 공상(工商) 문명의 기초와 관련될 뿐만 아니라, 더욱이 과학 이성 도야가 결핍된 민족 정서와도 관련된다. '문화대혁명'은 우연적인 뜻밖의 사건도 아니며 한 개인이나 몇몇 사람만의 죄과도 아니다. 오히려 대화합의 결말을 좋아하는 중화 민족이 공동으로 겪고 스스로 빚어낸 하나의 비극이었던 것이다. 그것은 우리가 그토록 열정적으로 숭배하고 절대적으로 완벽하다고 여겼던 어떤 존재를 극단으로 끌어올림으로써, 그 한계를 넘어 잔혹한 면으로 드러나 결국에는 종말을 고하고 말았다. 그것은 의도적 또는 무의도적으로 치밀하게 가려지고 덧칠해진 우리들 국민성속의 나쁜 근성을 확대경 앞으로 끌어냈으며, 열광적인 정서로 인해 불타버린 폐허 위에서 고통스러운 이성적인 반성을 하게 만들었다. "사물의 전개가 극에 달하면 반드시 반전한다."(物極必反)는 말이 있다. '문화대혁명'은 경학적 양식에 익숙하고 권위적인 인격을 숭상함은 물론, 마음속 깊이 "하늘이 변하지 않으니, 도 역시 변하지 않는다.(天不變, 道亦不變)"[143]를 굳게 믿던 민족에게, 전통 사회가 현대 사회로 전환하는 중대한 변혁기에 과거처럼 주저하지 않고 광범위한 공통된 인식을 신속하게 이끌어내게 했다. 현대 문명의 최초 몇 단계에서 '문화대혁명'을 반성해 보면, 필요한 경제 전제가 결핍되고 반문화적 방식을 취하여 진행시킨, 그야말로 혁명 호르몬이 주입된 전통 문화의 기형아였다. 또한, 그것은 중국 문화가 전면적으로 현대화를 향해 마지막으로 넘어야 할 지뢰밭임과 동시에 개혁개방 이래 우리가 겪고 있는 전방위적 문화 혁명의 도화선이기도 했다. '문화대혁명'에 대한 심층적인 반성은 중국 특색의 사회주의 현대 문화 체계를 건설하는 데 계시적인 역할을 할 것이다. 뿐더러, 국민성의 반성, 개조, 그리고 현대화 발전 과정에서도 중요한 귀감이 될 것이다.

---

143) 이 단어는 董仲舒의 『賢良對策』에서 발췌하였다. 원문은 "道之大原出於天, 天不變, 道亦不變, 是以禹繼舜, 舜繼堯, 三聖相受而守一道, 亡救敝之政也, 故不言其所損益也. 繇是觀之, 繼治世者其道同, 繼亂世者其道變."

2. 1980년대 신계몽운동 - '문화열'에 대한 분석

'문화혁명' 이후 개혁개방의 올바른 정책은 새롭게 폐쇄된 국가의 문호를 개방시켰다. 이에 따라 외부의 문물이 신속하게 유입되었고 중국인의 시야도 넓어지기 시작했다. 사람들은 세계의 발전이 과거에 자신이 마음속으로 상상하고 동경했던 모습과 다르다는 점을 깨닫게 되었다. 중국은 정치적으로 '세계 혁명의 중심'이 아니었고 더더욱 세계 경제 강국도 아니었다. 준엄한 현실은 폐쇄적이고 자아도취적인 중국인들을 꿈에서 깨어나게 했다.

'문화대혁명' 이후, 중국 정부와 인민들은 침통한 역사 교훈 속에서 역사를 반성하고 개혁의 길을 선택하지 않을 수 없었다. 어지러운 세상을 바로잡고 정도(正道)로 돌아간다는 '수요취향'(需要取向)의 지도 아래 사회는 점차로 현대화 궤도를 밟았고, '돌을 더듬으며 강을 건너는'(摸着石頭過河) 심정으로 실천해 나아갔다. 1978년 이후에 시작된 중국의 개혁은 중국 현대의 인문정신이 전면적이고 현실적으로 싹트고 성장했던 진정한 의미의 시발점이었다. 개혁은 중국의 제2차 혁명으로서 협의적인 차원에서 이해하자면 그것은 사회주의 발전 과정에서의 전환을 의미하며, 중국 역사 발전이라는 차원에서 보자면 그것은 중국이 이미 현대화 궤도에 올라 전통 사회에서 상업 문명을 기초로 하는 현대 사회로 전환했음을 의미한다. 이러한 역사 발전 과정에서 소농 경제와 계획 경제에 기초해 형성된 전통 관념은 점차로 와해되어, 이것은 시장 경제에 기초해 형성된 현대 의식과 현대 관념으로 대체되어 갔다. 이것이야말로 진정한 '문화혁명'이라 할 수 있다.

이 새로운 변화에 따라 이론도 다시 발전했다. 명 말청 초의 계몽 사조와 '5 · 4 신문화운동'의 뒤를 이어 중국에서는 제3차 계몽 사조가 일어났다. 80년대의 중국은 아주 중요하고 특수한 역사적 시기를 맞게 되는데, 학계에서는 이 역사적 전환기를 또다시 '계몽' 시대로 위치시켰다.[144] 그런데 이번의 계몽은 더 이상 계몽자의 각성도, 각성된 문화계가 대중을 일깨우는 운동도 아니었다. 그것은 현실적인 현대화 발전 과정과 사상 문화 영역의 변혁과 밀접하게 결합된 다각적인 혁명이었다. 그러나 세계적인 범위에서 본다면 이것은 이미 세계적인 현대화 조류의 제3의 물결로서 선진 국가들이 벌써부터 후공업문명과 후현대문화 단계로 진입한데 반해서 중국은 전현대화와 후현대화의 교차점에 처해 있어 현대화의 과제는 문화보수주의와 후현대주의로부터 협공을 받아 상황은 더욱 복잡해졌다. 세계 시장 체계의 형국이 처음 형성되고 세계 경제의 대순환이 끊임없이 확대되는 배경 속에서 효과적인 혁신이 이루어지지 못한 민족 문화의 열세와 예상치 못한 사회주의 곤경은 또한 사회주의 중국의 초급 단계의 생존과 발전을 심각하게 위협하고 있었다. 그러므로 이번 계몽이 지니는 역사적 임무 역시 무겁고도 복잡했다.

1978년 개혁개방 이래, 대외 교류가 날로 확대됨에 따라서 각종 서양 문화 성과들이 끊임없이 중국으로 유입되어, 전통적 사유 방식,

---

144) 역사적으로 가장 먼저 계몽 운동으로 불리는 문화운동은 '5 · 4 신문화운동'인데, 이를 '중국 문예 부흥'이라고 말하기도 한다. 1989년 이후 중국에서 일어난 문화 운동에 '계몽'이란 두 자를 달았는데, 이는 주로 '5 · 4 운동'에 대한 일종의 복귀를 의미한다. 80년대 후기 王若水와 王元化가 출판한 『新啓蒙叢書』가 그 상징적 마크가 되었다.(蘇紹智 著, 『十年風雨―文革後的大陸理論界』, 臺北, 時報文化, 1996, 298쪽, 참조.)

가치 관념, 심리 구조, 심미 정취 등 민족 문화의 심층적 요소와 충돌하였다. 다시 불어오는 구미풍의 도전에 직면하여 중국 문화는 도대체 어디로 가야 하며, 중국의 미래 사회주의를 어떻게 건설하고 어떻게 안정되게 추진할 것인가? 이것은 당시 학계가 가장 중시하고 고민하는 중대한 현실 문제였다. 이러한 역사 배경하에서 70년대 말부터 80년대 말까지 중국사상문화계에서는 10년 동안 지속된 문화 연구와 토론의 붐이 일어났다. 당시 중국 사회의 대부분의 인사들은 전국의 각계각층을 막론하고 모두 '문화 문제'에 관해 공동으로 관심을 갖고 뜨겁게 연구·토론했는데, 각종 문화 연구 모임과 강습반이 우후죽순처럼 나타났다. 당시 중국 사회의 문화생활은 아주 다양하고 풍부했다. 경극(京劇), 곤곡(昆曲), 월극(越劇)과 같은 전통 연극이 유행가요, 유행음악, 현대무용 등과 한 무대에서 연출되었는가 하면, 중국 전통 사상가의 저서가 현대 서양 사상가 심지어 후현대주의 사상가의 저서와 함께 한 책꽂이에 꽂혀 진열되는 등 각종 문화사조와 '문화열'은 끊임없이 바뀌었다. 80년대 초 이후 문화 사고의 주제는 부단히 갱신되었다. 즉 '인도주의와 이화'(人道主義與異化), '존재주의'(存在主義), '홍콩과 대만의 신유학'(新儒學), '주역열풍'(周易熱), '후쿠야마의 역사 종말론'(福山的歷史終結論), '신보수주의', '후현대주의', '사이드와 오리엔탈리즘 이론', '헌팅턴과 문명충돌론', '인문주의정신 열풍'(人文主義精神熱), '자유주의', '헌정주의'(憲政主義) 등이 그 예이다.

1985년 이전까지 국내에 세 개의 민간 문화 기구가 생겨 주목받았다. 말하자면, 김관도(金觀濤)와 포준신(包遵信)이 주필을 맡았던 『미래를 향하여(走向未來)』 총서편집위원회[145]; 감양(甘陽), 소국훈

(蘇國勳), 주국평(周國平) 등이 주필을 맡은 『문화: 중국과 세계(文化: 中國與世界)』 총서편집위원회[146]; 탕일개(湯一介), 방박(龐朴), 이택후(李澤厚) 등의 『중국문화서원(中國文化書院)』 편집위원회[147]가 그 것이다. 이것들은 합법적인 기구로서 영향력이 점차 확대되어 '문화열'을 더욱 뜨겁게 만들었다.

'문화열'에서 '열'이란 무엇인가? 간단히 말해서, 서양 문화와 전통 문화가 새롭게 충돌하는 시점에서 중국은 어떻게 현대화로 나아

---

145) 『走向未來』 총서는 중국에서는 처음으로 서양 사조를 번역 소개한 총서이다. 처음부터 대학생을 대상으로 삼았고 주변 과학의 발전을 추진하자는 슬로건을 내걸고 편역의 형식으로 서양 사회 과학을 소개하는 기풍을 열었다. 특히 청년 학생들에게 커다란 영향을 미쳤다. 과학계와 인문계 인사 외에도 한 시기에는 정계의 인사들도 대거 참여하였다. 鄧小平의 아들 鄧朴方과 胡耀邦의 아들 胡德平 등이 편집 위원 또는 고문 위원이 되기도 했다.(蘇煒, 「圈子、沙龍與公共空間——80年代北京知識界的文化'族群'初探」, 『從五四到河殤』, 臺北, 風雲出版社, 1992, 180쪽, 참조.)

146) 『文化: 中國與世界』 총서의 편집 위원은 중국사회과학원과 북경대학교의 젊은 청년 지식인들을 중심으로 한 '순수 학술' 모임이었다. 이것은 인문주의, 프로정신, 학술의 독립과 비정치화를 기본 특징으로 했으며, "문화대혁명 시기 이후, 서양 문화 연구를 포함한 학술 사조의 제1차 전환임과 동시에 과학주의에서 인문주의로의 전환이었다." 구성원은 자주 잡지 『讀書』에 기고하였다.(蔡佩君, 『90年代中國知識份子與文化公共領域之發展』, 36쪽, 참조.)

147) 『中國文化書院』의 참여자는 대체로 앞서 두 그룹과 서로 겹친다. 梁漱溟이 명예 원장을 맡았다. 문화서원 창립의 종지는 고유의 우수 문화를 널리 알리는 것이므로, 이들은 대체로 전통을 공인하는 경향을 띠었고 서원에서 강사를 겸했던 馮友蘭, 杜維明, 林毓生 등이 한때 선임되었다. 1985년 1월에 개설된 中國文化講習班'은 전통 문화를 토론하는데 추진 역할을 하였다. 이밖에 서원은 국내외에서 중국 문화에 대한 토론과 교류를 추진하였다. 이러한 국학 열풍은 비록 90년대에 변화가 있었지만 여전히 지속되었다.(陳安安, 『從人文精神剖析大陸80年代文化爭論』, 174쪽.)

가야 하는가의 문제를 토론하는 것이다.[148] 이것은 결국 "중국 문화
는 어디로 나가야 하는가?"라는 의제로 귀결된다. 문화 이론적 탐구,
문화사 연구, 문화 비교를 막론하고 심층적으로는 모두 이 주제와
맥을 같이 한다고 하겠다. 따라서 '문화열'은 중국 현대 문화와 전통
문화 및 서양 문화의 관계와 관련되는 '동서고금논쟁'이라고 할 수
있다.[149]

'중국과 서양', '전통과 현대'라는 구분 방식과 논쟁의 초점은 표
면적 또는 어떤 의미에서는 '5·4 운동 시기' 신문화운동의 모습과
비슷하다. '5·4 운동' 시기의 '민주'와 '과학'이라는 구호가 이 시기
에 재차 제기되면서 '덕선생'(德先生)"과 '새선생'(賽先生)이 다시 역
사 무대에 등장했고 80년대에 인민들의 선망과 추종의 대상이 되었
다. 이렇게 된 데는 등소평의「전국 과학기술대회 개막식에서의 강화
(在全國科學大會開幕式上的講話)」내용이 크게 작용했던 것이다. 즉
"네 가지 현대화 실현의 관건은 과학 기술의 현대화이다. 현대 과학
기술이 없다면 현대 공업, 현대 국방이 있을 수 없다. 그리고 현대
과학 기술의 급속한 발전 없이는 국민 경제의 급속한 발전 또한 있
을 수 없다."[150]고 하였다. 사람들은 마치 호신부(護身符)라도 지닌
것처럼 과학의 기치를 높이 내걸 수 있었다. 교육 정책에서 과학 인

---

148) 토론의 주제는 다음의 몇 가지로 정리할 수 있다. 즉 "첫째는 문화 및
    문화의 정의, 구조, 범위이다. 둘째는 중서 문화의 비교이다. 셋째는 중
    국 문화에 대한 거시적 고찰이다. 넷째는 어떤 문화의 전문 역사, 전문
    테마와 구체적 문화 현상에 대한 탐구이다. 다섯째는 중국 문화는 어디
    로 향하고 있는가?" 등이다.(羅曉南 著,『當代中國文化轉型與認同』, 臺
    北, 生智, 1997, 100쪽. 참조.)
149) 앞의 책, 101쪽.
150) 鄧小平 著,『鄧小平文選』(1975~1982), 北京人民出版社, 1983, 83쪽.

재의 육성이 강조되었고, 더욱이 유학 열풍이 불면서 '과학 열풍'이 고조되었다. 이러한 상황은 과학계에서 활발한 발전 모습을 보였을 뿐더러, 사상계의 과학주의 사조도 성행하여 과학 이론을 인문학 분야에 도입하기도 했다. '자유주의' 사조도 서양의 과학철학을 등에 업고 순조롭게 중국의 학계에 유입되었다.[151] 그러나 특이한 점은 비록 '과학'과 '민주'라는 기치가 80년대에 가장 주목을 받았지만, 특정한 정치 환경 아래서 '민주'의 모습은 가려져 있었고 그로 인해 '과학'의 모습은 유난히 두드러졌다. '과학'은 '계몽'에 구체적 내용을 부여했으며, '민주' 정치의 전제로 서술되었다. 과학기술의 지식인들은 문화 영웅의 상징이었다.

과학철학은 사회과학과 인문과학에 가장 직접적인 영향을 미쳤다. 중국은 장기간 정신적 갈증에 허덕이던 상태 속에서 다양한 중서고금의 사조가 학계에 걷잡을 수 없게 쏟아져 들어왔다. '문화열'은 때로는 지식인들의 새로운 언어유희였고 유행을 장식하는 카니발이 되기도 하였다. 하지만, 역사상의 모든 문화 전파와 마찬가지로 수용자는 각종 문화에 대해 모두 선택과 여과의 과정을 거쳤으며 심지어는 왜곡도 마다하지 않았다. 진인각(陳寅恪)의 말을 빌리자면 "스스로 격의(格義)의 과정을 거쳤던 것"이다.[152]

---

151) 陳奎德, 「文化熱: 背景、思潮及兩種傾向」, 陳奎德 主編, 『中國大陸當代文化變遷(1978~1989)』, 臺北, 桂冠圖書, 1991, 43쪽, 참조.

152) '格義'는 불교사에서 중요한 개념이다. 뜻인즉 불교의 관념과 중국 고유의 관념(노장 사상)을 비교 결부시켜 중국의 노장 사상을 통해 인도불학(西天梵學)의 기본 교리를 이해한다는 말이다. 중국인들은 최초 불교를 이해할 때 자신들의 관념을 통해 그것을 이해했고 다시 자신들의 문화 체계 속으로 수용하였다.(逯耀東, 『且作神州袖手人』, 臺北, 允晨文化, 1989, 55~84쪽, 참조.)

그러한 '격의'의 과정을 거쳤던 대표적인 인물로는 이택후를 꼽을 수 있다. 그는 신칸트(Kant)주의에서 중국식 주체철학으로 전향했고, 칸트 이래의 계몽주의 사상을 적용하여 인간의 주체성을 부각시켰다. 이 시각에서 중국의 고대·근대·현대의 사상사를 재정리하여 『중국고대사상사론』, 『중국근대사상사론』, 『중국현대사상사론』 등 3권의 전문서를 출판하였다. 간단히 말해서 이택후의 '주체철학'은 청나라 말기 이래 지식인들이 주장했던 이른바 '중체서용'(中體西用) 관점을 '서체중용'(西體中用)으로, '계몽과 구국의 이중 변주곡'(啓蒙與救亡的雙重變奏)으로 변화시켰다. 비록 그렇기는 하지만 이택후는 문학 비평 분야에서 비교적 큰 영향을 미쳤다.[153]

'문화열'은 중국 대륙에서 그 붐이 일어났지만, 해외의 중국계 학자들에게도 영향을 미쳐 그들의 주목을 끌었다. 앞서 소개했던 『중국문화서원』은 해외 학자들이 자신의 관점을 피력할 수 있는 창구가 되었다. 두유명, 여영시(余英時), 임육생(林毓生) 등은 이 창구를 통해 '문화열' 속에서의 자신들의 위치를 확정할 수 있었다.

두유명은 유학의 운명을 세 시기로 분류하였다. 그는 유학과 현대화의 관계를 연구함으로써 신유학의 중국 내 논란을 야기시켜 일부 대륙 학자들의 인정을 받기도 했다. 서로 논박하는 과정에서 이 문제의 복잡성을 인식하게 되었고, 일련의 자신들의 문화 체계와 현대화의 착종 관계에 대한 사고를 이끌어냈다.

여영시는 두유명과 다른 방식으로 대륙의 학계에 영향을 주었다. 두유명이 여러 차례 대륙을 오가며 강연을 한 경우라면, 여영시는 『선

---

153) 陳奎德, 「文化熱: 背景、思潮及兩種傾向」, 『中國大陸當代文化變遷』, 臺北, 桂冠圖書, 1991, 44쪽, 참조.

비와 중국문화(士與中國文化)』, 『가치 체계로부터 살펴본 중국 문화의 현대적 의의(從價值系統看中國文化的現代意義)』, 『중국 지식인의 창세기(中國知識分子的創世記)』, 『중국 근세 종교논리와 상인정신(中國近世宗敎倫理與商人精神)』 등 저서가 학계에서 반향을 일으킨 경우이다. 아마 그 자신이 동서고금에 정통한 저명한 학자였기 때문에, '전면 서구화'(全般西化)와 '신유학'의 두 극단적인 견해와 다를 수 있었을 것이다. 그는 어떤 이론이 중국의 현대화에 더욱 적합한가를 밝히는 데 치우치지 않았다. 다만, 중국 지식인 그 자체를 집중적으로 논술함으로써 전통에서 현대화로의 전환 문제를 이끌어냈다.

또한, 임육생, 황인우(黃仁宇), 부위훈(傅偉勳) 등의 해외 저명한 학자들은 중국을 오가며 강연을 한다거나 자신이 저술한 저서를 통해서 문화열에 동참하였다. 그 밖에도 사람들에게 잊혀졌던 양수명, 웅십력(熊十力) 등 20세기 초 선구적이고 창조적인 사상을 다시 새롭게 발굴하는 것도 문화열의 뜨거운 이슈였다.

이상을 분류해보면 '고전회귀파'(回歸古典派), '5·4 운동파'(五四運動派), '마르크스주의 유교화 학파'(馬學儒化派), '신유가학파'(新儒家學派)[154] 등 네 학파로 나눌 수 있다. 비록 이들 학파 간의 주장이 서로 다르기는 했지만, 중국 문화 발전이라는 이 의제에 대한 논쟁에 있어서는 모두 대륙 학계가 문화대혁명 이후로부터 문화, 도덕, 가치관의 단절과 재창조의 과정을 거쳐서 진정으로 '환생(生還)'되기를 바란다는 점을 부각시켰다. 함께 책을 쓰거나 번역해 소개하는 등 집단적 운동을 통해서 '신계몽운동'을 창조하였다.

---

154) 吳漢, 『中國的現代化取向與中國統一』, 臺灣國立政治大學東亞研究所, 博士學位論文, 1996, 220~221쪽.

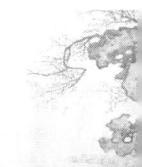

1980년대에 일어난 '신계몽운동'은 '문화대혁명'을 반성하고 마르크스주의 발전의 새로운 형태와 사회주의 건설의 새로운 길을 모색하는 과정에서, 학계는 문화혁명이 할퀴고 간 폐허에서 벗어나 점차로 세계 학술 연구와 궤를 같이 하고 세계적인 사조와 공명하였다. 그리하여 '5·4' 이래 또 한 번의 사상 문화 발육의 절정기를 맞이하게 되었다. 1980년대의 개혁은 '어지러운 세상을 바로잡아 정상을 회복하는 것'(撥亂反正)을 목표로 하여 최후에는 공업화와 상품경제를 기초로 하는 현대화의 궤도에 들어서는 것이었다. 사상 문화 분야에서도 유사한 길을 걷고 있었다. 이를테면, 마르크스주의의 근본적인 개혁에서부터 철학, 사회과학, 자연과학, 문학, 예술의 초보적 번영에 이르기까지, 현대화의 현실적인 발전 과정에 상응하는 현대문화가 광범위하게 싹터 급속히 발전하게 되었다. 그러나 이 시기는 여전히 '5·4 운동' 이래 전통의 연속과 복귀의 시기였다. 비록 구체적인 관점에서는 현저한 차이가 있겠지만, 문제 제기로부터 사유 과정, 해결 방법, 학술 시야는 아직 무형의 형식에서 벗어나지 못했다. 임표와 '사인방'에 대한 비판, '문화혁명'에 대한 반성, '극좌' 노선의 청산, 마르크스주의에 대한 근본적인 개혁은 '투쟁철학'을 성행시킨 의식 형태의 영역을 점차로 의식 형태의 발전에 유익한 요소로 증진시켰다. 철학은 투쟁 수단에서 이성과 본질을 회복했고, 사회과학은 도해(圖解)적 정책에서 실천을 이끌어내는 방향으로 변했다. 자연과학은 사물 이용의 차원에서 관념 차원의 이해로, 문학예술은 정치 봉사에서 인성 반영, 이성 구현, 주체성의 보편적 각성으로 넘어갔다. 동시에 '고전회귀파', '5·4 운동파', '마르크스주의 유교화 학파', '신유가학파'는 새로운 기초상에서 재차 대결하면서 적극적으로 현대 문화의 발전 방향을 탐구하였다. 기존 문화 연구에서 찾아 볼 수 없었던 참신한 내용과 독특한 특성을 드러내어 여러 면에서 성과를 거두었다. 그럼으로써 중국 문화의 현대화 과정에서 무시할 수 없는 추진력을 발휘했다.

무엇보다도 먼저 이번의 연구와 토론은 당면한 중국의 사회 현실과 관련하여 1957년 '반우파운동'(反右派運動)으로부터 문화대혁명이 끝나기까지의 20년간의 '좌경' 사조와 잘못된 노선에 대해 체계적이고 깊은 반성과 청산을 진행하였다. 개혁 개방의 과정에서 드러난 일련의 새로운 문제에 대해 모두 문화적 차원에서 진행된 심층적 연구와 반성은 중대한 사상 해방의 의미를 지닌 것이었다. 때문에, 개혁 개방 사업에 강력한 사상적 동력이 되었다.

그 다음으로, 이번 연구와 토론은 개혁 개방의 역사 발전이라는 대세 아래서 중국 문화를 세계 문화 발전 체계 속에 위치시켰으며, 나아가 민족의식과 세계화의식을 결합시키고 민족정신과 시대정신을 통일시켜 종합적으로 비교 연구함으로써 중국 문화의 세계로 미래로 나아가는 발전 과정을 촉진시켰다. 그것은 다원적인 시각에서 중국 문화를 깊이 반성하고 신중하게 세계 문화에 대처하게 하여, 결국 세계 문화에는 각기 오랜 역사와 특징이 있고 서로 보완해 발전하는 형식이 있음을 인정하게 하였다. 또한, 자아 성찰을 통해 사상을 속박하는 틀에서 벗어나 용감하게 탐구토록 하는 사회 전반적인 분위기를 이끌고 계몽시켰다. 이 일련의 과정은 향후 중국 문화 발전에 분명히 큰 영향을 줄 것이다.

3. 1990년대 반서구화 풍조 – 민족주의 문화의 발흥과 문제

80년대의 '개혁개방' 정책과 '사상해방'의 구호 아래 기세등등했던 문화 붐은 결국 세상을 깜짝 놀라게 했던 '8·9 민주화운동'(8·9 民運)으로 이어졌다. 많은 지식인들은 "중국 문화의 아주 새로운 형태를 창조한다.", "중국 문화와 세계 문화가 회통하는 청사진을 자신만만하게 전망한다."라는 꿈을 갖고 있었다. 그러나 결과는 오히려 '6·4 사건' 후에 갑자기 단절되고 말았다. 80년대에 나타났던 다양한 정신은 큰 변화를 겪었고, 관방(官方) 의식 형태가 다시 지배적 위치를 차지한 다음부터는 지식인이 계몽 운동으로 쟁취한 공공의 공간과 독립성 역시 함께 사라지고 말았다. '6·4'의 충격으로 인해 정치 엘리트들은 권력에 대해 위협을 느꼈고, 경제 엘리트들은 경제 활동에 있어 안정된 정치 질서의 중요성을 실감하였다. 이러한 위협은 정치와 경제 분야의 엘리트들에게 안정성에 대한 공감대를 형성시켜 '신보수주의'가 상당히 영향력 있는 사조로 토론되었다.[155] 그러나 '신보수주의'가 흥기할 당시 민간에서는 소비주의가 성행함과 동시에 즐기자는 대중문화가 대두하여 90년대 중국을 휩쓸었다. 이것은 전 90년대 문화 변천의 풍경선상에서 하나의 소비주의 경관을 드러낸 것이라 말할 수 있다.

80년대의 '문화열'과 비교하여 90년대의 학계는 정부가 주도했던 '국학풍'과 '후현대주의' 붐에 의해 매몰되었다. 물론 '국학풍'의 출현은 80년대 '문화열' 중 '문화서원'의 온화한 문화 토론의 연속이라고 할 수 있다. 다른 한편으로는 '6·4' 이후 정부가 사회의 화합을

---

155) 祖治國 著, 『90年代中國大陸的新保守主義』, 臺北, 致良出版社, 1998, 40쪽, 참조.

바라는 의미에서 민족 문화의 발양을 호소해 민족의 결속력을 찾아 내어, 외래문화 특히 서양 문화를 배척하는 주요 수단으로 활용하였 다. 그러나 '후현대주의' 토론 붐은 기존의 문화 토론 중 '고금논쟁' (古今論爭), '중서논쟁'(中西論爭)이 20세기 말 현대화와 후현대화의 논쟁으로 전환된 것이다. 이제, 아래에서는 90년대 문화의 변천과 전환 과정에서 나타냈던 세 특징과 추세를 살펴보고자 한다. 즉 대 중문화와 소비주의, 신보수주의, 민족주의 문화가 그것이다.

1) 대중문화와 소비주의 열풍

90년대는 80년대와는 전혀 다른 문화 세계가 펼쳐졌다. 사람들은 지배적 지위를 점하는 의미 체계를 믿지 않았고 서로 대립적인 형식 으로 새로운 의의를 구축하려는 노력도 믿지 않았다. 대신에 훨씬 더 현실적이고 진실한 태도로 자신의 어찌할 도리가 없는 상태를 직 시하였다. 먼저 문예계는 온통 무료하기 짝이 없는 유머로 가득 찼 으며 이중적인 시각으로 세계를 바라보는 태도가 나타났다. 하나는 '황당하고' '무의미하며' '범범한' 생활을 직접 선택하는 경우였고, 다 른 하나는 본래 '엄숙하고' '의미가 있는' 일을 골계화(滑稽化)하는 경 우였다. 예컨대, 90년대 초 북경에서 전시되었던 신세대 화가들의 연합화전의 작품들은 하나같이 '엄숙'하고 '의미 있는' 생활(결혼, 회 의, 가족사진 등)에 대해 조소하고 풍자한 것들이었다. 이를 두고 후 대의 미술평론가들은 '세상을 조롱하는 현실주의'(玩世現實主義)[156]

---

156) 여기에 포함된 화가로는 劉曉東, 喩紅, 宋永紅, 王勁松 등이 있다. 이로

라고 불렀다. 이러한 세상을 조롱하는 창작 심리는 90년대에 성행했던 소비문화와 결합되어 완전한 '준시민문화'가 되었다. 예컨대, 북경을 풍미했던 '문화티셔츠열풍'(文化衫熱), 왕삭(王朔)의 '건달문화'(痞子文化)[157], 유진진(劉震震)과 지리(池莉)로 대표되는 '신현실소설', '최건 추종자들'(後崔健群)[158]의 록음악 등이 그 예이다. 동시에 훨씬 더 소비적이고 오락성이 짙은 대중문화, 즉 홍콩, 대만에서 성행했던 맥주바, KTV, 노래방, 가라오케, 전자게임, 당구장 등이 연해지역과 대도시 그리고 관광지역에 대거 등장하였다. 이밖에도 홍콩, 대만의 무협지, 대중소설, 멜로소설, 드라마가 급속도로 성행하였다.

이상의 문화 현상에서 보듯이 90년대는 80년대처럼 문학 작품이나 영상 다큐로 전국을 뒤흔드는 그러한 사회학적 정치학적 기능은 없었다. 오히려 의식적 무의식적으로 깊이를 해소하는 평면화된 특징을 지녔다. 따라서 80년대에 문화 연구와 토론이 불러온 정치적

부터 지식인의 우아한 문화 예술이 해체되기 시작했다.(楊東平, 『城市季風——北京和上海的變遷與對峙』, 臺北, 捷幼出版, 1996, 425쪽, 참조.)

157) 王朔은 80년대 말부터 90년대 초까지 명성을 얻은 소설가이다. 그의 작품 4개가 모두 영상물로 제작되었다. 특히 『편집부의 이야기(編輯部的故事)』는 사회에 엄청난 영향을 미쳤다. 王朔이 그려낸 생활은 날카롭고 예리한 북경의 유머로 '新京味' 문화로 불렸다. 이후로 새로운 북경식 생활과 언어는 새로운 문화 패턴으로 자리 잡았고, 수많은 탤런트들이 王朔 식 정서를 모방하여 '건달문화'(痞子文化)를 창조하였다.(楊東平, 『城市季風—北京和上海的變遷與對峙』, 臺北, 捷幼出版, 1996, 426~428쪽, 참조.)

158) 崔健의 록음악은 정치적 의식과 정서를 담고 있었다. 따라서 80년대 개혁 개방의 분위기 속에서 정치 운동의 대표적 가수가 되었다. 그러나 그러한 상황은 90년대에 竇唯, 何勇 등 신세대 록가수들의 조소적인 정서에 의해 대체되었다.(陳安安, 『從人文精神剖析大陸80年代文化爭論』, 222쪽, 참조.)

사회적 변혁은 90년대에 들어와서는 잠잠했다. 그러나 중국의 경제 체제 개혁은 '정치는 좌익 경제는 우익'(政左經右)'이라는 한계 속에서 경제상 기형적인 자본주의를 노정시켜, 자유화와 사회주의식의 모순에 빠지게 되었다. 이것은 경제는 자연 법칙에 따라 진행할 수 없었고 문화 운동에도 엄청난 파괴력을 가져왔다. 이에 정부, 민간 할 것 없이 '모든 것을 돈을 중심으로'라는 관념이 팽배했다.[159] 어떤 작가는 자신의 작품에서 다음과 같이 말하고 있다. "90년대는 평화시기로서 인민들의 기억 속 피의 색깔은 점차 노란색으로 변해버렸다. 그것은 금전이 어느새 슬그머니 바다를 건너와 사람들의 이목을 끌기 시작했기 때문이다."[160]

90년대의 문화적 전환은 기존의 형이상학에 기초한 유토피아는 문제를 해결하는 데 아무런 도움이 되지 않았다. 열광적인 정치 신화가 현실 속에서 비인간적인 모습으로 드러났을 때 의식 형태는 변화하기 시작했다. 즉 "정치적 의식 형태에서 과학 기술적 의식 형태로, 다시금 금전적 의식 형태나 심지어 소비적 의식 형태로 전환하였다."[161] 이와 같은 제임슨(F. Jameson)의 견해는 1949년 이후 중국 사회 전반의 문화 의식 형태의 변천을 설명해준다고 하겠다. 이를테면 1950~60년대의 "문화와 예술은 정치를 위해 복무해야 한다."(文藝爲政治服務)는 사회주의 현대화 건설은 1970~80년대 과학 기술을 우선 목표로 하는 현대화 건설, 그리고 90년대부터 현재에 이르

---

159) 陳安安, 『從人文精神剖析大陸80年代文化爭論』, 224쪽.
160) 戴錦華, 「現場、戱仿與鏡中風景」, 『鏡城地形圖』, 232쪽, 재인용.
161) Fredric Jameson 著, 唐小兵 譯, 『後現代主義與文化理論』, 臺北, 合志文化事業, 1994, 230쪽.

기까지 자본주의의 현대화 의식 형태를 막을 수 없게 되었다.

물론 90년대의 이러한 대중문화 및 소비주의의 발흥은 그 뒤편에는 지식인의 '엘리트문화'를 가리고 덮어버렸다는 의미가 내포되어 있다. 사실상 전통적 '선비'(士)로부터 현대의 지식인에 이르기까지 세속적인 생활에 대한 이들의 요구와 상상은 한 번도 멈춘 적이 없었다. 천하를 논한다고 하더라도 향기로운 술과 아름다운 선율은 있어야 했다. 그러나 크게 낙심하고 용납할 수 없었던 것은 이들 지식인의 신분적 해체와 정신적 지위가 전복되었기 때문이었다.162) 이 가운데 일부 지식인들은 스스로 '문화 계몽' 또는 '문화 혁명'의 선구자라고 여겼지만, 90년대 중국 문화의 전환에 대해서는 속수무책이었다. 이 때문에 유행하는 대중문화의 이야기만 나오면 골머리를 썩이면서 이상 속의 '문화적 높이'(高度)를 견지하려 했고 문이재도(文以載道)의 전통적인 정신을 짊어지려 하였다. 전환기의 어려움에 처하여 방황하는 엘리트 지식인들은 왕삭이 지적했듯이 "중국 지식인들은 너무 지나치게 인류, 민족, 큰 문화의 거시적 시각에서 문제를 생각하기 때문에, 문화가 도리어 현실 생활의 부담이 되었다."163) 무기력했던 까닭에 말과 글을 통해서 그릇됨을 성토하고 대중에 외침으로써 가치를 되찾고 신화를 재건하려고 했다. 관념에 환멸을 느끼고 전향한 일부 지식인들은 비즈니스의 길을 선택하거나 지식을 상품화하는 일에 종사하였다. 그러나 일부 지식인들은 대중문화일지라도 중국에서 보면 사실 '계몽'적 의미를 지닌다고 여겼다. 유행문

---

162) 孟繁華, 『衆神狂歡—當代中圍的文化衝突問題』, 216쪽.
163) 韓毓海, 「王朔與當代文學的轉型」, 『中國社會科學季刊』, 春季卷總, 第7期, 1994, 82쪽, 재인용.

화 중에는 다원적 가치와 이질성이 내포됨으로써 정부의 의식 형태에 도전하는 데 도움이 된다는 것이다.

90년대에 유행했던 대중문화는 경제 발전과 궤를 같이 하여 중국 문화 무대에서 주인공 역할을 했다. 또한 소비주의와의 합류도 피할 수 없었다. 왜냐하면 유행하는 대중문화와 소비주의는 숭고하고 위대한 정신적 가르침도, 문화 거장이나 예술 대가도 필요치 않기 때문이었다. 그것은 다만 평범함, 즉 비정치적이고 비도덕적인 가치, 비예술적이거나 비심미적인 특징 현상만을 필요로 했다. 그것은 지난 과거의 극단적인 정치 가치관에 대한 반발이며 기존 정치의 일원화 구조에 대한 충격이었다. 그러나 이러한 반발과 충격은 80년대의 문화급진주의가 취했던 것처럼 정부의 의식 형태에 격렬하게 대항하지는 않았다. 따라서 정치 운동보다도 훨씬 효과적으로 새로운 시민 문화 의식 형태의 실천을 완성해 냈는지도 모른다.

2) 신보수주의의 전환

'보수주의'(conservatism)라는 정치 용어의 기원은 프랑스 대혁명에 대한 반성을 요구했던 사상가 에드먼드 버크(Edmund Burke)[164]에서

---

164) 에드먼드 버크(Edmund Burke)는 영국의 사상가이며 1729년에 태어나 1797년에 세상을 떠났다. 그는 프랑스혁명 이후 *Efiections on the Revolution in France*라는 글을 발표하였다. 문장은 프랑스대혁명에 대해 적잖은 의구심을 품었고 그것을 오합지졸의 소행으로 간주했다. 또한, 영국의 '권리법안'을 줄곧 말하면서 정치개혁은 경험이 필요하다고 주장했다. 민주 정치에 대한 견해는 대체로 존 로크(John Locke)를 추종하였다. 사람들은 보수주의는 버크로부터 시작되었다고 본다.(Edmund Burke, *Efiections on the Revolution in* France in Lawrence Cahoone ed., From

찾는다. 그 시기 보수주의의 핵심은 계몽 시대의 사상가들이 제창했던 새로운 정치와 사회 제도에 대해 의구심을 나타내면서 전통과 역사가 정치에서 차지하는 중요성을 강조하는 것이었다. 아울러, 정치 개혁은 경험이 필요하며 경험은 전통과 역사에서만 얻을 수 있지, 인위적인 방식으로는 절대로 창조할 수 없다고 인식했다. 그러므로 일반적으로 말해서 보수주의 사조는 격렬한 사회 변혁기에 정치, 사회 등 질서의 우려로 발생된 산물이다.

중국의 정치 체제는 서양과 다른 까닭에 보수주의란 말은 정치 용어뿐만 아니라 문화적 함의를 지니기도 한다. 신중국 성립 이후 문화상의 보수주의는 주로 전통적 국학, 특히 '유가학설'을 지칭한다. '보수'란 단어는 중국 공산당의 비판과 투쟁의 혁명 전통 속에서 줄곧 부정의 의미, 즉 퇴보, 낙후, 복고, 수구라는 의미로 사용되었기[165] 때문에, '봉건여독'(封建餘毒)으로 지칭되는 문화보수주의 사상과 학문은 철저하게 제거되었다. 그러나 앞에서 '문화열'을 토론할 때 언급했다시피, 80년대 개혁 개방의 배경 속에서 '서구화'를 주장했던 지식인들이 비록 우세를 점하기는 했지만, 『중국문화서원(中國文化書院)』을 통해 대륙으로 '신유학'을 반입했던 해외의 중국계 지식인들 역시 날로 늘어나는 독자층을 확보할 수 있었다. 예컨대, 두유명, 유술선(劉述先)과 같은 학자들의 문장, 토론회, 대륙 강연은 모두 적잖은 반향을 일으켰다. 일대 국학 대사 양수명은 여전히 "미

Modemism to Postmodemism(Cambridge: Blackwell Publishers Ltd, 1996, 58~71쪽, 참조.)

165) 金元浦,「文化保守主義回溯」,『闡釋中國的焦慮－轉型時代的文化解讀』, 92쪽.

래의 세계 문화는 반드시 동양 문화가 될 것이고 또한 유가 문화가
될 것이다."라고 굳게 믿고 있었다. 계선림(季羨林) 역시 이를 계승
하여 "문화는 결국 30년씩 번갈아가며 동서양의 문화가 번성하는 법
이다. 지금부터는 반드시 중국 문화가 그 중심을 차지하여 세계에
영향을 미칠 때이다."라고 공언하였다.[166]

　사실상 '자본주의 자유화'를 반대하는 강연에서 등소평은 일찍이
'서구화'의 의식 형태를 비판한 적이 있었다. "일부 지식인들은 학생
들을 선동하여 소동을 일으켰다. 실제로 저들의 주장은 사회주의 제
도를 겨냥하여 자산계급 자유화를 실행하자는 것이다. 이른바 자산
계급 자유화란 중국을 완전히 '서구화'하여 자본주의 길로 나가자는
것이다."[167]

　이로 인해 '8·9 민주화운동' 이후 정부는 서학을 의도적으로 억제
하는 정책을 폈다. 이에 반해서 국학과 중국 전통 문화에 대해서는
선전 계도하여 '애국주의'로 규정하였다. 더군다나, 80년대에 서양 문
화 추구와 '서구화' 선전의 급진주의 문화가 부른 정치 사건에 대한
반성 속에서 이른바 '국학열'은 급속도로 확산되었다. 90년대 초에
이르러서는 "사람들에게 의혹이 생길 정도로 떠들썩하다"[168]는 문화
현상이 나타나기까지 하였다.

　한동안 정부의 대변자 역할을 했던 『인민일보(人民日報)』는 연이
어서「연원에 피어오른 국학열(燕園湧起國學熱)」,「오랜만입니다. 국학
이여!(久違了國學)」[169]라는 논평을 발표하여 '국학'의 중요성을 확인

---

166) 앞의 책, 99쪽, 재인용.
167) 鄧小平,「鄧小平論述國內情勢」,『新華月報』, 1987年, 第4期, 68쪽.
168) 任劍濤,「作爲時代反應的'國學熱'」,『東方』, 第5期, 1996.

했다. 민간의 중국 전통 문화 전적을 새롭게 편찬하는 붐이 있었던가(계선림 주편의 『傳世藏書』 등) 하면, 왕국유(王國維), 진인각, 모종삼(牟宗三) 등의 국학 대사를 소개한 전기 출판 붐도 있었다. 또한, 성인의 언행을 재해석하고 중국 전통 이념으로 어떤 발전 모형이나 세계 문명의 진보를 설명하는 토론 붐이 학술계의 이슈가 되기도 하였다. 이러한 '국학열'은 '신보수주의'(Neoconservatism) 발흥의 전제 조건이었다.

물론 '국학열'에서 '신보수주의'까지는 그 내용과 목표로 보아 서로 다른 개념임을 알 수 있다. '국학열'의 초점은 주로 학술사상에 있었지만, '신보수주의'는 다분히 정치적 색채가 짙다. 더욱이 '신보수'는 '구보수'라는 상반되는 용어를 상기시킨다. 현대 중국의 언어 환경에서 '구보수주의'란 개혁 개방 정책에 대한 반대 입장을 표명한 것이고, '신보수주의'는 개혁의 주류 모델에 대한 비판과 부정으로 이해된다.[170] 간단히 말하자면 양자의 착안점이 서로 다르다고 할 수 있는데, '구보수주의'는 10여 년간의 개혁의 방향을 부정하고 마르크스주의를 이탈하여 개혁의 비합법성을 논증하였다. '신보수주의'는 개혁의 필요성은 부정하지 않았지만 이미 진행된 개혁과 목표에 대해서는 회의적이었다. 주목할 만한 것은 80년대 정치에 관해 급진적인 개혁의 관점과 자유주의 관점을 지녔던 일부 지식인들은 90년대에 들어서는 너도나도 '신보수주의'의 행렬에 가담했다는 사실이다. 80년대 신계몽사조를 적극적으로 선전하고 계도했던 이택후,

---

169) 祖治國, 『90年代中國大陸的新保守主義』, 臺北, 致良出版社, 1998, 93쪽, 재인용.
170) 앞의 책, 44쪽.

왕원화(王元化) 등이 그 대표적인 인물이다.

어떤 학자들은 이택후를 대표로 하는 '신보수주의'를 다음과 같이 평가했다. 즉 80년대에 격렬했던 혁명 행위를 반성한 다음에 혁명과의 작별을 주장함으로써 정치적 안정을 유지했으며, "다만 실행할 수 있고 말할 수는 없다"(只能做不能說)라는 점진적 개량 방식을 중국 정치의 과도시기에 적용했다는 것이다.[171] 학계가 사회주의 문화와 서양 문화에 매몰되었던 중국 문화의 자원을 재발견한 것일까? 아니면 효과적으로 '혁명과 작별'하는 역사와 정치의 자원으로 여긴 것일까? 아니면 정치와 문화를 연결시키는 특정한 문화 시장의 상업적 기도였을까? 어쨌든 '신보수주의' 사조에 부응하고 상징적 의미를 지닌 간행물들이 속속 창간되었다. 북경 지역의『동방(東方)』,『전략과 관리(戰略與管理)』,『원학(原學)』,『중국문화연구』,『문학사』등의 간행물들이나, 또는 광주, 홍콩에서 출간된『현대와 전통(現代與傳統)』,『중국사회과학계간(中國社會科學季刊)』등의 간행물들은 이러한 사조에 더욱 뜨거운 분위기를 조성해주었다. 이 가운데 1993년 북경에서 창간된『전략과 관리(戰略與管理)』는 신보수주의의 대표적인 간행물로 인식되었다.[172] 이 같은 변화는 앞서 서술한 '국학열'의 주장과 지위에 정당성을 부여해주었고, '신보수주의'는 문화 방향에 있어 80년대의 서학 중심에서 '본토화(indigenization)' 문제 중시로의 전환을 통해서, '5·4' 운동 이래 80년대까지의 전통 문화를 비판하는 전통에 대해 철저히 분석하고자 했다.

---

171) 金元浦 著,「談談當代新保守主義」,『闡釋中國的焦慮－轉型時代的文化解讀』, 北京, 中國國際廣播出版社, 1998, 95쪽.
172) 蔡佩君,『90年代中國知識份子與文化公共領域之發展』, 83쪽, 참조.

100여 년 동안 중국인들은 서양 문화 입장과 서양 철학 방법으로 중국 문화를 연구하고 비판하였다. 입장과 방법상 개개인의 차이는 존재하겠지만, 모두 서양의 방법과 입장이라는 점에서는 동일했다. 때문에, 중국이 100년 동안이나 자신의 문화를 연구했지만 줄곧 서양에 의존적이었다. 다시 말해서, 서양이 어떤 입장과 방법이 있으면 중국 역시 그와 동일하게 답습하였다. 중국인은 서양인의 뒤꽁무니만을 쫓아다니는 꼴이었다.[173)]

이상의 서술을 통해서 우리는 다음과 같은 사실을 발견할 수 있다. 즉 '신보수주의' 사조의 핵심은 기존의 서학 중심 태도에 의문을 갖는다는 것이다. 동시에, 중국 문화를 재차 부흥하고자 하는 '새로운' 의미는 새로운 주장을 제기한다거나 새로운 이론을 수용하는 데 있지 않고, 90년대라는 새로운 사회 정세 속에서 가치 체계의 합법적인 위치에 맞게 중국 문화 전통을 재건하는 것임은 물론 세계의 질서를 바꿀 책임을 시험하고 감당하는 데 있다.

3) 민족주의 문화의 흥기와 문제

90년대 신보수주의 분위기가 형성되고 발전함에 따라서 신보수주의를 능가하는 호소력, 그리고 그것과 공생 관계에 있었던 '민족주의'가 부활했다. 그러나 그 파급 효과는 학술사상을 훨씬 뛰어넘었다. '민족주의'를 '신보수주의' 내 다른 이론과 비교해 보았을 때 민족주의 그 자체는 강한 비이성적인 색채를 띤다. 하지만, 전체 '신보

---

173) 張靜, 「新保守主義'學術取向」, 『21世紀』, 第39期, 1997年, 2月, 22쪽, 재인용.

수주의' 사조의 위치와 세력이 강화되는 과정에서 사실상 '민족주의'의 영향력은 막강했다. 이제, 이 문화 현상에 대해 구체적으로 살펴보도록 하겠다.

1996년 여름『중국은 아니라고 말할 수 있다(中國可以說不)』174)라는 정치대중서가 중국 내 베스트셀러가 되어 도서구매 열풍으로 이어졌다. 몇 개월째 전국 각지에서 그 판매량이 1위를 차지하는 등 사람들은 오랜만에 민족주의 열정을 발산했다. 또한, 50년대의 "영국을 초월하고 미국을 따라잡자."(超英赶美)와 "미국에 맞서 조선을 지원하자"(抗美援朝) 등 반서구화 열정을 다시금 불사르는 듯했다. 하지만, 90년대의 '반서구화'는 50년대의 정치적 목적에서 비롯되었던 운동과는 전혀 달랐다. 이 민족주의 사조의 갑작스런 출현은 '6·4 사건'과 '소련과 동유럽의 급변(蘇東巨變)" 이후 정부가 애국주의175) 교육을 대폭 강화했던 것과 직접적인 관계가 있다. 90년대 '반서구화'적인 민족주의가 드러냈던 문화 현상은 유난히 사람들의 주목을 끌

---

174) 『中國可以說不』는 한마디로 반미 정서를 강하게 나타냈다. 제목과 장절의 표제에서도 감지된다. 예컨대, "미국의 실체는 자기만 사랑하는 극단적인 이기주의이다", "두 명의 클린턴: 하나는 합법적이고 또 하나는 보기에만 합법적이다", "필요하다면 또 다른 후세인을 만들어 낼 것이다", "난 절대로 보잉777 여객기를 타지 않겠다", "이제껏 어떠한 구세주도 없었다" …… 등등.(喬邊, 張藏藏, 宋强, 『中國可以說不』, 臺北, 人間出版社, 1996, 참조.)

175) 1994년 9월 중국공산당중앙선전부에서는 「愛國主義教育實施綱要」를 발표하였다. 전체 8,000자로 총 40조항이다. 애국주의 기본원칙, 주요내용, 청소년 위주로, 애국주의교육기지 건설, 애국주의교육 분위기 조성, 예의를 지키고, 애국주의 의식을 강화하며, 애국주의 교육의 영도 등 8개 내용이 포함되어 있다.(「愛國主義教育實施綱要」, 『人民日報』, 1994, 9, 4, 참조.)

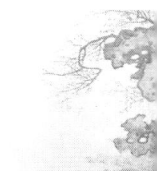

었다. 예전부터 자유주의를 주장해왔던 자유주의 학파의 지식인들마저도 중국 사회가 해체의 위기를 맞았다고 보고, 민족주의를 전체 민족의 새로운 응집력의 기초로 삼을 필요가 있다고 여겼다. 그러나 중국 대륙은 물론이고 해외에서도 '민족주의'는 줄곧 민감한 화두였다. 그것이 비록 강대한 사조로 변해가고는 있었지만, 부활한 '민족주의'를 분석해 보면 진정으로 '민족주의'를 주장한 문건은 오히려 지극히 부족했다. 이러한 상황은『중국은 아니라고 말할 수 있다(中國可以說不)』라는 책이 출간되면서 비로소 바뀌었다.

『중국은 아니라고 말할 수 있다』의 판매 열기가 채 가시기 전에 출판사들은 "아니라고 말할 수 있다(說不)"의 시리즈물을 전체 중국 도서 시장에 대거 출시하였다.『중국은 무엇을 근거로 아니라고 말하는가(中國何以說不)』,『중국은 어째서 아니라고 말하는가(中國爲什么說不)』,『중국과 미국의 힘겨루기(中美較量大寫眞)』등과 같은 서적은 도서 시장의 뜨거운 감자가 되었다. 뿐더러, 그러한 풍조는 해외로까지 영향을 미쳤다.『중국을 요귀로 만든 배후(妖魔化中國的背后)』[176]라는 책에서는 훨씬 더 직접적이고 강력하게 반미적 민족 정서를 나타내고 있다.

중국의 근현대사와 신중국 성립 이후의 역사를 돌이켜 보면, '민족주의'에 호소하여 현대화의 목표를 실현하고자 한 경우를 여러 차례

---

176) 『妖魔化中國的背後』의 저자 李希光, 劉康 등은 미국에서 유학한 학자들이다. 그들은『中國可以說不』의 저자들보다 더욱 지명도 있는 지식인 계층이다. 이 책에서 저자들은 '보고 들은 것'을 강렬하게 표현하고 있다. 즉 미국은 본래보다 중국을 더욱 추하게 악마화(Demonizing China)했는데, 특히 미국의 매스컴이 이 일에 앞장섰다고 했다.(李希光, 劉康 著,『妖魔化中國的背後』, 臺北, 捷幼出版社, 1997, 참조.)

찾아볼 수 있다. 어떤 학자가 말한 바와 같이 사실상 90년대 세계화의 물결 속에서 "중국 현대화와 민족주의의 관계는 이미 애매모호한 상태가 되었다. 옛 문제가 아직 해결되지도 않은 채 새로운 문제가 끊임없이 나타나고 있다."[177] 이처럼 그 관계가 애매모호하게 된 데는 다음과 같은 원인이 있다.

즉 민족주의가 중국에서 일어난 까닭은 서양 제국주의가 중국을 자극했기 때문이다. 서양의 중국 침략은 동시에 중국의 민족주의의 자각을 불러일으켰다. 역사를 돌이켜보면, 항일 운동 시 "중국의 토지가 정복되더라도 상실할 수는 없다", "중국인이 살육되더라도 머리를 굽힐 수는 없다" 등의 구국 구호에서부터, 모택동 시대에 "독립자주, 자력갱생", "중국 인민은 기개와 능력이 있어 머지않아 세계의 선진 수준을 추월할 것이다", "붉은 깃발을 오대주에 꽂자", "중국은 세계 혁명의 심장부가 될 것이다", "제국주의와 모든 반동파들은 종이호랑이다"라는 세계적 상상들, 그리고 90년대 "중국은 아니라고 말할 수 있다. 중국은 반드시 아니라고 말해야 한다", "중국의 억압은 반드시 중국의 반억압을 부른다(遏制中國, 必然遭到中國的 反遏制)" 등 격렬한 '중국위협론' 성격의 문구에서 볼 때, 중국의 세계 강국과 지도자로서의 상상은, 원래의 구국존망의 현실을 직시하던 데서부터 '세 개의 세계'(三個世界) 이론에서 드러낸 사회주의 진영과 자본주의 진영의 대립으로 제기되었고, 최후에는 세기말의 "세계와 궤를 같이 한다"는 충격 속에서 '각성'의 단계를 거쳤다.

중국은 자신이 아시아, 아프리카, 라틴아메리카 여러 나라 형제들

---

177) 董立文,「兩岸民族主義與現代化之比較研究」,『中國大陸研究』, 第40卷, 第2期, 1997, 2, 74쪽.

을 해방한 적이 없을뿐더러 사실상 제3세계에 속한다는 사실을 불현 듯 발견하게 되었다. 이것은 중국이 더 이상 세계(아시아, 아프리카, 라틴아메리카)의 지도자가 아니며, 중국은 이미 '문명'적이고 '진보'적인 '세계'로부터 추방당했음을 의미했다.[178]

전술했다시피 80년대 '문화열'의 가장 핵심적인 주제는 "중국은 어디로 가야하며, 어떻게 해야 하는가?"였다. 이것은 100여 년 동안 지식인들의 계몽과 구국의 주선율이었다. 그리고 80년대에는 '서구화' 사조가 우위를 점했지만, 90년대 들어와 '반서구화'의 목소리가 높아지면서 선명한 대비를 이룸은 물론 격정에 넘치는 민족주의 사조가 문화사상의 주류가 되었다. 그 원인을 살펴보면, 정부 의식 형태의 전환에서 드러난 문화 재건의 방향에서 볼 때 1996년 중국공산당 제14기 6차 회의에서는 "사회주의 정신 문명 건설의 강화와 관련한 몇 가지 중요 문제에 대한 중공 중앙의 결의"에서는 "대외 개방도 모험이 따를 것이며, 부패한 자본주의 문화가 이 기회를 틈타 유입될 것이다. ……"라고 강조하였다. 따라서 어떻게 "중국의 전통 문화의 정수를 널리 알리고 문화 쓰레기의 전파를 막을 것이며, 적대 세력들의 우리에 대한 서구화와 분화의 음모를 배격할 것인가가 중요한 문제이다.

이것은 사회주의 현대화 건설 과정에서 반드시 해결해야 할 역사적 과제인 것이다."[179] 미래의 문화 재건의 방향은 "주선율을 널리

---

178) 戴錦華, 「全球景觀與民族表像的背後」, 『鏡城地形圖』, 臺北, 聯合文學, 1999, 146쪽.
179) 中共中央文獻硏究室編, 「中共中央關於社會主義精神文明建設指導方針的決議」, 『十一屆三中全會以來重要文獻選讀(下)』, 北京, 人民出版社, 1987, 1152～1156쪽, 참조.

알리고 광범위하게 애국주의, 집체주의, 사회주의 교육을 진행해야 한다"는 것으로 서양 문화에 대한 회의와 거부였다. 중국 공산당이 전통 문화를 중심으로 강조했던 '애국주의' 주장은 '8·9 민주화운동'이 찾은 '민족주의' 출로에서 상당한 지지를 얻어냈다.

홉스봄(Eric J.Hobsbawm)의 말을 빌리자면 "중국의 족속과 후예에 대한 인정과 정치 충효는 서로 밀접한 관계가 있다."[180] 중국의 역사는 '천연적'인 민족주의 '자원'이 있다: 한족은 전체 인구의 94% 이상을 차지하고 현대 중국은 기본적으로 그 역사적 강역의 기초 위에서 건립되었다. 또한, 근대사에 있어 서양의 침략과 분해를 당했던 여러 가지 민족적 콤플렉스는 벌써 중국의 현대적 용어의 구조 속에서 성공적으로 전환되고 조합되었다.

이밖에도 90년대에는 상품화 물결이 가치 중심에 대한 해체를 막을 수 없었고, 유토피아 의식 형태에 대해서도 흥미가 결여되었다. 이 과정에서 '실용' 정신은 마침내 현대 문화의 중심 사조로 자리잡게 되었다. 이에 사람들은 정부가 주도하는 '애국주의' 보호막 속에서 '중국 문화의 부흥', '국학의 부흥'을 문화 시장에 제기하여 '중화적' 지식형 출현의 전제가 되었다. 이로 인해서 상업화는 여러 가지 새로운 '사회적 계약'을 만들어 냈고, 민족주의도 앞서 언급했던 유행문화, 대중문화, 신보수주의 등처럼 90년대에는 정부에서 주장하는 문화의 틀을 초월하여 각계에서 보편적으로 받아들이는 공통된 인식 형식이 되었다.

민주화운동을 지지했던 수많은 인사와 지식인들마저도 중국이 완

---

180) Eric J.Hobsbawm 著, 李金梅 譯, 『民族與民族主義』(Nations and Nationalism Since 1780: Programme, Myth, Reality), 臺北, 麥田出版社, 1997, 86쪽.

전히 서구화의 길을 걷게 된다면, 구소련과 같은 혼란한 위기에 처하여 결국 붕괴될 것으로 보았다. 이 때문에 80년대에 줄곧 문화 비판을 지지하고 사상계몽을 주도했던 급진주의자 지식인들조차도 90년대에는 가장 적극적인 민족주의의 창도자가 되었다. 뿐만 아니라, 중국 지식인들의 민족주의 정서는 그 어느 누구보다도 강렬했다.

80년대서부터 서양의 진보적 문명과 현대 국가를 구축하며 세계화로 나아갔던 중국은, 중국 지식인 그룹의 입장에서 보면 90년대에 다시 나타난 '민족주의'는 돌이켜 반성하거나 '객관'적으로 마주하기 어려운 명제가 되었다. 80년대 세계 문화 포부, 서구 중심, 외국 문화 숭배의 문화 심리와 90년대 본토 문화 인정, 자각적인 민족 저항, 병태적인 민족주의에 대한 열광은 사실 한 번도 확실하게 분리된 적이 없이 줄곧 복잡하게 얽혀 근대로부터 현재에 이르기까지 중국 문화의 의식 형태 속에 잠재되어 있었다. 다만 중국의 지식인들이 민족주의를 껴안고 서양의 문화 패권을 비판할 때, 사용하는 수단, 언어, 범주, 논술 방식, 논술 풍격마저도 거의가 서양에서 비롯되었다는 점은 모순적이라 하겠다. 특히 '반서구화', '후식민주의'의 문화 비판자들에게서 이러한 현상은 더욱 심각하다.

90년대에 중국에서 다시 '민족주의' 사조가 일어나기는 했지만 일반적으로 사람들에게 의구심을 자아냈다. 그러나 '민족주의'를 수단으로서의 민족주의와 목표로서의 민족주의로 구분한다면, 한창 체제, 문화 등의 변천과 전환기에 처해 있는 중국의 입장에서는 '민족주의'는 대체로 현실적 의미의 징표이며 일종의 문화에 대해 인식을 같이하는 위기 속 수단의 경향을 띤다. 왜냐하면, "중국 특색을 갖춘 XX"와 같은 의식 형태의 서술과 '애국주의'라는 미명하의 '민족주의’는 확실히 순수한 ‘중국’을 건설함은 물론 ‘중국인’의 웅대함을 서술하는 가장 좋은 방식이기 때문이다. 이러한 큰 서술은 또한 직면한 각종 위기와 권력이 상대적으로 약해진 정부가 연속과 화합 그리고 안정된 사회를 유지하는 ‘정부 의식 형태’라고 할 수 있다.

세계화시대에 있어서도 민족주의는 여전히 강력한 의식 형태이다. 그러나 민족주의를 절대화하여 세계화시대의 도래를 무시한다면 편협한 민족주의에 불과하며 본 민족에게 주어진 역사 발전의 절호의 기회를 잃고 말 것이다. 보수주의에 대한 하이예크(Hayek)의 다음 분석이 우리에게 유익한 참고가 될 것이다. “보수주의와 민족주의 심지어 제국주의 사이에는 모종의 관계가 있다. 보수주의는 새로운 것을 두려워하기 때문에 강력한 민족주의 색채를 띠며 자신들의 문화 전통을 최고로 여김으로써 타인에게 수용할 것을 요구한다.

보수주의의 이러한 특징은 협애한 애국주의의 표현일 뿐이다. 보수주의는 민족을 강대하지 못하게 할뿐더러 도리어 찾아온 발전의 기회마저 놓치게 만든다. 한마디로 말해서 우리는 현대 중국의 문화 보수주의에 대해 정확하게 인식해야 한다. 동시에 좋은 염원에서 상반된 결과를 초래하는 것을 극력 막아야 한다. 이러한 노력은 우리가 문화 충돌을 해결하고 문화의 전환을 완성하는 필수 조건인 것이다.

제2절

중국 문화의 현대적 전환과 문제점

중국 문화의 전환(轉型) 문제에 대해 많은 사람들의 관념 속에는 대체로 전통 문화로부터 현대 문화로의 전향이라고 생각한다. 본 절에서는 이 문제에 대해 고찰해 보고자 하는데, 중국 현대 문화를 구체적으로 분석해 보면 그 현주소는 매우 복잡하다. 즉 전통 문화 체계가 붕괴되었을 뿐만 아니라 현대 문화는 아직 성장하지 못한 상태이다. 그리고 후현대 문화 사조가 중국에 일정한 영향을 미치고 있다. 이러한 전제하에서 보면 중국 문화의 전환 주체는 이미 해체된 전통 문화가 아니라 지금까지 발전해 온 중국 현대 문화임을 알 수 있다. 중국 문화의 현주소와 관련하여 중국 문화 전환의 동력 문제에 대해 한 단계 더 나아가 탐구하고자 한다. 여기서는 주로 아래의 세 측면을 둘러싸고 연구를 진행할 것이다.

첫째는 중국 문화의 현주소 문제이다. 중국 문화는 근대에 들어선 이후 줄곧 전환 과정에 처해 있었다. 청말, 5·4 운동, 신중국 건국 이후의 여러 단계를 거쳤는데, 현재의 중국 문화는 고대 전통 문화와도 다르고 기타 시대의 문화와도 다르다. 규모나 성격 모두 기존의 여러 시대를 초월하고 있다. 그러나 한편으로 역사가 남긴 수많은 문제는 아직도 해결되지 않은 상태이다. 특히 시대에 뒤떨어지고 낡은 전통, 관념, 의식은 여전히 현대 문화 속에 잔재하고 있다. 더구나 개혁 개방 이후 서양 문화가 유입되면서 중국 문화는 좀 더 복잡한 형세를 드러내고 있다. 그러므로 중국 문화의 현주소에 대해 깊이 연구해야만 중국 문화가 어느 방향으로, 또 어떻게 전환할지 등의 문제를 명확히 할 수 있다.

둘째는 중국 문화 전환의 내재적 동력 문제이다. 중국 문화는 반드시 전환해야 한다는 데는 이론이 없지만, 이 전환을 추진하는 동력이 무엇이며 어디에서 오는지와 같은 문제는 오랫동안 사람들을 곤혹스럽게 해왔다. 이에 대한 기존의 연구 중 어떤 사람은 그것을 외래의 문화 특히 서양 문화의 자극과 추진에서 비롯되었다고 보았다. 심지어는 중국 문화 가운데 현대적 요소마저도 모두 서양 문화에서 이식해 왔다는 것이다. 어떤 사람은 중국 문화 전환의 동력이 현대 문화에 대한 자신의 수요에서 비롯되었다고 보았지만 좀 더 깊이 있게 밝히지는 못했다. 또 어떤 사람은 민족 문화에 대한 콤플렉스에서 중국 전통 문화의 합리성 요소를 강조하거나 과대평가했지만 전통 문화에 대한 현대적 개조와 시대정신의 주입은 소홀히 했다. 심지어는 중국 문화의 전환에 있어서 서양 문화의 역할 등마저 근본적으로 부정하였다. 현재의 문화 연구는 마땅히 이러한 동력을 밝히는 데 주력해야 하며, 특히 중국 문화 전환의 내재적 동력을 밝혀야 한다. 그래야만 더욱 자각적으로 중국 현대 문화 건설을 진행할 수 있다.

셋째는 중국 문화와 서양 문화의 융합 문제이다. 서양 문화를 어떻게 대해야 하는가는 명·청 시대부터 존재해온 오랜 명제이다. 동시에 하나의 새로운 문제, 즉 새로운 역사 조건하에서 서양 문화를 어떻게 보고, 중국 문화와 어떻게 융합하게 하는가는 여전히 새로운 과제이다. 역사가 증명하듯이 서양 문화를 맹목적으로 모방한다거나 배척해서는 결코 아니 될 것이다. 개혁 개방 이후 서양 문화가 중국에 유입되었다고는 하지만, 대체로는 기술, 물질, 생활 측면에 국한되었을 뿐이다. 정작 서양 문화의 정수인 과학 정신, 민주 관념, 책임 의식 등은 아직 중국 문화에 융화되지 못했다. 인문정신, '천인합일'적인 생태 관념과 같은 중국 문화의 우수한 전통도 서양에서 유입된 과학 기술, 관리 등과 하나로 융합되지 못하였다. 중국 문화와 서양 문화는 물과 기름의 관계이다. 서양 문화가 위쪽에 떠 있다면 중국 문화 전통은 밑바닥에 가라앉아 있다. 겉으로 보기엔 아주 '현대화' 되었지만 뼛속 깊은 곳에는 선진적인 현대 문화의 뒷받침이 결핍되어 있다. 그러므로 이론적으로 양 문화의 융합 문제를 탐구하여 관념상의 혼란을 제거하고 실천 속에서 양 문화 결합의 포인트와 메커니즘을 해결하는 것은, 중국 문화의 전환을 탐구하는 데 있어 중대한 문제이다. 구체적으로 이들 문제를 분석하는 기초상에서 필자는 다음과 같은 결론을 도출해냈다. 중국 문화의 전환은 민족 문화의 기초 위에 외래문화의 우수한 성과를 도입·수용하여 시대적 요구와 결합시킴으로써, 현대적이고 민족적인 사회주의 중국 문화를 건설해야 한다는 것이다.

1. 중국 현대 문화의 현주소

'중국 현대 문화'란 '현재' 또는 '오늘'의 중국 문화를 지칭한다. 현대 중국 문화는 아편전쟁 전의 봉건적인 농업 전통 문화와 다르고, 신중국 건국 이전 여러 시대의 문화와도 다르다. 더 나아가 개혁 개방의 문화와도 다르다. 이것은 농후한 전통을 포함하고 있으면서 스스로의 발전을 통해서 형성된 현대적 요소, 서양 현대 문화 요소, 그리고 후현대 사조의 영향을 받은 문화이다. 중국 현대 문화를 구성하는 여러 요소들은 아직 융화되어 하나의 유기적 총체를 이루지는 못하고 있지만, 모두 특정된 지위와 역할이 있고 중국 현대 문화의 형세를 규정하고 있다.

1) 중국 현대 문화 구성 속의 전통 문화 요소

전통 문화는 어떤 민족에게도 아주 중요한 것이다. 즉 "전통은 한 민족과 한 사회단체가 연속적으로 축적해온 경험과 성과이다. 전통이 없는 민족은 상상할 수 없으며, 전통이 없는 문화는 존재하지도 않는다."[181] 중국의 전통 문화는 장기간의 봉건 농경 사회에서 형성되었다. 거기에는 지배 계급을 옹호하는 제도와 의식 형태도 있고, 중화 민족의 생존을 지탱해준 각종 문화 형식과 정신도 있다. 비록 봉건 지배 계급을 옹호하는 제도와 의식 형태가 이미 붕괴되었고 봉건 문화 체계도 이미 해체되었지만, 사회 각 계층에 삼투되어 있는 봉건 의식은 이 때문에 즉시 소멸되지 않은 채 여전히 중국인의 사회생활에 영향을 미치면서 현대화 건설의 저항력으로 작용하고 있다. 그리고 중화 민족의 생존을 지탱해주는 문화의 각종 형식과 정신은, 한편으로 새로운 시대정신이 주입되어 여전히 대중들의 생활 속에 존재하는가 하면, 다른 한편으로는 서양 문화, 특히 서양 가치

---

181) 賀照田 著, 『殷海光文化隨筆』, 北京, 中國靑年出版社, 2001, 64쪽.

관의 영향하에 변형되어 방향을 잃고 침몰되기도 했다. 전통 문화가 현대 문화 구성 속에서 차지하는 위치로 볼 때, 그것은 여전히 중국 현대 문화의 기초이며 현대의 모든 문화 요소와 현상은 이 기초에 부착되어 자신의 역할을 수행한다.

중국 전통 문화 가운데 중화 민족의 생존을 지탱해주는 문화 정신은 중국 문화의 뿌리이다. 이것은 중국 문화 전환 과정에서 개조되고 발양해야 할 민족정신으로서 그 내용은 아주 풍부하다. 앞서 2장에서 분석했듯이, 첫째는 '천인합일'의 정신 경지이고, 둘째는 '이인위본'의 관념이다. '이인위본'은 중국 전통 문화에 있어 인문정신의 상징으로 날로 현대인의 중시를 받고 있다. 셋째는 '강건유위'의 진취적인 인생 태도이며, 넷째는 '귀화상중'의 조화관이다. 중국 전통 문화 중 '중화'(中和)란 만물이 존재하고 발전하는 조건이며, 사람들이 각종 관계를 처리할 때 반드시 포착해야 할 '법도'(度)이다.

중국 현대 문화 구성 속에서의 전통 문화 요소는 보편적 민족정신의 내용이 있을 뿐만 아니라, 동시에 몰락한 봉건 의식 내지는 농경 생활에서 형성된 낙후한 관념도 있다. 봉건 제도는 이미 오래전에 붕괴되었고 봉건 제도를 옹호하는 문화 체계도 해체되었다. 하지만, 2천여 년 동안 봉건 사회와 함께했던 탓에 사람들의 마음속 깊이 뿌리 내린 봉건 몰락 의식 역시 이에 따라 결코 소멸되지 않았을뿐더러 여전히 현대 문화에 영향을 주고 있다. 이러한 봉건 의식과 낙후한 관념은 사회의 여러 측면에 침투되어 그 표현 방식이 복잡하고 끼치는 부정적인 영향도 현저하다. 주로 다음 몇 가지 측면에서 집중적으로 나타나고 있다. 말하자면, 첫째, 정치 생활 측면에서의 유상유장(唯上唯長) 의식, 등급 관념, 특권 의식 등을 꼽을 수 있는데, 특히 지금도 여전히 남아 있는 관본위(官本位) 의식은 민주 정치의 건설을 심각하게 저해하고 있다. 둘째, 경제생활 측면에서의 정경유착과 가부장제 등은 시장 경제의 발전을 저해하고 있다. 셋째, 사회생활 측면 중 특히 농후한 소농(小農) 의식, 즉 신민(臣民) 의식, 혈통 의식, 짧은 안목 등은 사회생활의 민주화와 사회화를 저해하고 있다.

2) 중국 현대 문화 구성 속의 현대적 문화 요소

중국 현대 문화 구성 속의 현대적 문화 요소와 성분은 중국의 현대화, 근대화 과정에서 점차 형성되었으며 사회 현대화, 즉 공업화와 함께 성장하였다. 이러한 형성 과정 속에서 분명 서양 문화의 영향을 받았다고 할 수 있겠지만, 주로는 중국 자체 공업 성장의 산물이며 중국화한 현대적 문화 성분인 것이다. 그것은 단순한 전통의 연장도 아니며 서양 문화를 그대로 옮겨놓은 것도 아니다. 오히려 전통을 선택·개조하고 새로운 시대정신을 주입한 것이라 할 수 있다. 아울러, 서양 문화의 내용을 선택·도입·개조하여 민족 문화의 형식하에 두 문화를 하나로 융화시킨 현대적 문화 요소라 하겠다. 중국화한 현대적 문화 요소는 비록 충분히 성장하지도 못했고 중국 문화 구성의 주류도 아니지만 중국 문화 발전의 방향을 대표한다. 이러한 문화 요소는 사회생활 각 방면에 존재하고 형식 또한 다양해서 현대 문화 정신을 집중적으로 나타낸다.

한 측면은 문화 이성 정신이다. 이것은 중국의 공업화 과정과 함께 성장했다. 이러한 문화 이성 정신은 어떤 학자의 말대로 "이성주의 문화 형태는 이성과 과학 문화 지식을 기초로 하며, 이성 정신, 계약 정신, 인본 정신을 구현하는 자유 자각과 창조적 문화 형식이다."[182] 중국 현대 문화 구성 속의 현대적 문화 요소는 아직 성숙한 문화 형식으로 발전하지 못한 상태이다. 하지만 이미 그 주요 내용에 융합되었을뿐더러 한창 사람들의 자각적인 문화 의식이 되고 있다. 이를테면, 날로 중시되는 과학기술, 평등 관념의 성장과 실천 속에서의 부분 실현 내지는 인문정신에 대한 자각 등은 문화 이성 정신의 존재와 발전을 나타내 준다. 이와 같은 문화 이성 정신은 바야흐로 사람들의 생존 상태를 자유 자각과 창조적인 생존 상태로 제고시킬 것이다. 현대 공업 문명이 점차 확립되면서 다원적이고 개방적인 가치 체계와 사상 체계가 발전되고 있다. 가치 체계에서 형성된 기술 이성과 인본 정신은 이미 공업 문명의 두 개의 큰 주도적 정신이 되었다. 구체적으로 말하자면, 과학 기술에 근거한 과학 사유와 과학 이성은 행위 정책의 이성적 근거를 강조하고, 행위 목표의 합리성과 행위 과정, 행위 결과의 예측 가능과 정확하게 계산할 수 있는 가능성을 강조한다. 현대 예술과 철학에서 체현된 인본 정신은 인간의 주체 의식과 참여 의식 그리고 창조성을 강조한다. 그것은 인간의 자유와 전면 발전을 인간의 활동 목표와 역사 진보를 가늠하는 척도로 삼아 인간의 활동에 자각적이라는 가치적 의미를 부여한다. 중국 현대 문화 구성 속의 현대적 문화 요소가 체현한 문화 이성 정신은 인간의 사유 방식과 활동 방식을 바꾸고 있다. 또한, 그

---

182) 衣俊卿 著, 『文化哲學－理論理性與實踐理性交匯處的文化批判』, 昆明, 雲南人民出版社, 2001, 122쪽.

것은 사람들로 하여금 중복적 일상 사유의 관심사인 "무엇인가"에 더 이상 만족하지 않고, 과학 사유의 도움을 받아 "무엇 때문에"와 "어떻게"의 문제를 더더욱 탐구하게 만든다. 이러한 전통을 초월하는 자연주의와 경험주의의 문화 이성 정신은 사람들의 창조성과 주체 정신을 배양함은 물론, 이미 중국 현대 문화에서 가장 활력 있고 미래의 방향을 대표하는 요소가 되었다.

또 다른 측면은 교류 의식과 교류 시야이다. 공업 문명의 발전과 여기서 비롯된 자유 평등 교류 관계가 점차로 성립됨에 따라서, "닭 우는 소리 개 짖는 소리가 서로 들리지만, 늙어 죽을 때까지 서로 왕래하는 일이 없다."(雞犬之聲相聞, 老死不相往來)는 전통은 이미 타파되었고, 상공업의 발전으로 형성된 개방 세계에 직면하여 교류 의식은 날로 강화되었다. 실천 속에서 교류의 범위와 깊이는 이미 전례 없는 수준에 이르렀다. 동시에, 이 같은 교류 의식과 교류 실천 속에는 중국 전통 도덕의 의미가 내포되어 있어 서양의 금전을 핵심으로 하는 교류 의식 및 방법과는 어느 정도 다르다. 교류 의식이 강화되고 교류 실천이 발전됨에 따라서 사람들의 교류 시야는 점점 넓어져 이제는 일상생활 교류의 한계를 뛰어넘고 있다. 기타의 교류, 특히 경제 교류가 날로 중시되고 있고, 국제 교류 의식도 날로 강화되고 있다. 교류 의식의 강화와 교류 시야의 확장은 중국 현대 문화에 생기를 불어넣었으며 현대 중국 문화 전환의 중요한 메커니즘이기도 하다.

중국 현대 문화 구성 속의 현대적 문화 요소는 공업화 과정과 함께 성장하였다. 이전과 비교해서 비록 크게 발전하기는 했지만 아직 충분히 발육되지는 못했다. 또한, 아직은 각종 문화 요소를 소화해낼 수 있는 강력한 능력을 가진 주도적 문화 성분이 되지는 못하고 있다. 그 속에 함유된 개성 해방, 자유, 독립, 민주, 과학 등의 정신은 아직도 성장 과정에 있다. 이러한 현대적 문화 요소는 비록 충분하게 성장하지는 못했지만, 중국 문화 현대적 전환의 방향이자 가장 활력 있는 요소이기도 하다.

3) 중국 현대 문화 구성 속의 서양 문화 요소

서양 문화는 근대로부터 끊임없이 중국에 유입되었다. 서양의 기독교처럼 총포로 강요된 것도 있고, 서양의 과학처럼 부국강병을 위해 중국인이 주도적으로 도입한 것도 있다. 그리고 생활 방식과 가치관처럼 상품 교역을 통해 중국에 유입된 것도 있다. 서로 다른 역사 시기에 유입된 서양 문화의 내용과 방법도 상이하다. '5·4 신문화운동' 이전에는 서양 과학 기술의 도입이 중심이 되었지만, 그 뒤로는 과학 기술의 지속적인 도입과 함께 인문, 경제, 정치 등 사상 분야의 도입이 두드러졌다. 1980년대 초부터 중국의 개혁 개방 정책이 이루어짐에 따라서 최신의 과학 기술, 경제 제도, 관리 방식 등 영역에서부터 시작하여 인문, 경제, 정치 등 사상 영역과 문학예술 영역, 그리고 생활 방식, 교류 방식, 가치관 등에 이르기까지 거의 모든 서양 문화가 중국에 유입되었다. 다만 규모와 영향 면에서 차이가 있을 뿐 서양에 존재하는 것이면 무엇이든 중국에도 존재했다. 근대 서양 문화의 중국 유입에서부터 지금의 전면 도입에 이르기까지 서양 문화는 이미 중국 현대 문화 구성의 중요한 요소가 되었다.

서양 문화의 도입으로 인해 중국 사회에 현대화 기운이 싹튼 것은 사실이다. 그러나 중국 고유의 전통 및 자체 형성된 현대적 문화 요소와는 융합되지 못한 채 표면에서만 떠돌아 중국 현대화 과정에서의 경솔함을 노정시키기도 했다. 서양 문화가 대량으로 유입되기는 했지만, 정작 그 정수는 소화해내지 못한 상태이다. 특히, 과학과 민주 정신은 여전히 사람들의 자각 의식이 되지 못했다. 사람들을 얼핏 보면 '현대화' 속에서 사는 듯하지만, 심층적인 문화 심리는 여전히 현대화로의 전환을 이루지 못했다. 서양 문화와 중국 문화의 전통을 어떻게 융합시킬 것인가, 특히 문화 정수를 중국 문화의 내재적 정신으로 소화시키는 일은 그 책임이 막중하고 길 또한 멀다고 하겠다.

4) 후현대 문화 사조의 영향

　서양의 후현대 문화는 현대성을 반성하는 과정에서 생겨났으며, 후현대주의의 현대성 비판은 서양 사회에서 현대성을 부정하고 초월하려는 사상적 흐름이다. 모든 것을 해체하는 것이 그 특징이며, 서양 현대화가 낳은 부정적 측면과 폐단에 대한 비판을 목표로 하고, 현대성에 대한 비판과 해체를 통해 현대성을 초월하고 후현대 단계로의 진입을 시도한다. 이러한 서양의 후현대 문화 사조는 1990년대에 중국에 유입되었다. 비록 중국에는 아직 후현대 문화가 형성되지는 못했지만, 후현대 문화 사조가 중국에 유입된 후로 중국 현대 문화에 어느 정도 영향을 끼친 것은 사실이다.

19세기 후반부터, 특히 20세기에는 서양 공업 문화의 양대 기본 정신인 인문정신과 과학기술에 팽창력과 충돌이 일어나기 시작했다. 과학기술의 지나친 발달은 인간의 본질적인 힘을 증강시켰지만 인간을 해방시키지는 못했다. 오히려 인간과 자연, 인간과 인간 간의 관계를 파괴시켰고, 의식 형태화한 기술 이성이 인간을 통치하도록 만들었다. 인류 문화가 직면한 곤경에 대해 후현대 사조는 비판의 방향을 현대성의 부정적 효과로 돌렸다. 인간의 주체성과 계몽 이성의 지나친 발전은 현대 공업 문명의 폐단을 조성한 근원이라 여겼다. 현대인에 대한 푸코(Michel. Foucault)의 해체, 원서사(元敍事)에 대한 레이 리요타 (Ray liotta)의 부정, 논리 중심주의에 대한 데리다 (Jacques Derrida)의 구조 해체 등은 궁극적으로는 인간의 주체성과 현대성을 해소하기 위함이었다. 현대성의 부정적 효과에 대한 서양 후현대 문화의 분석과 비판, 그리고 궁극적으로 인간에 대한 관심의 인정은 적극적인 의미이며 중국에 귀감을 준다. 중국은 지금 현대화 건설에 박차를 가하고 있다. 이러한 때에 서양의 현대화 과정에서 나타났던 각종 문제를 중국은 어떻게 피할 것인가, 현대성의 폐단에 대한 서양 후현대주의의 분석과 비판은 분명 시사해주는 바가 크다고 할 것이다. 서양의 발달된 공업 문명의 폐단에 대한 민감한 인식과 중국 현대화 과정에서 나타난 문화 규범의 상실 현상에 대한 우려 속에서 중국의 일부 인사들은 후현대 문화를 수용했던 것이다.

그러나 후현대 문화 사조가 지향하는, 즉 모든 것의 해체와 소비를 숭상하고 그것을 현대 사회의 동력으로 보는 등의 시각은 심각한 결함을 내포하고 있다. 그 결과 이론적인 상대주의 초래, 사회생활상 소비주의와 향락주의 유발 등은 그 부정적인 면으로서 과소평가할 수 없다. 이 측면에서 말하자면, 후현대 문화 사조는 중국에 유입된 후 두 방면에서 무시할 수 없는 영향을 끼쳤다. 이를테면, 하나는 몇몇 인사들과 몇몇 미디어가 과장되게 선전하여 소비주의와 향락주의를 대중 속으로 점차 만연시켰다는 점이다. 또 하나는 후현대 문화의 일부 사상과 중국 전통 문화 가운데 일부 관점이 서로 부합된다는 이유로, 중국 전통 문화가 마치 현대병을 치유하는 양약인 것처럼 사람들의 문화 심리적 착각을 일으키게 하여 문화 문제에 있어 보수주의 경향 내지는 민족주의 정서를 표출시켰다. 후현대 사조의 이와 같은 중국에서의 영향은 놀라운 일이 아닐 수 없다.

　중국 현대 문화를 구성하는 여러 요소 중 중국 전통 문화는 여전히 그 뿌리에 해당된다. 중국 자체에서 발전된 현대적 요소는 응당 중국 문화의 전환을 이끄는 방향이 되어야 한다. 서양 문화는 현대 중국 문화 구성의 중요한 내용으로 중국 문화의 유기체 부분으로 소화되어야 한다. 그리고 후현대 문화의 긍정적인 성과도 수정을 거쳐서 수용되어야 마땅하다. 총체적으로 보자면, 각종 문화 요소가 서로 잘 융합된 새로운 형태의 문화는 아직 형성되지 못한 상태이다. 특히나 서양 문화와 중국 문화의 우수한 전통 역시도 여전히 물과 기름의 관계이다. 전통과 현대, 서양 문화와 중국 전통 문화의 융합의 완성은 중국 현대 문화의 전환을 의미한다.

2. 중국 현대 문화 발전 과정의 문제점과 갈등

중국 현대 문화는 복잡한 양상을 보인다. 객관적으로 전면 서구화도 복고도 아닌 상태에서 각종 문화 요소는 아직 유기적인 통합체를 형성하지 못하고 있다. 각종 문화 요소의 동요와 상호 작용이 조성한 추세로 볼 때 서구화 추세가 뚜렷하다고 하겠다. 반면에 우수한 중국 전통 문화가 쇠미해지고 도구 이성이 팽배함에 따라 인문정신은 추락하고 있다. 이 때문에 중국 현대 문화 속의 여러 모순이 발생되고 있는 것이다.

현대 중국 문화의 방향에서 가장 두드러진 문제가 곧 서구화의 추세이다. 이러한 서구화 경향의 원인은 아주 복잡하다. 그중 두 가지 문제가 이와 직접적으로 서로 연관이 있다. 하나는 이 서구화 추세는 오랫동안 존재해 온 '서구화'론 문화관과 관련된다. '전면 서구화'(全盤西化)란 1920년대 말 호적과 진서경(陳序經)이 제기한 것이다. 특히, 비교적 영향력 있었던 진서경은 "전면적이고도 철저한 서구화의 제기란 전 중국을 전체적으로 서구화하는 것을 말한다. 이것이 나의 본뜻이다"[183]라고 말했다. 그가 제시한 근거로는 그 첫 번째가 '총체문화론'(整體文化論), 즉 현대화에 있어 중국의 전통 문화는 총체적으로 부합되지 않으며 서양 문화만이 총체적으로 부합된다는 것이다. 둘째는 '기초문화론'인데 서양 문화가 세계상 각종 문화의 기초가 된다는 것이다.

호적은 "한쪽은 자포자기해 사고하지 않는 것이며, 다른 한쪽은

---

183) 郭建寧, 「30年代全盤西化與中國本位的文化論爭探析」, 『中州學刊』, 1996年, 第5期, 재인용.

끊임없이 진리를 추구하는 것"[184]이라고 말했다. 서양 문명은 이용후생의 문명이고 동양 문명은 강대한 타성(惰性)의 문명이라는 것이다. "서양 근대 문명이 인류 정신상의 요구를 충족시켰던 수준은 동양 구문명이 결코 꿈꿀 수 없다."[185] 모든 번거로운 논쟁과 무의미한 문자 논쟁을 피하기 위해 호적은 '전면 서구화'를 '충분 서구화'(充分西化)와 '충분 세계화'(充分世界化)로 수정하였다. 호적과 진서경의 '전면 서구화'는 비록 사회 각계로부터 의문과 비판을 받기도 했지만, 역사의 여러 원인으로 인해 '서구화'론은 결코 철저하게 청산하지 못했고 완전히 성숙한 중국 문화 이론으로 대항하지도 못했다. 그 뒤로 '서구화'론을 직접 주장하는 사람은 매우 드물었지만 그것이 완전히 자취를 감춘 것은 아니다. 아직도 적잖은 사람들의 관념 속에 주도적 위치를 점하고 있다. '서구화'론 문화관의 영향과 새로운 이론에 대한 자각 결여는 서양 문화 도입의 맹목성을 초래했다. 또 다른 측면에서 보면 서구화 추세는 실천상 서둘러 실현하고자 하는 심리적 상태와 관계가 있다. 중국 근대는 봉건 압박과 서구 열강의 침략에 직면하여 신속하게 중국의 빈약한 상태를 바꾸어 부국강병의 길로 나아가고자 하였다. 이처럼 절박한 심리 상태는 서양 사회에 대한 이해의 결여, 서양 문화에 대한 깊이 있는 연구의 부족, 중국 봉건 사회와 그 문화에 대한 심도 있는 분석과 비판의 부재 속에서 서양의 필요한 부분만을 그대로 가져오는 방식을 취했으니 결국 번번이 좌절할 수밖에 없었다. 1949년 신중국이 건국된 뒤에도 빈곤과 공백의 중국의 면모를 일신하고 중국을 하루빨리 강대한 사

---

184) 『胡適文存』 3集(卷1), 台北, 亞東圖書館, 民國 10年, 12月, 初版, 10쪽.
185) 앞의 책, 8쪽.

회주의 국가로 탈바꿈시키겠다는 욕심으로 국정을 무시한 채 소련의 체제만을 모방함에 따라서 수많은 실수를 자초하였다. 개혁 개방 과정에서 중국은 서방 선진 국가와의 격차를 인식하게 되었으며, 세계 선진 수준을 추월하기 위해서 현대화 건설 과정에서 또다시 서양 문화를 대거 도입하였다. 이를 통해서 중국 현대화 건설 문제를 해결하고자 했던 것이다. 그러나 결과적으로는 서양 문화를 제대로 소화하지 못하여 현대화 건설 과정에서 수많은 경솔(경박)한 현상을 불러왔다. 역사적으로나 현실적으로 볼 때, 실천상 서둘러 성공하고자 하는 심리 상태는 역사상 서구화 추세를 불러온 근원 중의 하나이며 현실에서도 서구화 경향의 중요한 근원 중의 하나이기도 하다.

'서구화' 문화관과 서둘러 성공하려는 심리 상태의 영향으로 인해서 서양 문화를 도입하는 데 적잖은 맹목성이 수반되었고, 서양 문화의 맹목적인 도입은 '서구화' 지향의 경향을 야기하였다. 이와 같은 경향은 여러 측면에서 나타나고 있는데, 서양의 물질 제품에서 정신 제품(이미테이션 포함), 행위 방식에서 생활 방식에 이르기까지 중국인의 사회생활 곳곳에 존재하고 있다. 더 중요한 것은 서구의 가치관은 이미 많은 사람들에게 수용되어 재물, 명예, 지위는 이들의 유일한 추구가 되었다는 사실이다. 이것은 '서구화' 추세가 표층에서 심층으로 진입하고 있음을 말해준다.

서구화 추세는 우수한 중국 전통 문화의 발양을 억제함은 물론 중국 자체에서 성장한 현대적 문화 요소의 발육을 억제했다. 더 나아가 중국 문화 건설에 있어 현대적, 민족적, 사회주의적 방향에서 벗어나게 하였다. 여러 문화 요소의 병존과 동요 속에서 형성된 서구화 경향은 전통을 약화시키고 도구 이성을 팽배케 하여 인문정신을 소외시켰다. 그럼으로써 현대 중국 문화의 각종 모순을 불러왔던 것이다.

첫 번째는 전통과 현실의 모순이다. 어떤 문화이든 모두 자기의 전통이 있기 마련이다. 전통은 일반적으로 과거를 지향하고 현실은 미래를 지향하기 때문에 전통과 현실은 항상 모순 관계에 있다. 이러한 모순은 현실 발전에서 기인한다. 즉 현실 발전이 제기한 문제를 전통이 풀지 못하는 까닭에 현실은 전통의 변화를 요구한다. 중국 현대 문화도 예외는 아니다. 중국 현대 문화에 내포된 문화 전통요소는 현실과도 모순된다. 중국 전통 문화 자체에도 내재적 모순을 함유하고 있다. 거기에는 중화 민족의 생존을 지탱해주던 문화 전통이 있는가 하면, 동시에 지배 계급의 이익을 옹호하던 전통도 함께 들어있다. 비록 지배 계급의 이익 옹호 문화는 이미 봉건 제도의 붕괴로 해체되었지만 봉건 의식은 완전히 소멸되지 않았다. 현대 사회에서 이러한 봉건 의식은 시대에 뒤떨어진 우매하고 낙후한 전통을 대표하는데, 그 속에는 농경 사회에서 형성된 낙후한 전통 관념과 풍속이 적잖게 포함되어 있다. 지금 말하는 전통과 현실의 모순이란 주로 이 시대에 뒤떨어진 우매하고 낙후한 전통과 현실 사이의 모순인 것이다. 시대에 뒤떨어진 낙후한 전통과 봉건 특권 의식, 관본위(官本位) 의식 등은 이성과 인문정신을 특징으로 하는 현대 문화 정신의 발전과 현대화 건설에 주요 방해 요소이다. 중화 민족의 생존을 지탱해 왔던 전통 문화 정신은 여전히 중국 현대 문화 발전의 기초와 현대화 건설의 정신적 버팀목이지만, 오늘날 사회의 현대 문화에 대한 요구와는 함께 논할 수 없다. 반드시 새로운 시대정신을 주입해야만 현대 문화 내용으로 바뀌고 외래문화에 대한 소화 능력이 강화되어 전통 문화의 기초적 역할을 충분히 발휘시킬 수 있다. 전통과 현실의 모순에 대한 분명한 인식은 전통의 부정을 피하고 서구화 경향을 억제하는 하나의 전제 조건인 것이다.

둘째는 현대화 건설의 과학기술에 대한 요구와 인문정신의 소실이라는 현실 사이의 모순이다. 중국의 현 단계 목표는 현대화 건설이다. 이 목표에 도달하기 위해서는 필연적으로 과학기술의 발전이 요구된다. 그러므로 과학과 교육으로 나라를 부흥시킨다는 전략을 세운 것이다. 현대화 건설에는 객관적으로 선진적인 과학기술을 필요로 한다. 그러나 과학과 교육을 통한 국가 부흥의 전략을 실천하는 과정에서 과학기술의 역할과 발전은 강조되었던 것에 반해 인문정신의 건설은 소홀히 하는 우를 범하고 말았다. 인문정신의 소외화로 인해 현대화 건설의 과학기술에 대한 요구와 인문정신의 소실이라는 현실 사이의 모순이 나타났다. 이와 동시에 이것은 현재 중국 사회에 현대화에 관한 각종 모순된 문화 심리를 범람하게 만들었다. 일종의 가치 취향이 과학기술과 기술이성이 창조한 거대한 사회적 부를 강조하고 그것이 인간의 본질적 힘과 주체성을 긍정적으로 확증해나갈 때, 또 다른 가치 취향은 서양의 역사 경험 속에서 과학기술과 기술이성의 자율적인 발전이 가져온 보편 물화(物化)와 인간의 이화(異化) 등 부정적 측면을 간파하였다. 따라서 수많은 사람들은 과학기술과 기술이성에 대해서 일종의 인문주의적 비판과 배척의 태도를 견지했다. 일부 인문 지식인들이 인간 문화 계몽과 인간 주체성 생성, 시장 경제 구축과 현대화 발전 과정에 대한 과학이성과 인문정신의 긍정적인 의미를 강조할 때, 또 다른 일부 인문 지식인들은 개성의 지나친 선양과 시장 경제 조건하의 경쟁이 가져온 가치

혼란과 도덕성 하락 등의 현상에 대해 우려하였다. 과학이성과 인문정신 자체에는 모순성이 존재하지 않는다. 양자의 현대적 충돌은 실제로 과학기술이성과 인문정신 중 무엇이 주도적 위치에 서는가 하는 문제이다. 중국 문화 전통은 인문정신이 주도적 위치를 점하기는 하지만, 결코 과학이성을 배척하지 않는다. 과학기술이성을 인문정신에 융합시킬 것을 주장하며, 과학기술이성을 이용후생의 도구로 삼는다.

현대 중국 문화에 과학기술이성과 인문정신의 충돌 현상이 나타나게 된 근본적인 원인은 과학기술이성이 현대 사회에서 지나치게 과대 포장된 데 있다. 그 결과 인간의 물화, 이화, 그리고 인문정신의 약화를 초래하였다. 그래서 사람들이 "현대화는 인문정신의 희생을 대가로 해야 하는가"라는 시대적 문제를 제기했던 것이다. 현대화 건설은 인문정신을 없애는 것이 아닌, 인간을 근본으로(以人爲本) 하는 진정한 의미의 현대화 건설에 있는 것이다. 그것은 과학기술이성과 인문정신의 상호 통일을 요구함은 물론 인문정신으로 과학기술이성을 통섭해 인간의 주체성을 부각시키는 현대 문화의 수립을 요구한다.

셋째는 문화의 민족성과 시대성, 세계성 사이의 모순이다. 이 모순 역시 중국 문화 건설 과정에서 돌출된 문제로서 반드시 해결해야 할 문제이다. 문화란 무엇보다도 그 민족의 문제를 해결하기 위해 생겨난 것이며, 그 민족의 생명 존재와 활동 방식의 표현과 반영인 것이다. 때문에, 문화는 선명한 민족적 특성을 지닌다. 민족성은 다른 문화와 구별되는 한 문화의 뚜렷한 상징이다. 그러나 민족성은 결코 시대성, 세계성을 배척하지 않는다. 어떤 민족 문화이든 형성되어 불변하는 것은 결코 아니다. 시대의 진보에 따라 사람들의 생활 방식이 변화하게 되면 이에 맞춰 사람들의 생활 방식을 반영하는 문화 또한 필연적으로 변화하게 마련이다. 시대적 특징을 구현함과 동시에 세계 문화 속에 융합되어 세계 문화의 구성 부분이 되는 것이다. 문화의 민족성, 시대성, 세계성의 모순은 세계적인 문제이다. 중국에서는 청 말부터 존재하기 시작했다. 주로 서양의 견선이포(堅船利炮)의 공격과 서양 문화의 강력한 충격 아래 급격히 사회 전환기에 접어드는 형세 속에서 형성되었다. 지금의 상황은 예전과 다른데, 현대화 건설 과정 속에서 형성된다. 중국의 현대화 건설은 시대와 함께 발전하여 세계 조류에 융화되어야 한다. 이와 동시에 중국의 국정(國情)으로부터 출발해야 한다. 이 문제는 현대화 건설의 문제임은 물론 현재 문화 건설의 문제이기도 하다. 바로 이 문제상에서, 시대성을 강조하거나 세계성을 일체화로 오인하여 문화의 민족성을 부정했던가 하면, 또 다른 한편에서는 민족성을 강조하여 문화의 시대성과 세계성을 부정하기도 하였다. 관념의 오류는 실천을 오도(誤導)하였고, 문화의 민족성, 시대성, 세계성의 모순을 불러왔다. 중국 문화의 현재 상황으로 볼 때, 서양 문화의 전면적인 도입에 직면하여 어떻게 하면 중국 문화의 민족성을 보존하고 서양 문화를 흡수 · 소화하여 세계로 나아갈 것인가 하는 점은 현대 중국 문화 건설의 중요한 문제이다. 또한 중국 현대 인문정신을 재건하는 관건이기도 하다.

상술한 여러 모순들은 중국 문화의 전환 과정에서 나타난 것들이다. 이 가운데 가장 중요한 모순은 현대화와 전통 사이의 모순, 특히 시대에 뒤떨어져 몰락한 낡은 전통 사이의 모순인 것이다. 과학과 민주정신의 확대와 실천은 낡은 전통의 강대한 힘을 돌파하였다. 이러한 모순 해결 방식은 기타 모순들을 해결하는 기초이자 전제이며, 또한 문화 창조의 원천이기도 하다.

3. 현대 중국 문화 전환의 내재적 동력 분석

중국의 현대 문화는 전통과 현대, 중국과 서양의 여러 요소를 갖춘 문화이다. 이것을 '현대적, 민족적, 사회주의적 문화'로 변환시키는 근본적인 동력은 그 자체에 있다. 이러한 동력은 사회 전환의 요구, 중국 문화 자체 발전의 요구에서 비롯된다. 중국 현대 문화 전환의 내재적 동력을 강조함은 외래문화, 특히 서양 문화의 역할을 부인하자는 것이 아니다. 그것은 다만 하나의 촉진제일 뿐이다.

첫째, 중국 현대화 건설의 요구

세계 역사의 근대화 진입 이후, 중국에 침입한 서양의 열강들은 이미 선진적인 공업 사회로 진입했었지만, 중국은 당시 여전히 낙후된 농업 사회에 처해 있었다. 이것은 중국 전통 농업 사회의 강한 압박으로 작용했다. 그리고 국가의 존망과 민족의 흥망성쇠에 직면하여 반드시 사회적 전환을 실현해야만 했었다. 사회적 전환은 그것과 서로 상응되는 문화를 요구하는 까닭에 문화의 전환은 필연적이었다. 중국 사회 발전 자체의 필요와 외부 공업 문명의 자극하에 근대로부터 중국의 전통 문화는 전환의 역정을 시작했던 것이다. 양무운동의 '학기'(學技)에서 무술변법과 신해혁명의 '학정'(學政), 그리고 신문화운동 중 국민성을 개조하자는 '학교'(學敎)에 이르렀다. 신중국이 성립된 이후에는 사회주의 건설 문제를 해결하기 위해서 소련을 모델로 삼아 모방하였지만, 결국에는 하나같이 중국 현대화 문제를 해결하지 못하였다.

현재 중국은 현대화 건설의 진행 과정에 있다. 이 과정에서 이미 초보적으로 현대의 공업, 농업, 국방, 과학기술 체계를 확립했다. 사회화 대생산 수준이 전례 없이 향상되었고 경제는 고속성장을 지속함은 물론 관리 체계도 끊임없이 개선되고 있다. 세계적인 교류 등 사회 활동 영역도 부단히 확대되었으며 사회는 대중들의 요구가 날로 증가되고 있다. 이것은 바로 사회 현대화 건설의 가속화 요구에 기인한다고 하겠다. 때문에, 더욱 현대 중국 문화의 전환을 촉진하는 강력한 동력이 되었던 것이다.

사회적 요구는 문화 전환의 가장 근본적인 동력이다. 중국 현대화 건설의 요구는 과학기술, 체제관리, 인문정신 등 분야에서 집중적으로 나타나고 있다. 이 방면은 현대 문화 속에 비록 일정한 기초가 있지만, 아직 현대화 건설 요구와는 거리가 멀다. 예컨대, 과학기술 방면에 있어 기술의 응용은 중국에서 이미 널리 보급되었다. 특히, '과교흥국'(科教興國) 전략의 실시는 과학기술에 대한 중시를 더욱 두드러지게 하였다. 그러나 과학정신에 대한 배양이 턱없이 부족하여 현대성을 상징하는 과학정신은 중국에서 발전하지 못하였다. 체제관리 방면에서는, 정부가 주도하던 행정 관리 체제가 점차로 시장이 주체인 현대 기업 관리 체제로 전환했지만, 중국의 낡은 전통의 영향으로 인해 여전히 행정 명령 관리가 존재하며, 과학적 현대 관리 제도가 아직은 완전히 보급되지 못한 상태이다. 인문정신 방면에서는, 기술이성이 날로 발전하면서 인생 가치, 인생 의미에 대한 배려가 부족하여 인문정신이 점차 황폐화되었다. 비록 이 문제에 대해 이미 인식하였고, 다시 인문정신의 고양을 제창하고 있지만 인문정신의 발전은 사회의 발전을 충족시키지 못하고 있다. 이러한 갈등이 현대 중국 문화의 전환을 추진하는 강력한 동력이 되었다.

중국의 현대화는 중국 특색 사회주의의 현대화이기 때문에 중국 특색 사회주의 문화와의 상호 조화를 요구한다. 중국의 현대화 건설도 문화 건설도 하나의 과정인 것이다. 중국 현대화 건설은 문화 전환 과정에서 다음과 같은 사항을 요구한다. 말하자면, 사상의 해방만이 문화상의 포용과 병존을 이룰 수 있고, 현대의 과학기술, 관리사상, 지식을 배워야만 중국 문화 구조상의 깊은 변화를 이끌어낼 수 있다. 인문정신의 밑받침이 존재해야만 인문정신을 선전하고 계도할 수 있고, 중국 국정의 현대화에 부합되어야만 민족 전통 문화에 대한 반성과 연구가 진행될 수 있다. 중국 현대화 건설의 요구는 시종 문화의 전환을 추진하는 강력한 동력인 것이다.

둘째, 중국 문화 발전의 자체적 요구

일반적으로 말해서 "전통은 문화와 철학의 발전 과정의 연속성을 나타내고 현대성은 문화와 철학 발전 과정의 시대정신을 나타낸다."[186] 어떠한 문화 전통도 상대적인 것이다. 전통은 전승되어 다른 문화와의 교류와 상호 영향 속에서 풍부해지고 발전되는 것이다. 끝없는 전통 타파는 문화 발전의 내재적 요구에 의해 결정된다.

문화 전통의 상대적 동력: 문화 전통은 일정한 사회 조건과 지식 배경하에서 형성된다. 사회 조건의 변화와 지식의 부단한 확대에 따

---

186) 徐遠和, 「中國哲學: 自我繼承與綜合創新」, 『21世紀中國哲學走向 − 第12屆國際中國哲學大會論文集之一』, 北京, 商務印書館, 2003, 213쪽.

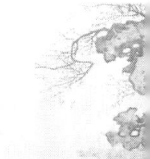

라, 문화 전통은 새로운 시대적 내용과 지식이 주입됨은 물론 새롭게 해석되어 변화한다. 이와 같은 변화는 문화의 형식과 내용에 직접적인 변혁을 가져올 수 있다. 이 의미에서 볼 때, 문화 전통의 상대성은 문화 발전을 추동하는 자체적 동력인 것이다. 중국 고대 문화의 발전은 바로 시대적 요구에 근거하여 새로운 시대정신과 지식을 수용함은 물론, 끊임없이 전통을 풍부하게 하고 개조하는 과정이었다. 선진(先秦) 시대의 제자백가 문화에서 양한(兩漢) 시대의 경학문화, 다시 수당(隋唐) 시대의 유·불·도 삼교의 병존, 송명(宋明) 시대의 이학(理學), 청대의 실학(實學)에 이르기까지 모두 이러한 과정을 거쳤다. 문화 자체는 전통을 고수하지 않는다. 도리어 전통을 융통·개조·파괴하는 가운데 발전하는 것이다. 문화가 발전하는 과정 속에서 전통을 고수하는 현상이 나타나는 까닭은 다음 두 가지 측면에서 살펴볼 수 있다. 한 측면에서 보면, 사람들은 안신입명하기 위해 전통을 정신 위안으로 삼아 생존의 합리성으로 해석하지만, 일단 새로운 위안거리를 찾게 되면 낡은 전통은 가차 없이 버리고 새로운 전통을 만든다. 다른 측면에서 보면, 사람들은 명리나 지위와 같은 자신의 이익을 수호하기 위해 전통을 고수하고 전통을 이익 도모의 수단으로 삼지만, 이들도 저들의 이익을 수호할 수 있는 새로운 문화, 새로운 전통을 발견하게 되면 낡은 전통은 포기할 수 있다. 문화는 결코 일정불변하지 않는다. 그것은 그 속에 내포되어 있는 전통처럼 상대성을 지닌다. 이와 같은 상대성은 사회 조건, 지식의 가변성과 함께 연계되어 있다. 그리고 이 가변성은 문화의 가변성을 부르며, 문화의 발전이 전통에 얽매이지 않고 상대적 특징이 드러나게 한다.

다원문화의 상호 영향으로 발생된 동력: 문화란 무엇보다도 그 민족 생명 존재의 표현이고, 그 민족의 문제를 해결하기 위해 나타난다. 그러나 어느 문화이든 폐쇄된 채 발전할 수 없고 다원문화의 상호 충돌·교류·융합의 과정에서 발전한다. 역사적으로 나타난 폐쇄 현상은 문화 자신의 폐쇄가 아니라, 사람들이 자신의 이익과 목적을 달성하기 위해 행한 인위적인 폐쇄였다. 설사 사람들이 인위적으로 폐쇄시킨다고 하더라도 오래 지속될 수는 없으며, 더욱이 문화 교류의 발걸음을 가로막지는 못한다. 예컨대, 청조의 쇄국 정책이 결국에는 중국 문화와 서양 문화의 접촉을 막지 못했던 경우와 같다. 이로 볼 때, 문화란 폐쇄적일 수 없을 뿐만 아니라 그 어떤 문화 발전이든 타 문화의 영향과 상호 작용을 떠날 수는 없다. 모든 민족 문화는 어느 한 특정 지역과 종족에 국한되어 독자적으로 창조된 것이 아니다. 그것은 한 국가 범위를 초월한 다른 지역과 종족 들이 공동으로 창조해낸 것이다. 이처럼 민족 문화의 형성 과정 속에서 그것은 서로 다른 지역의 문화와, 또 주변 민족의 문화와도 대면해야 한다. 중국 문화는 바로 지역 문화, 계파 문화, 주변의 여러 민족 문화와의 상호 충돌과 교류의 과정 속에서 점차로 형성된 것이다. 이밖에도 세계 문화의 발전 과정 역시도 각기 다르다. 시대적인 각도에서 볼 때, 같은 역사 시기에 선진적 혹은 낙후한 문화가 동시에 존재한다. 이 때문에, 모든 민족 문화의 발전은 자신보다 선진적이거나 혹은 낙후한 문화의 영향에 대면해야 한다. 다원문화의 격렬한 교류 속에서 자신의 조건에 의거해 다른 성격의 문화를 받아들여 자신을 풍부하게 하고 발전시킬 수 있다. 다원문화의 상호 영향과 수용은 문화 발전의 중요한 동력인 것이다. 민족 문화 속에는 절대적인 본토 문화란 존재하지 않는다. 많게나 또는 적게 타 지역과 타 민족의 문화를 포함한다. 중국 고대 문화가 바로 이처럼 상호 영향 아래서 발전한 것이다. 예컨대, 선진이 제자 문화의 상호 동요와 흡수의 시기라면 양한은 선진제자 문화의 조정과 조합의 시기였다. 위·진은 여러 계파 문화와 외래문화의 융합의 시대였고, 수·당은 서역 문화, 불교문화의 흡수의 시대였다. 그리고 송·명은 유·불·도를 정합하였고, 원·명·청은 주변 민족과 서양 문화 등을 흡수한 시대였다. 이를 통해서 전통 문화의 발전은 추동되었던 것이다. 오늘날 세계의 개방성은 더더욱 중국 현대 문화의 발전과 운명을 같이한다. 즉 중국 현대 문화의 발전은 반드시 다원문화의 상호 동요와 영향 속에서 발전하는 것이다.

문화 자체의 확장성 동력: 어떤 문화이든 형성에서 발전에 이르기까지 모두 부단한 자아 확장의 과정이다. 이 확장은 내용, 형식, 구조 등의 측면, 양적 증가, 질적 변화를 포괄한다. 문화란 인류 생명의 표현 방식이다. 이것은 결국 사람들의 욕구를 만족시키기 위해 출현해 발전하였다. 문화의 확장성은 사람들의 욕구에서 비롯된다. 확장의 실질은 욕구의 확장이다. 욕구의 다양성은 문화 다양성의 확장을 불러온다. 매슬로의 '욕구단계론'은 사람의 욕구를 '생리 욕구', '안전 욕구', '사회 교제 욕구', '존중 욕구', '자아 실현 욕구'로 나눈다.[187] 한 욕구의 제기는 그에 상응하는 문화를 창조함으로써 그

---

187) 매슬로(abraham h. maslow 1980~1970), 미국의 사회 심리 학자이고 인격 이론가이며 인문주의 심리학의 발기자이다. 매슬로는 인간의 동기에 대해 총체적인 견해를 가지고 있었는데, 그의 동기이론을 사람들은 '욕구단계론'이라고 불렀다. 동기이론은 인류동기의 발전과 욕구의 만족은 밀접한 관계를 지니는데 욕구의 단계는 그 높낮이가 다르다. 낮은 단계의 욕구는 생리적 욕구이지만, 상위 단계로 향하면서 안전, 사랑과 귀

욕구를 만족시킨다. 중국 고대 문화의 발전 과정은 바로 욕구의 끝없는 생산과 문화의 부단한 확장 과정이었다. 양한 시기로부터 위진 남북조 시기에 불교가 유입·전파되어 신속한 발전을 이루었는데, 이것은 동란 시기 사람들이 정신적인 안식처를 필요로 했기 때문이었다. 당대 문화의 번영은 태평성대 시기 사람들의 자아 표출 욕구에 부응하기 위한 것이었다. 당시 삼교(三敎)의 병존, 서역 문화의 유입, 시가와 가무의 흥성은 백성들의 풍족한 생활을 보여준다. 평서(評書)와 화본(話本)과 같은 양송(兩宋) 문화의 흥성은 도시민들의 확장된 욕구에 부응한 것이었고, 명·청 소설의 출현과 발전은 사람들의 현실 폭로와 사회생활의 활로 모색에 대한 욕구를 만족시키기 위한 것이었다. 현재 유학의 현대화 모색은 문화 형식의 변화에 대한 탐색임은 물론 현대화 건설의 욕구를 만족시키기 위함이다.

　문화 자체의 확장성은 문화가 끊임없이 전통을 타파하고 새로운 문화 요소를 증가시킬뿐더러 상대적 특징을 나타내게 한다. 문화의 상대적 특징, 다원문화의 충돌과 교류는 사람들의 욕구를 자극하여 문화의 확장을 한층 더 촉진시킨다. 또한, 이들 사이의 상호 작용을 통해서 문화 전통의 상대성, 다원문화의 상호 작용, 문화 자체의 확장성이 문화의 발전과 문화 전환의 내재적 동력이 되게 한다. 이러

속, 존중과 자아실현의 욕구이다. 자아실현은 창조적 잠재력의 충분한 발휘를 말한다. 자아실현의 추구는 인간의 최고 동기이다. 그 특징은 사업에서 자신을 잊고 헌신하는 것이다. 고차원의 자아실현은 자아초월의 특징을 지니고 있으며 아주 높은 사회적 가치를 지닌다. 건전한 사회의 기능은 보편적인 자아실현을 촉진하는데 있다고 주장했다. (Goble. F. G 저, 呂明 등 역, 『第三思潮: 馬斯洛心理學』, 上海, 上海譯文出版社, 2006, 제4장, 참조.)

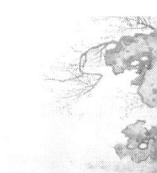

한 동력은 고대 문화 발전에서든 근대 문화 전환에서든 결코 무시할 수 없는 역할을 하였다. 이것은 현대 문화의 전환에 있어 여전히 하나의 강력한 동력임과 동시에 중국 문화 자체의 동력이기도 하다. 이와 같은 문화 자체의 동력은 전통과 현실 욕구에서 오는데, 그것은 전통과 현실 욕구의 결합으로 형성된 하나의 힘인 것이다. 그러므로 이것은 전통을 보존해서 현실에 융합시킬 뿐만 아니라 전통을 타파갱신하고 새로운 전통을 구축하여 문화를 생기 넘치게 한다. 문화는 자체적 힘의 추동으로 끊임없이 앞으로 발전하고 문화 전환의 내재적 동력을 구성한다.

셋째, 강세 문화의 도전으로 형성된 동력

위에서 이미 언급했다시피 중국 문화의 전환은 근본적으로 자신의 내재적 필요에 의해서 비롯된다. 그러나 강세 문화 도전의 자극도 문화 전환의 중요한 동력을 구성한다는 사실 또한 부인할 수 없다.

하나는 문화 격차의 동력이다. 시대적 각도에서 보면, 중서 문화는 시대가 다른 문화이다. 1840년 이후, 서양 강세 문화의 진입으로 본래 시간적으로 서로 달리 존재하던 봉건 시기의 문화와 자본주의 시대의 문화가 중국에서 역사를 뛰어넘어 동시에 존재하는 모습을 보였다. 중국은 당시 봉건 시기에 처해 있었고, 근대의 서양 사회는 이미 자본주의 시대에 들어섰다. 서양 자본주의 공업 문명은 당시 사회 발전의 방향을 대표하는 선진 문화로서 중국의 봉건 문화보다 우월한 문화였다. 시대적인 각도에서 볼 때, 당시의 중국 문화는 서양에 비해 훨씬 낙후된 상태였다. 중국 문화는 반드시 시대적 요구에 부응하여 근대적 전환을 실현하고 서양 국가와의 격차를 줄여야만 했었다. 현시대, 서양 문화의 강세는 주로 서구 사회의 완벽한 현대화, 특히 과학기술과 관리체제의 현대화에서 연원하며 이미 높은 발전을 이루었다. 그렇지만, 중국 사회의 근대 전환은 철저하지 못하며 여전히 봉건 잔재 세력이 작용하고 있다. 현재 중국이 현대화 건설에 박차를 가하고는 있지만 여전히 과정이 필요하다. 이 과정에서 수많은 이론적 문제를 해결해야 하고 관리체제를 개선해야 한다. 또한, 기술응용을 중시하고 과학정신의 배양을 경시하는 경향을 반전시켜야 한다. 이것은 이미 현대화를 실현하고 고도의 과학기술과 선진적인 관리체제를 보유하고 있는 서양 문화와 비교할 때 상대적으로 낙후하다. 따라서 중국이 현대 문화를 건설하고자 한다면 반드시 서양의 선진적인 문화 요소를 융합하여 점진적으로 문화의 전환을 실현해야 할 것이다. 바로 이러한 격차의 자극이 중국을 분발시켰고, 나아가 문화 건설을 진행하고 문화 전환을 추진하는 동력이 되었던 것이다.

다른 하나는 서양 강세 문화의 중국에 대한 압력과 도전이다. 근대의 시작과 함께 서양 문화의 진입은 평화적이고 정상적인 상태의 진행이 아닌 전쟁과 함께 이루어졌다. 서양 열강들은 무력으로 중국의 문호를 열었고 서양 문화도 그 뒤를 따랐다. 서양 강국의 군사와 문화의 이중적 충격으로 중국은 심각한 민족 위기와 문화 위기에 처하였다. 중국은 망국(亡國), 망종(亡種), 망혼(亡魂)의 압박과 도전에 직면했던 것이다. 이 위기를 극복하고자 사람들은 전통 문화에 대해 반성을 시작하였고, 결국 중국 문화의 활로를 타개함으로써 이 위기를 근대 중국 문화 전환의 동력으로 변화시켰다. 현대 서양 문화의 중국 문화에 대한 도전은 그 배경에 있어 예전과 본질적으로 약간의 차이가 있는 것은 사실이다. 하지만, 중국 문화의 '동향'(東向)과 '서향'(西向)의 문제는 여전히 중요한 문제인 것이다. 이 압박 속에서 수많은 애국 지식인들은 중국 문화 건설 문제를 탐구하였으며 이 문제에 관한 학계의 관심을 증폭시켰다. 이 관심은 그야말로 서양 문화의 도전에 대한 결과라 할 것이다. 서양 문화의 도전을 중국은 방관할 수 없다. 반드시 외부의 압력을 내재적 동력으로 전환시킴과 동시에, 문화 건설에 뛰어들어 문화의 현실적 전환을 추진해야 한다.

서양 강세 문화의 도전은 중국 문화의 발전을 자극하여 중국 문화 전환의 동력이 되었다. 준엄한 문화 위기 앞에서 사람들은 끊임없이 중국 문화의 나아갈 길을 탐구했던 것이다. 아편전쟁에서 해방 직전까지 중국 문화의 주요 형태는 반식민지와 반봉건 문화였다. 건국 이후에는 '극좌' 사조의 영향하에 있는 사회주의 문화였다. 현대 문화는 현대적·민족적·사회주의적 문화를 목표로 하여 중국 특색의 현대 문화를 건립해야 할 것이다.

제3절

세계화시대에 유학 현대화의 의미와 과제

21세기의 새로운 도전 앞에서 유학은 어디로 가야 하는가? 세계화의 거대한 물결 아래, 세계 경제의 단일화, 정치의 다극화, 문화의 다원화 및 여러 문명 형태의 도약과 갈등 속에서 복잡하게 개편된 세계 질서는 유학의 새로운 발전에 전례 없는 기회를 제공하고 있다. 그러나 '5·4' 이래의 역사주의적 시각과 비판적 언어에 의해 규정된 유학은, 이미 새로운 세계의 변화에 대응할 수 없었다. 주어진 기회를 붙잡고 세계적 흐름에 맞춰 유학을 발전시키려면 그 형상에 대한 새로운 설명이 필요하고, 또한 새로운 신분을 확립시켜야 한다.

1. 유가 문화의 지역적 및 세계적 의의

냉전시대가 종결되면서 그처럼 견고했던 의식 형태의 보루도 순식간에 와해되었다. 또한 사회 이상에 대한 추구와 사회 제도에 대한 인정은 민족·국가 등 현실적 이익의 추구로 변질되었고 민족주의 정서가 날로 고장되었다. 신세계 질서의 새로운 구축과 상대에 대한 인정 과정에서 문명의 형태에 의존했던 민족 문화가 아주 중요한 역할을 수행하였다. "의식형태와 초강대국 간의 관계에 의해 동맹의 체결이 확정되던 데서 문화와 문명에 의해 동맹이 체결되고 확정되

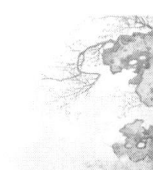

는 방향으로 선회했고, 다시 확정된 정치적 분계선은 점차 종족, 종교, 문명 등 문화적 분계선과 일치되는 추세다. 문화적 공동체가 냉전의 진영을 대체하고 있으며 문명 간의 단층선이 전 세계 정치 충돌의 중심선으로 변했다."[188] 그러므로 1990년대부터 세계적인 동류의식 위기와 끊임없이 헤쳐 모여 하는 과정에서 우리는 문화 친연성의 지렛대 역할을 확인할 수 있었다. 모든 가치 판단, 행동 준칙과 그 정의성은 문명 형태의 친소원근에 의거했다. 이것은 현대 국제관계에서 이미 불문율의 원칙으로 변해가고 있다. 이런 상황에서 중국이 현대 국제 사회에서의 신분 및 그를 식별하는 컬러에도 은근히 변화가 생겼다. 헌팅턴은의 '문명 충돌의 일곱 문명 구획'[189]이든, 베이커(Baker)의 '현대 문화의 공간 분포 구조 형태에 대한 가설'에서의 변증-세 형태(고체, 액체, 기체)의 세계[190]에서든 간에 중국은 모두 유교 국가로 정의되었고 더 큰 지역의 동아시아 사회와 연결되어 있다. 냉전 시대의 '사회주의 중국'에서 오늘날 '유교 중국'에 이르기까지, 중국의 국제 사회에서의 신분은 완전히 뒤바뀌었다. 유교는 중국의 새로운 표기로 인지되고 있다.

이 변화의 발생은 역사에 대한 회고와 현실에 대한 직시에서 비

---

188) Samuel P. Huntington 著, 周琪, 劉緋譯, 『文明衝突與世界秩序的重建』, 北京, 新華出版社, 2002, 129쪽.
189) 「문명의 충돌」에서 헌팅턴은 일곱 문명을 서양, 유교, 일본, 이슬람, 인도교, 슬라브-동정교, 라틴아메리카로 열거했다. 『문화의 충돌과 세계질서의 재건』에서는 중국, 일본, 인도교, 이슬람, 서양, 라틴아메리카, 아프리카라고 살짝 수정하고 있다.
190) 베이커(Baker)가 편집한 『文明: 從衝突走向和平』의 서론 부분 「世界和平-文化矛盾中的動態統一」(吳向宏 譯, 中國社會科學出版社, 1998, 15~44쪽)을 참조하라.

롯된다. 1970년대부터 일본의 성공적인 현대화 실현에 이어 아시아의 '네 마리 용'이 부상했고 다시 중국과 베트남도 경제 비약의 도상에 올랐다. 90년대에 이르러 '아시아의 부상'은 이미 기정사실이 되었고, 동아시아의 현대화는 서양 문명의 가장 강력한 도전자가 되었다. 경제의 성장에 따라 가치에 대한 토로와 문화의 신장이 날로 시급해졌고, 또한 현실적으로 그것이 가능해지면서 점차로 아시아는 목소리를 내기 시작했다. 동아시아 사회의 복잡한 정치 구조와 의식 형태의 배후 속에서 화교 경제와 화교 문화는 사람들이 가장 쉽게 파악할 수 있는 공통분모이다. 일본과 한국을 제외하면 동아시아 경제는 대체로 화교 경제라고 해도 과언이 아니다. "동아시아의 경제는 날로 중국을 중심으로 화교들이 주도한다."[191] 바로 이러한 객관적인 상황에서 서양 문명과 구별되던 아시아의 가치는 중국의 전통과 연결되었고, 유교도 자연적으로 하나의 지역 문명의 표식이 되었다. 헌팅턴이 "중국인 지도자들은 독재주의를 변호하기 위해서든 민주주의를 변호하기 위해서든, 도입된 서양의 관념에서가 아니라 이들 공동의 중국 문화에서 그 합리성을 찾아야 한다."[192]라고 말했듯이, 동아시아의 성공은 지역 전통의 중요성을 부각시켰고, 이에 따른 보편적 가치의 유가 문화가 전면적으로 무대에 등장하게 된 것은 당연하였다.

　　동아시아의 현대화와 유학을 하나로 묶는 것은 얼핏 보기에 단지 역사적 상상에 불과하며 기껏해야 전통에 도움을 요청하는 계략처럼

---

191) Samuel P. Huntington 著, 周琪・劉緋 等 譯, 『文明衝突與世界秩序的重建』, 北京, 新華出版社, 2002, 183쪽.
192) 앞의 책, 107쪽.

제4장 현대 중국 문화의 부흥과 재건　243

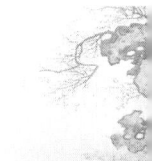

보일지도 모른다. 하지만, 실제로 이와 같은 논리의 출현은 대표적인 현대성 반성의 최신 동향인 것이다. 그리고 이것은 전통의 구축이지 간단한 역사 회귀의 문제가 아니다. 하버마스(Jürgen Habermas)가 말했듯이, "모든 것을 휘감아버린 현대화의 거대한 흐름 앞에서 전통주의는 그에 대한 반응으로 일종의 철저한 현대 혁명 운동으로 나타났다."193) 1990년대 이래 유학은 이미 새로운 '신분의 구축'을 시작하였다. 그것은 서양에 대한 조심스런 탄복이나 반성이 아닌, 중심과 변두리의 포지션을 재설정하고자 하는 것이었다. 즉 동아시아 가치의 보편성을 서양 가치의 보편성 상위에 놓는 것이다. 사이드는 "신분의 구축은 사회의 권력 전개와 연결되어 있기 때문에 그것은 결코 순수한 학술적인 단상이 아니다. 동아시아의 현대화가 성공함에 따라 서양 가치의 중심적 지위가 도전받게 되면서 우월성과 선진성을 포함한 '서양'의 관념은 흔들리기 시작하였다. 장기간 서양 패권에 굴복해 있던 '동양'이 서둘러 자아 신장의 방식을 찾으면서, 자아와 '타자'의 신분적 포지션을 새롭게 설정하였다 ……"194)라고 지적한 바 있다. 바로 이러한 배경 아래 유학과 관련된 화제는 다시 수면 위로 떠올랐고 새롭게 신분을 구축하는 과정에서 현재의 근원을 찾았던 것이다. 이러한 해석은 유학의 현대적 가치를 이해하는 시발점임과 동시에 그것의 미래적 지위를 규정하는 근본적인 근거이다.

유학의 지위를 새롭게 정립할 때, 가장 큰 어려움은 역사주의

---

193) Habermas 著, 「民主法治國家的承認鬪爭」, 『文化與公共性』(汪暉 等 編, 三聯書店, 1998, 360쪽)
194) Edward W. Said 著, 王寧根 譯, 『東方學』, 北京, 三聯書店, 1999, 426～427쪽.

(historicism)의 뒤얽힘이다. 유학의 현대적 형상의 설계는 진화론, 과학주의, 유물론 등 비판적 언사의 끊임없는 질타 속에서 최종적으로 완성되었다. 이 중에서 역사주의적 복원 방법이 가장 주요한 학술적 작업을 담당하였음은 물론, 현대 유학과 관련된 가장 큰 화제의 도량(道場)을 개척해 주었다. 20세기 초, 경제의 해체와 서학의 전파로 인해 유학에 대한 사람들의 인식과 이해가 근본적으로 변화되었다. 원래 내재적 자아신분의 인정이 외재적 객관 묘사와 연구로 변해갔다. 유학의 신성성은 더는 존재하지 않았고 오히려 검토와 비판의 대상이 되었다. 문학을 중심으로 한 20세기의 유학 비판은 대체로 회고의 방식을 통해 유학의 과거 특히 그 근원에 향해 있었다. 미래 유학의 위치를 확정하는 과정에서는 반드시 '뒤를 보는'(向後看) 관습을 타파하고 역사주의의 음영에서 벗어나야 할 것이다. 그리고 좀 더 넓은 시야로 유학의 현대성과 현대적 의미를 재조명해야 한다.

전통적 역사관에 의하면 유학은 오직 과거에만 속할뿐더러 시간적 한계를 뛰어넘을 수 없고 현대성과도 연결될 수 없다. "유학이란 무엇인가"라는 질문은 단순한 역사학의 문제가 아니다. 더군다나, 선형(線型) 역사의 명제가 아니다. 그 자체가 현대성의 의미를 내포하고 있으며, 역사인 동시에 역사를 초월한 것이다. 기든스(Anthony Giddens)에 의하면 현대성의 동력 요소는 다음 세 가지가 있다고 했다.

첫째는 존재 형식 속의 '시공 분리', 즉 시간과 공간의 '가상화'이다. 구체적 사실의 장면에 대해 시간과 공간을 벗어나게 하고 새롭게 조합하여 시간과 공간의 제한성과 역학성을 초월하여 보편화 관념과 시공간의 거리를 초월한 조합 형식을 창조해 낸다.

둘째는 '사회 제도의 이탈화'이다.

셋째는 '내재적 반성'이다. 즉 현대성은 사실상 후전통 질서로서 사실에 반하는 성격을 지닌다. 이성에 대한 끊임없는 질의와 지식 확정성의 단계적 돌파를 통해 비이성주의로 나아가게 하는 것이다. 반본질적 전복성과 수정(修正)적 민감성은 과학 시대의 수많은 신념의 와해를 불러왔고 과학주의는 이미 퇴물이 되고 말았다.[195] 유학은 역사 축적인 동시에 현재적 형식으로 전통성과 현재성이 복잡하게 얽혀 있다.

다음으로는 시간 좌표의 전망성과 서로 호응하여 미래 유학의 위치 확정 공간에 대한 척도 확대가 필요하다. 20세기에 이루어진 유학 비판은 대체로 중서 비교의 상황에서 진행되었지만, 유학에 대한 시각은 극단적으로 본토화하여 민족주의 관념에 의해 제한받았다.

양계초의 『구유심영록(歐遊心影錄)』이 전하는 서양에 관한 정보는 일부 놀라움과 기쁨을 가져다주기도 했지만, 길고도 무거운 민족 심리 체험은 문을 닫아걸고 자성하게 만들었다. 감추기도 바쁜데, 어떻게 도처에 선전하겠는가? 서양 중심주의의 강력한 압박 아래 유학은 현실 생활공간에서 축출되었고, 점차 역사의 광환(光環) 속에서 위축되어 사라져갔다. 급기야 사람들은 일찍이 민족과 국경을 초월하는 과거의 보유마저도 망각할 지경에 이르렀다. 유학의 보편주의 특징은 이미 오래 전에 잊혀진 화제였다.

사실, 700년 전의 유학은 동아시아 문명의 주류였다. 그것은 중국 문화의 상징이었음은 물론, 일본, 한국, 베트남 등 문화의 중요한 구성 부분이기도 했다. 오늘날까지도 '유교문화권'은 세계지연(地緣)정

---

195) Anthony Giddens 著, 趙旭東 譯, 『現代性與自我認同』, 北京, 三聯書店, 1998, 17~23쪽.

치의 대명사이기도 하다. 아무리 그 정밀도에서 떨어진다고 하더라도, 여전히 보편적인 역사 상상과 유효한 현실적인 응답을 불러일으킬 수 있다. 이 때문에 유학은 '중국의 것'일 뿐만 아니라, '세계의 것' 특히 '동아시아의 것'이라고 말할 수 있다.

유학을 세계 문명이라고 하는 큰 시야와 형국에 두었을 때, 진정으로 그 중요성을 인식할 수 있고 그 현실적 의의도 충분히 드러낼 수 있다. 중국 경제가 지속적으로 발전하고 국력이 나날이 신장되면서 보편주의적 중국 관념은 현실적으로 다가오고 있다. 경제상의 '대중화'(大中華) 개념보다 훨씬 넓은 '문화 중국'의 개념은 이미 정확하게 이 방면의 정보를 제공해준다고 하겠다.

2. 유학의 현대화에 대한 몇 가지 생각

중국 대륙에서는 오랫동안 유학의 역사적 가치와 현대적 의미를 정확하게 이해하는 것을 방해하려는 세력이 있었다. 그것은 유학에 대한 자유주의의 급진적인 부정에 기인할 뿐만 아니라 극좌의 사이비마르크스주의가 수십 년 동안 유학에 대한 비판에서 중요한 역할을 해왔다.

이러한 비판은 70년대 '4인방'(四人幇)시기에 가장 전형적이고 충분하게 드러났다. 당시 비림비공(批林批孔)의 극좌 문화관은 '문화대혁명'이후에도 철저하게 청산되지 못했고 그러한 영향으로 말미암아 오늘날까지도 그 잔재가 남아 여전히 그러한 표현을 자주 볼 수 있다. 또 80년대의 전반적인 반유학적 사조를 보면, 그것은 주로 자유주의를 배경으로 하는 문화급진주의에서 유래한다. 90년대 중기에 한창 일어났던 소규모의 유교 비판 운동은 교조주의와 사이비 마르크스주의로부터 발생하였다. 그들은 공자 학설을 봉건적 학설로 규정하여 마르크스주의와 공자의 교의를 어떻게든 두 대립적인 체계로 인식하려고 했다.

다시 말해 마르크스주의와 유학의 관계를 비판적 부정 관계로 인식하여 유학을 단지 봉건 전제 통치를 옹호하는 지주 계급의 의식형태로 간주했던 것이다. 그들은 마르크스주의와 중국 문화를 대립시키기 위해 "만일 우리가 순진하게 '국학' 속에서 입국(立國)의 근본이나 민족정신 재건의 버팀목을 찾아낼 수 있다고 여기고 마르크스주의를 외래문화로 여겨 한쪽에 방치해 둔다면, 이것은 매우 진부한 견해라고 하지 않을 수 없다," "어떤 사람이 '국학'이라는 의심스런 개념을 이용해 사회주의 신문화를 중국 문화의 밖으로 파기하려는 목적을 달성하려는 의도를 갖고 있음을 배제할 수 없다"고 말했다. 교조주의와 사이비 마르크스주의는 민족의 역사 주체성, 민족의 이익과 미래, 역사 변화 속의 현실적 어려움을 도외시한다. 유학을 정확히 이해하고 전통자원을 적절하게 이용하여 현실적 문제를 치유하자는 주장에 동조하는 것에는 '복고주의'라는 모자를 뒤집어씌우고, 정치화된 문구로 자신의 생각과 다른 학술적 견해에 대해 공격을 가하려고 한다. 이것은 90년대 개혁 개방 조류 속에서의 도태된 표현인 것이다.

유학은 결코 끝나지 않았다. 문화 정서로서의 전통은 여전히 무의식적이고 은밀한 방식으로 문화와 인간의 행위 속에 잠재되어 있다. 동시에 우리는 시대에 맞지 않는 유학의 내용을 비판하는 데도 게을리 해서는 안 될 것이다. 현대사회 생활에 가치 있는 유학의 정신과 원리는 당당하고 적극적으로 긍정해야 한다. 또한 그것을 국민 교육과 문화 건설에 합법적으로 작용토록 해야만 통일된 국민 도덕과 온건한 국민정신을 재건하여 합리적인 현대 사회로 나아갈 수 있다.

도덕성과 현대성의 상호 작용을 변증적으로 이해하고, 문화적 차원에서 여러 유학에 대한 편견들을 바로잡아야 한다. 이러한 것은 유학 정신을 건강하게 발전시키는 기초이고 전제이며, 중국 문화 재건의 중요한 과제이다.

이상에서 서술했듯이, 유가 문화의 위치를 어떻게 정하느냐는 하나의 시대적 과제인 것이다. 유가 문화 자체의 특징과 정신적 가치를 파악한 기초 위에서 현실에서부터 출발하여 엄숙하고 진지한 이론적 탐구와 여러 형식의 사회적 실천을 통해 전통 유가 문화의 현대적 가치를 긍정함으로써 그것을 중국 문화와 세계 문화의 발전 조류에 합류시켜야 한다. 유학의 발전과 미래의 변화 과정 및 전경에 대해 사고할 때, 반드시 아래와 같은 몇 가지 문제를 중시해야 한다.

첫째, 전통 유학에 기초하여 새롭게 창조해야 한다.

유학의 생명은 창조성에 있다. 새롭게 창조되어야만 시대의 발전과 도전에 적응할 수 있다. 현실을 직시하고 현실적 문제를 연구하며 부동한 문화 사상적 성과를 수용하는 것은 새롭게 창조하는 것의 선제 조건이다. 전통 사상의 가치를 발양하는 데만 국한해서는 안 되며 새로운 유학을 창조하는 데로 눈길을 돌려야 한다. 유학의 창조성을 가장 명확하게 제기한 사람은 장대년(張岱年)이다. 그의 종합창신론(綜合創新論) 이론은 진지하고 깊이 있게 연구할 필요가 있다.

현대 유학의 발전은 새롭게 창조하는 과정에서 발전해야 하며 동시에 전통으로의 회귀도 중시해야 한다. 양자의 결합은 현대 유학이 발전하는 방향이다. 전통으로의 회귀를 통해 발전하는 것은 문화 발전에서 규칙적인 현상이다. 전통으로의 회귀는 발전의 계기가 된다. 회귀와 발전, 낡은 것과 새로운 것은 서로 연결되고 서로 전환한다.[196] 오늘날 점점 많은 사람들이 이러한 사실에 공감하고 있다. 즉 현실 속의 중국이 아무리 발전한다고 해도 그것은 역사상 중국의 연장이고 계승이기 때문에 결코 전통과 단절될 수 없다. 우리가 유일하게 할 수 있는 선택은 자각적이고 정면으로 전통을 계승하고 전환하는 것이다.

둘째, 현실을 직시하고 상이한 내용을 수용하여 유학을 새롭게 창조해야 한다.

유학은 발전한다. 사상 발전의 원동력은 사회 경제의 발전에 있다. 근대 이후, 중국과 세계는 전례 없는 심각한 변혁을 맞이하였다. 유학 발전의 근본적인 문제는 어떻게 시대의 도전에 대응하고 현대 사회에 적응할 것인가 하는 것이다. 유학의 현대적 발전을 생각하면서 오직 유학의 현대적 가치만 운운해서는 안 된다. 그보다 중요한 것은 현실을 직시하고 시대적 발전이 제기하는 문제와 수요를 연구하고 그것을 어떻게 해결하고 대응해야 할지를 고민해야 한다. 유학이 어떤 현대적 가치를 지니는지를 생각해야 할뿐만 아니라 시대적 발전이 유학에 대해 어떤 문제를 제기했는지, 유학은 그러한 도전에

---

196) 郭沂, 「經濟全球化背景下的儒學創新－'2005國際儒學高峰論壇' 綜述」, 『國際儒學聯合會工作通報』, 7期, 2005, 11, 4쪽, 참조.

어떻게 임해야 할지를 생각해야 한다.

유학은 또한 개방적이다. 언제나 여타 문화 사상적 성과를 수용하는 기초 위에서 발전한다. 서로 다른 문화와 사상을 대할 때, 유학의 기본적인 태도는 '화이부동'(和而不同)과 '겸수병축'(兼收幷蓄)인 것이다. 즉 모든 문화 사상의 우수한 성과를 수용하여 자신을 풍부하게 하고 발전시킨다. 근대 이후, 가장 두드러진 문제는 중국 문화와 서양 문화의 충돌과 결합이었다. 100년 동안 수많은 주장을 제기했고 수많은 탐구도 진행되었다. 현재는 더욱 광범위한 범위에서 이 문제를 생각해야 한다. 세계적인 차원에서는 경제의 세계화라는 배경 아래 다원문화와의 대화와 융합을 고려해야 한다. 그리고 국내적인 차원에서는 마르크스주의와의 대화와 결합도 고려해야 한다.

유가 문화의 전통에서 말하자면, 그것은 이미 중국 문화의 전통 속에 융화되었기 때문에 그 정신적 가치는 중국 문화 속에 여전히 살아 숨 쉬며 중국 문화 재창조의 생명적 원천이 되었다. 우리는 현실에 입각하고 전통에 근거하여 동서고금의 문화를 융합해야만 시대적 수요에 적합하고 민족적 특색과 세계적 의미를 지닌 새로운 형태의 유교 문화를 창조해낼 수 있다. 그리고 창조적 전환을 통해서 전통 유학은 신문화의 중요한 구성 부분이 될 수 있으며 현대 사회생활과 하나로 융합될 수 있다.

셋째, 유학의 고정 격식을 타파하고 현대화를 완성해야 한다.

세계화의 진전이 가속화되면서 유학의 화두는 민족과 지역의 울타리를 벗어나 세계로 향하고 있다. 또한, 세계화 물결의 풍파 속에서 거센 도전을 이겨내야만 두각을 드러낼 수 있고 세계의 다원문화에

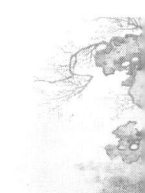

서 우렁찬 목소리를 낼 수 있다. 기든스는 지역성과 세계성의 상호 변증의 영향에 대한 현대 사회의 재구성 과정에서의 복잡한 상황을 다음과 같이 서술하고 있다. 이를테면, "세계화는 현장에 있는 것과 그렇지 못한 것을 한데 뒤엉켜 놓았고, 먼 곳의 사회적 사건과 사회적 관계를 지역적 상황과 뒤엉켜 놓았다."[197] 따라서, 세계화를 떠나 본토화를 운운하고 세계의 보편적 가치관을 떠나 민족과 지역 문화의 현재적 의의를 논의하는 것은 불가능하다. 이처럼 전례 없이 보편적으로 관련된 상황에서 유학의 가치와 의미를 설명하고 유학의 미래를 전망하고자 한다면, 반드시 새로운 공간적 개념과 세계적 의식이 요구된다. 100년 동안 유학이 보여 온 민족주의 시야와 본토화적 언어만으로는 세계화 과정의 새로운 변화에 더 이상 적용할 수 없다. 우리는 유학의 고정 격식을 과감히 타파하고 창조적 사유로 그것을 해석하고 발전시켜 유학의 현대화를 완성하고 세계화 추세에 부응해야 할 것이다.

---

197) Anthony Giddens 著, 趙旭東 譯, 『現代性與自我認同』, 北京, 三聯書店, 1998, 23쪽.

제
5
장

■ **결 론** ◗ ● ●

본 연구는 '세계화'라는 관점에서 유학사상을 중심으로 하여 중국 문화를 분석한 것이다. 그리고 그 동안의 문화 현대화 역정에 대해 반성하는 차원에서 구상되었다. 이것은 크게 두 부분으로 구성되었다. 하나는 문화 연구의 방법을 이용하여 문화 철학적 시각에서 중국 전통 문화의 기본 정신을 통찰하고 조명함(제2장)으로써, 새로운 시각으로 중국 문화 기본 정신에 대한 깊이 있는 이해를 시도하였다. 또 하나는 역사 연구의 방법을 이용하여 근현대 중국 문화의 변천 및 발전 과정을 회고하고 반성함(제3장, 제4장)으로써, '문화의 발전과 변천'에 관한 역사적 의미를 고찰하였다. 이러한 과정을 통해 어떠한 결론을 도출할 수 있었는가?

　본 연구에서는 중국 전통 문화의 기본적 의미에 대한 분석에서 시작하여 중국 문화 형성의 근본 원인과 특징을 밝혀냈다. 그 다음으로 문화 철학의 시각에서 그 기본 정신을 통찰하고 조명하였다. 이 시도는 새로운 관점에서 중국 문화의 기본 정신에 대한 이해를 심화시키고, 문화의 본질과 문화 철학의 근본정신, 즉 인류의 생존과 문화의 상호 관계라는 차원에서 중국 전통 문화에 대한 기본 정신을 통찰하고자 하는 것이었다. 이 과정에서 우리는 '화'(和)를 근본 가치로 하는 인문적 의미를 발견할 수 있었다. 이러한 의미는 오늘날에도 여전히 중국인의 생활과 행동에 영향을 미치고 있으며, 중국 역사 발전의 내재적 사상 원천이 되고 있다. 중화 민족의 생존을 지탱하는 문화 정신은 그야말로 중국 전통 문화의 뿌리임과 동시에 현대 중국 문화의 발전과 전환 중에 선양해야 할 민족정신인 것이다.

현대의 모든 문화적 현상은 모두 이 기초 위에서 작용하고 있다.

　총체적으로 볼 때, 중국 전통 문화의 기본 정신은 아주 복잡한 사상 체계지만, 이 체계를 구성하는 주요 내용은 '천인합일'(天人合一), '이인위본'(以人爲本), '강건유위'(剛健有爲), '귀화상중'(貴和尙中) 등의 유가사상이다. '화'를 바탕으로 삼아 '천인합일'의 경지에서 '이인위본'하고, 인간은 '강건유위'해야 한다. '강건유위'는 '귀화상중'을 원칙으로 하며 최후에는 '천인합일'의 경지로 귀환한다. 중국 전통 문화의 첫 번째 내용은 '천인합일'의 정신 경지이다. '천인합일'은 인간과 자연의 관계에 대한 학설일 뿐만 아니라, 인간이 자연을 대하는 적극적인 태도를 말한다. 그것은 선진 시대에 태동하여 역대 사상가들에 의해 끊임없이 발휘되고 새로운 내용이 주입되었다. 그리고 북송시기에 이르러 장재(張載)에 의해 정식으로 '천인합일'이라는 명제로 제기되면서 숭고한 정신적 경지로 인식되었고, 사람들에게서 꾸준히 추구되는 인생 이상이 되었다. 두 번째는 '이인위본'의 관념인데, '이인위본'의 핵심은 '인간이 근본이요 목적'이라는 정신으로, 인간과 천신, 인간과 사물의 관계 속에서 인간의 지위와 역할을 강조하고 인간의 생명과 의미를 중시하는 것이다. 세 번째는 '강건유위' 관념으로 적극적이고 진취적인 인생 태도를 말한다. "하늘의 운행이 굳세니 군자는 이를 본받아 스스로 힘써 실천하고 쉬지 않는다."[198] 이것은 예로부터 중국인의 인생 신조였다. 이것은 오랫동안 침적되어 중화 민족의 굳건하고 불굴의 정신이 되었고, 고난을 이겨내고 끊임없이 스스로 힘써 실천하는 중화 민족의 정신으로 나타났

---

198) 『周易·幹卦』. "天行健, 君子以自强不息."

다. 네 번째는 '귀화상중'의 조화 관념이다. 중국 전통 문화는 예로부터 '중'(中), '화'(和)를 척도(度)로 삼아 만사와 만물의 조화를 강조했고, '중'을 '대본(大本)'으로, '화'를 '달도(達道)'로 간주했다. 즉 "'중'은 천하의 큰 근본이고 '화'는 천하의 통용되는 도이다. '중'과 '화'를 이루면 천지가 자리 잡히고 만물이 자란다."199) 중국 전통 문화에서의 '중화'란 만물이 존재하고 발전하는 조건이며, 사람들이 각종 관계를 처리할 때 지켜야 할 기준인 것이다. 이 관념의 영향과 인도 아래 중화 민족은 역사상 줄곧 통일과 번영을 유지할 수 있었다. 오늘날에도 그것은 중국인이 각종 관계에 대처할 때 견지하는 기본 관념인 것이다.

중국 전통 문화의 기본 정신, 특히 그 중심 내용은 문화 철학 이론의 연구와 자체 발전에 대한 중요한 이론의 지주적 의미를 지닌다. 이 의미 자체가 중국 전통 문화 정신의 세계적 의미 문제를 어느 정도 해결했고, 이로써 중국 전통 문화의 세계적 위상 문제를 설명하는 데 이론적 근거를 제공하였다. 동시에 상술한 중국 문화 기본 정신에 대한 분석은 인류가 직면한 현실 문제를 해결하는 데도 중요한 의미를 지닌다. 문화의 충돌, 인간과 환경, 인간과 사물(과학 기술주의) 등의 문제와 그 해결은 모두 사람들이 인간과 문화를 어떻게 이해할 것인가에 밀접하게 관련되어 있다. 문화 철학과 중국 전통 문화 기본 정신에 대한 비교 연구를 통해서, 인류적 문제를 해결하는데 보다 합리적인 이론적 시각과 실천적 방향을 제시할 수 있다.

본 연구의 제3장, 제4장은 역사 연구의 방법을 통해서 명 말 · 청

---

199) 『中庸』. "中也者, 天下之大本也; 和也者, 天下之達道也. 致中和, 天地位焉, 萬物育焉."

초 이래 근현대 중국 문화의 변천 과정에 대한 회고와 반성이었다. 구체적으로 말하자면 중서 문화의 교류, 충돌, 융합 등의 역사 과정에 대한 총체적 정리이었다. 특히, 20세기 이래 근 백 년간 중국 문화가 서양 문화와 조우하여 겪은 역정과 신중국 성립 이후 중국 현대 문화 변천 과정을 분석했으며, 현대 중국 문화의 전환, 즉 중국 현대 인문 정신의 재건을 위한 탐색을 시도하였다. 이 과정에서 필자는 다음 몇 가지의 측면에서 연구의 필요성을 절감했다.

먼저 16세기 말부터 19세기까지의 300여 년 동안 이루어진 중국 문화와 서양 문화 간 충돌의 역사 관점에서, 우리는 한 오래된 형태의 전통 문화가 서양 근대 문화의 도전에 직면했을 때 전혀 다른 두 가지 선택을 할 수 있다는 사실이다. 그 하나는 이질적이고 선진적인 문화의 영양분을 수용하는 동시에 전통 문화의 구조나 규범 내지는 사유 방식에 대해 일련의 자아 혁신과 건설적인 변환을 일으키는 것을 말한다. 이것은 두 문화가 유기적으로 융합하여 도전에 대응함을 의미한다. 또 다른 선택은 서양 문화를 사도(邪道)로 여겨 배척함으로써 순결한 전통 문화의 자존(自存)과 민족 자위라는 두 목표를 실현하는 것이다.

그런데, 불행하게도 당시의 지배 계급과 근대의 정통 사대부들은 서양의 거센 도전을 맞이하여 후자를 선택하고 말았다. 정통 사대부들의 입장에서는 전통 유가 문화 체계, 즉 저들 마음속의 '성학'(聖學)은 시공을 초월해서 절대적인 합리성과 완벽성을 갖춤은 물론 자아 조화의 유기적 체계로 보였던 것이다. 그들은 고대의 성현이 이미 후대를 위해 만세에 길이 전할 대경(大經)과 대법(大法)을 확립해 놓았다고 생각했다. 때문에, 더 이상 변화, 발전, 이방인의 보충에 대한 필요성을 느끼지 못했다. 그들이 이처럼 생각하고 있을 때, 이 '성학'의 완벽한 체계가 자신도 모르는 사이에 폐쇄적이고 배타적인 구조로 변해갔다. 서양 문화에서 온 정보와 충격은 완벽한 성학 체계에서 벗어난 오류와 불순물로 치부되어 당연히 배척당했다. 또한, 중서 문화의 차이와 충돌은 사람들에게 성교(聖敎)와 이교(異敎)의 충돌, 천리(天理)와 패류(悖謬)의 충돌, 정의와 사악의 충돌, 완벽과 결손의 충돌로 비춰졌다. "다른 사람이 이교를 고집하면 할수록 성교를 지키려는 나의 의지는 더욱 확고해진다."[200] 이렇듯 주관적인 진리 수호의 신성한 사명감은 객관적으로는 부지불식간에 완고하고 진부한 도덕의 옹호로 변화되었다. 중국 근대사에 있어 정통파가 곧 보수파였고 보수파가 곧 정통파였던 그 근본적인 원인이 여기에 있었다.

만약 사람들이 지니고 있는 역사성이 외래의 사상, 문화에 대한 이해 및 종합, 창조를 결정함이 완전히 전통을 초월한 상태에서는 진행될 수도 없고 완성될 수도 없으며, 발전인즉슨 또한 그것이 불변하는 전통 속에서 자신의 길을 개척한다는 것이 불가능함을 의미한다면, 가장 합리적인 방법은 전통과 자체 내에서 생겨난 새로운 사상 내지는 외래문화와 대화를 진행하는 것이다. 그러나 역사는 아주 중요한 단계에서 보수파의 사상을 선택하였다. 이 선택은 두 말할 것도 없이 청제국의 안정성을 보장하는 것이었다. 더욱이, '분란 많은'(多事) 외국 선교사들이 '전례논쟁'에서 지배자 개개인이나 중국 전통적 사회의 구조, 도덕규범 내지는 전례에 가져올 소란과 위협을

---

200) 葉德輝, 「明敎」, 『翼敎叢編』. "人之持異敎愈堅, 我之護聖敎愈力."

피할 수 있었다. 그러나 이처럼 안정적인 방식은 너무 배타적이고 폐쇄적이었다. 서구 열강이 아편으로 청제국의 의식을 마비시키고 총포로 이 폐쇄적인 안정성을 포격했을 때에야, 오만스럽게 현실에 안주하고 있던 제국은 비로소 악몽에서 화들짝 놀라 깨어났다. 그리고 자신들이 이미 급변하는 국제 시대에 멀리 뒤처져 있다는 사실을 발견하였다. 그러한 자아폐쇄의 결과는 온갖 능멸과 고난으로 찾아왔다. 이러한 민족적 비극은 근현대 유가 문화가 당면한 곤경과 위기 다름 아니었다. 결국, 사람들은 서양의 위협은 단순한 군사 방면이나 정치 체제 방면에서 오는 것이 아닌, 바로 문화 방면에서 온다는 사실을 깨달았다. 한 문화의 또 다른 문화에 대한 충격임과 동시에, 한 문명의 또 다른 문명에 대한 도전이었던 것이다.[201]

그 다음은, 20세기 100년 동안 수많은 엘리트 지식인들은 어떻게 하면 민족을 부흥시킬 것인가 하는 시대적 주제를 둘러싸고 중국 문화 현대화의 길을 모색하였다. 20세기의 중국 문화, 즉 100년 동안 그려낸 청사진은 간단히 말해서 또 다른 문화인 서방 문화와의 전면적 만남이었는데, 이 만남에서 '현대화'와 '계몽'은 어느 곳에나 미치지 않는 곳이 없었던 중심 명제였고, 그 사명은 멸망 위기에 처한 국가와 민족을 구해야 한다(救亡)는 문화적 상상이었다.

중국 '현대화'와 '계몽'의 시발점은 '5·4 신문화운동'부터 본격적으로 시작되었고 이는 '서양'을 향한 탐구였다. '5·4 신문화운동'은 현대화를 요점으로 하는 진정한 의미의 계몽 운동으로서 중국의 현대화 발전 과정을 위해 필요한 관념적 기초를 다졌다. 열정적으로

---

201) 蕭功秦著, 『儒家文化的困境——近代士大夫與中西文化蹤撞』, 桂林, 廣西師範大學出版社, 2006, 6, 제6장, 참조.

운동에 참여한 학자들은 관점과 입장이 어떠하든지 간에 망국의 위기 속에서 벗어날 길을 찾는다는 지향점에서는 서로 일치했다. 이 시기는 중국 문화의 각성기, 격동기, 개방기, 반성기, 혁명기라고 말할 수 있다. 그 당시에 다루어졌던 수많은 문제들은 지금에도 여전히 중국 사회에 영향을 미치고 있다.

현대의 시각에서 '5·4 신문화운동'을 돌이켜보면, 그 역사적 한계점을 발견할 수 있다. 첫째는 국가와 민족의 멸망을 구해야한다는 생각은 눈앞의 일에만 급급했을 뿐, 서양 문명에 대한 수용이 전체적으로 완전하지 못했고, 본질적인 문제도 파악하지 못한 채, 급한 대로 수단적인 측면에서 대응하는 데 그치고 말았다. 학술사상에서 제대로 성취를 이루지 못한 채, 정치적으로 너무 일찍 '좌향'(左向)함으로써 정치적 소용돌이에 말려들게 되었다. 이택후(李澤厚)의 말을 빌리자면, 나중에는 "구망(救亡)이 계몽을 압도하여"(救亡壓倒了啓蒙) 사상 계몽의 역사적 사명을 완성해내지 못하였다. 둘째, '5·4 신문화운동'의 주제는 중국 문화의 현대적 활로를 찾는 것으로, 중서 문화 형태와 사유 방식의 비교에서 중서 문화가 서로 관통하는 경로를 탐구하였다. 비교를 통해서 중서 문화의 특징은 뚜렷하게 인식했지만, 서로 관통시킬 수 있는 길은 찾아내지 못했다. '5·4'계몽 사조는 정치 혁명 속에서 찬란하게 빛났고, 또한 정치 혁명에 의해 허공에 붕 떠 있다가 사라지고 말았다.

마르크스주의 중국 전입 역시 수십 년 동안 줄곧 의식 형태를 지배했다는 차원에서 시사하는 바가 크다. 초기 마르크스주의의 전파는 중국 사상계에 거대한 진동을 일으켰으며, 중국인이 세계를 관찰하고 중국 사회 문제를 분석하는 데 참신한 이론적 무기를 제공해주었다. 중국 공산당은 이를 이용하여 중국의 구체적인 현실과 결합시켜 새로운 정권을 창출하였다. 그리고 신중국 성립 이후에도 '현대화'와 '계몽'이라는 역사적 사명을 가지고 서양이나 소련과는 다른 방향으로 나아갔다. 즉 영미자본주의, 소련사회주의와도 다른 '제3의 길'을 찾아 나아갔던 것이다. 그러나 유감스럽게도 현실은 염원과 배치되었다. 마르크스주의에 대한 이해는 처음부터 공리적이고 단편적이었다. 80년대 개혁 개방 이전에는 마르크스주의의 계급투쟁이론에 대한 연구를 강조한 것 이외에는 완전한 의미의 마르크스주의에 관해서는 더 이상 고려하지 않았다. 중국에서의 마르크스주의는 역사유물주의사관, 즉 계급투쟁과 공산주의 이상으로 정형화되었다. 따라서 중국에서는 항상 계급투쟁의 입장에서 모든 문제를 바라보았다. 이에 '극좌' 사조가 성행하였고 중국의 사회주의 건설 사업은 막대한 손실을 입었다. 그야말로 아이러니가 아닐 수 없다. 오늘날 마르크스주의는 그 자신의 한계로 인해 아직도 중국에서 적합한 것인지, 중국에서의 운명은 결국 어떻게 될 것인지, 마르크스주의와 전통적 유가 학설이 서로 결합·보완하여 새로운 문화 체계를 건립할 수 있을 것인지 등은 깊이 생각해볼 만한 문제이다.

중국 문화의 현대적 변천 과정에서 볼 때, 가장 주목을 끄는 부분은 1980년대 중기에 다시 일어난 동서문화논쟁, 즉 '신계몽운동'이라고 불렸던 '문화열풍'으로, '5·4'시기에 완수하지 못했던 문제들이 거듭 제기되었다. 이러한 역사의 반복은 유구한 역사를 지닌 중국 입장에서 보면, 전통 문화는 언제나 현대화로 나가는 데 있어서 영원한 부담이라는 사실을 암시하는 듯하였다. 지식인들은 매우 낮익고 침울한 소리로 중국의 전통에 대해 "문화 재산은 거대한 문화 부담으로 변했고", "거대한 문화 우월감은 거대한 문화 죄책감으로 변했다"고 지적했다. 때로는 매서운 질문을 쏟아내기도 하였다. "중국의 현대화는 이미 발걸음을 내딛었는데, 아직도 '5・4'이전의 유가 문화로 퇴보하여 매달려야 하는가?" 뿐만 아니라, 서구화의 희망은 특히 "서양 문화를 고찰함에 있어 어떻게 전통적 형태로부터 현대적 형태로 나아가야 하는가를 고찰하는 것이다." 이로부터 80년대 문화 토론의 핵심 주제는 중국의 '문화적 현대화'의 실현이라는 점을 간파할 수 있다. 이는 당시 학자든, 작가든, 모든 지식인들의 공통된 신념이었다. 그러나 아무도 예상하지 못했던 학생 운동이 1989년에 세상을 떠들썩하게 만들면서 '신계몽운동'은 갑자기 멈춰 버렸고 계몽주의자와 엘리트들은 그렇게 역사 무대에서 퇴장하고 말았다. 곧 학계의 '문화 실어(失語)'로 이어졌고, 이렇게 '신계몽운동'도 '5・4 신문화운동'처럼 역사적 사명을 완성하지 못했다.

1990년대 중국 문화는 80년대와 전혀 다른 모습으로 나타났다. 시장 경제의 거대한 조류와 대중문화의 소비주의 열풍 속에서, 일부 지식인들은 '민주'와 '과학' 두 가지만으로는 중국을 구제할 수 없다는 사실을 깨달았다. 여기에서 눈길을 돌려 '상품 경제'와 '법치'에 기대를 걸게 되면서 '낙선생'(洛先生)[202], '상선생'(商先生)이라는 신조어가 등장하여 '5・4'정신을 계승하고 발전하는 새로운 지향점을 보여주었다. 이 가운데 특히 '상선생'이 불러온 자본주의 풍조가 사람의 이목을 끌었다. 상업화가 가져온 문화 변천, 즉 대중 유행 문화의 상품화와 소비화는 이미 거스를 수 없었다. 따라서 80년대부터

---

202) '洛先生'은 Law의 轉喩語로서 그 주요 제창자는 嚴家其이다. 嚴家其, 「民主, 科學, 法治與中國未來」, 『中國青年』, 1990年, 第2期, 참고.

90년대까지의 문화 변천 속에서 90년대의 중국 문화는 더 이상 계몽의 기치를 치켜들지 않는다는 느낌을 받을 수 있었다. 90년대의 대중, 유행, 소비는 전제 체제와 의식 형태를 서서히 와해시키고 있는 것 같았다. 90년대에 '문화'는 '특수 상품'으로 변했고, 동시에 지식인 계층은 소비주의의 흥성에 따라 집단적으로 사회의 변두리로 밀려나게 되었다. 이에 90년대 중기 엄청난 파장을 일으켰던 인문 정신에 대한 논쟁은 오히려 대중들의 정치에 대한 무관심 태도를 더 두드러지게 표현하였다. 그러나 또한 이 때문에 문화의 시장 방향이 조성한 문화 세속화는 90년대 문화의 다원성을 드러내게 하였다.

표면적으로는 '5·4', '문혁', '80년대', '90년대'를 관통하는 현대 중국 문화의 청사진은 줄곧 두 가지 유형, 즉 이상 문화(ideal culture)와 실제 문화(real culture)가 반복해서 출현하는 것으로 보인다. 하지만 실제로는 표상 아래에 잠재되어 있는 기저는 줄곧 바뀌지 않았다. 간단히 말해, 현대 중국 문화는 옛 것에서 새 것으로, 현재를 끊임없이 의심하면서 새로운 역사를 창조해내는 것이다.

20세기 중국의 사회 문화 변천 속에서도 유학은 여전히 관심의 대상이었다. 사회가 혼란과 위기에 처했을 때마다 전통적 가치에 대한 요구도 더욱 높아 갔다. 유가의 가치 체계와 관련된 논쟁은 줄곧 문화 논쟁의 핵심 문제 가운데 하나였다. '5·4'운동 전후에도 그랬을 뿐만 아니라, 80년대 중국의 문화 열풍에서도 그러했다. 유학 가치에 대한 긍정은 본질적으로 후식민지 이론의 담론과 다를 뿐만 아니라, 세계화 자본주의 패권 담론이나 자본주의 현대적 의식 형태 의미에 대한 긍정도 아니다.[203] 그것은 이론상 다원 문화 가치에 대한 긍정이다. 그리고 현대화 과정에 대한 실천적 치유이고, 가치 이성에 대한 관심이며, 이상적 인생과 인격에 대한 끊임없는 추구이다. 동시에 문화 계몽에 대한 도덕적이고 인문적인 반성이기도 하다.

　마지막으로, 중국 문화의 부흥과 재건에 대한 문제로, 목적은 중국 문화의 전환과 창신의 방법과 내용을 탐색하는 것이다. 중국 문화의 전환과 창신을 실현하려면, 아래의 몇 가지 점을 실천해야 한다. 첫째는 중국 문화는 근대 이래 발전의 역사를 정리함으로써 거기에 존재하는 문제를 찾아내고 해결 방법을 모색해야 한다. 이는 중국 문화의 전환을 실현하는 데 있어 가장 먼저 실천해야 할 일이다. 둘째는 중서 문화 각각에 대해 그 선진성과 후진성을 분석하고 판별해서 청산해야 한다. 이것은 중국 문화의 전환과 창신을 실현하는 기초가 된다. 동서고금을 모른 채, 종합과 창신을 운운하는 것은 탁상공론에 지나지 않는다. 셋째는 중국 문화의 전환과 창신을 실현할 수 있는 구체적인 모델과 방법 그리고 형식을 찾아내야 한다. 여기에는 민족성과 시대성, 전통과 현대 등이 충분히 고려되어야 한다. 그 실현 방법에서는 중국적 방식, 즉 중국 문화의 내재적 발전 요구에 따라 중국 현대 문화를 건설해야 한다. 이른바 중국 문화의 내재적 발전 요구란 사회 발전의 현대화 요구를 가리킨다. 중국이 지향하는 현대화의 길은 서양이나 다른 국가와 다르며 민족 정신을 반영해야 한다. 민족 성격을 구현하고 시대 풍모를 드러내는 개방적 문화 형식은 중국 대중이 기꺼이 받아들이고 찬동할 수 있는 문화 형식이 될 것이다.

---

203)　"以儒學爲全球資本主義話語"란 말은 阿裏夫·德里克,(Arif Dirlik) 「似是而非的孔夫子: 全球資本主義與儒學重構」, 『中國社會科學季刊』, 13期, 1995, 11, 158~183쪽에 보인다.

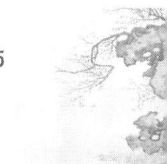

參考文獻

1. 古典文獻(原典類)

『補亡詩』, 『文選』卷19, 北京, 中華書局, 1977

『春秋公羊傳・隱西元年』

『說苑・指武』

『左傳・昭公二十六年』

『論語正義』卷2, 『爲政第二』, 『諸子集成』第1冊, 北京, 中華書局, 1954

『孟子正義』卷14, 『盡心章句下』, 『諸子集成』第1冊, 北京, 中華書局, 1954

『孟子盡心上』

『孟子・滕文公上』

『孟子・滕文公下』

『道德經』第49章, 王弼注, 見『百子全書』, 第8冊, 杭州, 浙江人民出版社, 1984. 5

『正蒙・幹稱』

『呂氏春秋・序意』(呂不韋)

『張載集・語錄』

『荀子・天論』

『劉禹錫・天論(上篇)』

『大學』

『論語』雍也, 先進, 述爾, 子路, 子罕, 泰伯, 述爾, 學爾, 衛靈公, 泰伯, 顏淵等篇

『周易』大有, 大畜, 幹卦, 雜卦等篇

『管子・牧民・國頌』

『壇經』, 敦煌本

『漢書・酈食其傳』

『賢良對策』(董仲舒)

『康熙與羅馬使節關係文書』

『中西紀事』卷2『滑夏之漸』(淸:夏燮)

『癸巳存稿』 卷15『天主敎記』(淸:兪正燮)

『林公忠公政書』 卷4 『擬喩英吉利國王檄』

『籌辦夷務始末』(道光朝), 第8卷

『同治夷務』 卷25

『勸學篇・自序』(淸:張之洞)

『校頒廬抗議・制洋器議』(淸:馮桂芬)

『論世變之亟』(淸:嚴復)

『原强』(淸:嚴復)

『海國圖志』(淸:魏源)

『弢園文錄外編・達民情』(淸:王韜)

『盛世危言後編・自序』(淸:鄭觀應)

『盛世危言・議院』(淸:鄭觀應)

2. 單行本

1) 中國

『中國共產黨第十六屆中央委員會第四次全體會議公報』(單行本), 北京, 人
　　民出版社, 2004

中共中央關於構建和諧社會若干重大問題的決定』(單行本), 北京, 人民出
　　版社, 2006

中共中央文獻研究室編,『十一屆三中全會以來重要文獻選讀』, 北京, 人民出版社, 1987

馬克思, 恩格斯(德)著,『馬克思恩格斯選集』, 北京, 人民出版社, 1972

梁啓超著,『飮冰室合集』, 北京, 中華書局, 1989

孫中山著,『孫中山全集』第2卷, 北京, 中華書局, 1982

胡適著,『胡適文存』3集(卷1), 台北, 亞東圖書館, 民10.12初版

陳獨秀著,『陳獨秀選集』, 天津, 天津人民出版社, 1990,

毛澤東著,『毛澤東選集』第4卷, 北京, 人民出版社, 1991

鄧小平著,『鄧小平文選』(1975－1982), 北京, 人民出版社, 1983

梁漱溟著,『東西文化及其哲學』, 北京, 商務印書館, 2004

梁漱溟著,『中國文化要義』, 上海, 上海世紀出版集團, 2005.5

朱謙之著,『中國思想對於歐洲文化之影響』, 臺北, 商務印書館, 民29.7

唐君毅著,『中國文化之精神價值』, 臺北, 正中書局, 民68

唐君毅著,『人文精神之重建(一. 二)』, 桂林, 廣西師範大學出版社, 2005

牟宗三著,『寂寞中的獨體』, 北京, 新星s出版社, 2005. 4

牟宗三著,『中國哲學十九講』, 上海, 上海古籍出版社, 1997.12

殷海光著,『中國文化的展望』, 上海, 上海三聯書店, 2002

孫隆基(美)著,『中國文化的深層結構』, 桂林, 廣西師範大學出版社, 2004.5

許倬雲(美)著,『中國文化與世界文化』, 貴陽, 貴州人民出版社, 1991.4

劉述先著,『文化與哲學的探索』, 臺北, 臺灣學生書局, 民75

胡秋原著,『古代中國文化與中國知識分子(上. 下)』, 臺北, 學術出版社, 民45

杜維明(美)著,『東亞價值與多元現代性』, 北京, 中國社會科學出版社, 2001.1

杜維明(美)著,『儒學第三期發展的前景問題』, 臺北, 聯經出版社, 1990

杜維明(美)著,『道.學.政: 論儒家知識分子』, 上海, 上海人民出版社, 2000

余英時著,『現代危機與思想人物』, 北京, 生活·讀書·新知三聯書店, 2005.1

余英時著,『文史傳統與文化重建』, 北京, 生活·讀書·新知三聯書店, 2004.8

余英時著, 『現代儒學的回顧與展望』, 北京, 生活·讀書·新知三聯書店, 2004.12

余英時著, 『中國知識分子論』, 鄭州, 河南人民出版社, 1997

成中英(美)著, 『從中西互釋中挺立－中國哲學與中國文化的新定位』, 北京, 中國人民大學出版社, 2005

蒙培元著, 『心靈超越與境界』, 北京, 人民出版社, 1998.12

鄭家棟著, 『斷裂中的傳統──信念與理性之間』, 北京, 中國社會科學出版社, 2001.4

周策縱著, 『五四運動: 現代中國的思想革命』, 南京, 江蘇人民出版社, 2005.7

黃俊傑著, 『儒學與現代臺灣』, 北京, 中國社會科學出版社, 2001.7

樓宇烈, 張西平主編, 『中外哲學交流史』, 長沙, 湖南教育出版社, 1998.7

湯一介著, 『學術文化隨筆』, 北京, 中國青年出版社, 1996.7

李澤厚著, 『中國思想史論(上.中.下)』, 合肥, 安徽文藝出版社, 1999

房列曙, 木華主編, 『中國文化史綱』, 北京, 科學出版社, 2001

李寶龍, 楊淑琴主編, 『中國傳統文化』, 北京, 中國人民公安大學出版社, 2006.3

馮天瑜等著, 『中華文化史』, 上海, 上海人民出版社, 1999

劉小楓編, 『中國文化的特質』, 北京, 生活·讀書·新知三聯書店, 1990.2

田廣林主編, 『中國傳統文化概論』, 北京, 高等教育出版社, 1999.6

張忠利, 宗文舉著, 『中西文化概論』, 天津, 天津大學出版社, 2002.4

郝俠君, 毛磊, 石光榮主編, 『中西500年比較』(修訂本), 北京, 中國工人出版社, 1996

李述一, 李小兵著, 『文化的衝突與抉擇』, 北京, 人民出版社, ?

趙林著, 『協調與超越──中國思維方式探討』, 武漢, 武漢大學出版社, 2005.5

李其駒等編, 『馬克思主義哲學在中國』, 上海, 上海人民出版社, 1991

揚光啓編著, 『文化哲學導論』, 廣州, 暨南大學出版社, 1999

衣俊卿著, 『回歸生活世界的文化哲學』, 哈爾濱, 黑龍江人民出版社, 2000.6

衣俊卿著, 『文化哲學──理論理性與實踐理性交匯處的文化批判』, 昆明, 雲南人民出版社, 2001

楊嵐, 張維眞著, 『中國當代人文精神的構建』, 北京, 人民出版社, 2002.6

朱七星主編, 『中國朝鮮日本傳統哲學比較研究』, 吉林, 延邊人民出版社, 1995.5

李蘇平, 何成軒著, 『東亞與和合──儒釋道的一種詮釋』, 南昌, 百花洲文藝出版社, 2003

何成軒, 李蘇平主編, 『儒學與現代社會』, 瀋陽, 瀋陽出版社, 2001.7

劉建著, 『佛敎東漸』, 北京, 社會科學文獻出版社, 1997.8

『東亞三國的近現代史』共同編寫委員會編, 『東亞三國的近現代史』, 北京, 社會科學文獻出版社, 2005.6

張海林編著, 『近代中外文化交流史』, 南京, 南京大學出版社, 2003.11

何方川, 萬明著, 『古代中西文化交流史話』, 北京, 商務印書館, 1998

沈福偉著, 『中西文化交流史』, 上海, 上海人民出版社, 1985.12

王寧等著, 『中國文化對歐洲的影響』, 石家莊, 河北人民出版社, 1998.8

孫尙楊著, 『基督敎與明末儒學』, 北京, 東方出版社, 1994.12

賀照田著, 『殷海光文化隨筆』, 北京, 中國靑年出版社, 2001

韓國哲學會編, 韓振幹等譯, 『韓國哲學史(上.中.下)』, 北京, 社會科學文獻出版社, 1996

李惠國主編, 『當代韓國人文社會科學』, 北京, 商務印書館, 1999

徐遠和主編, 『21世紀中國哲學走向－第12屆國際中國哲學大會論文集之一』, 北京, 商務印書館, 2003

孟繁華著, 『衆神狂歡－當代中國的文化衝突問題』, 北京, 今日中國出版社, 1997

吳光主編, 『當代儒學的發展方向－當代儒學國際學術硏討會文集』, 上海,

漢語大詞典出版社, 2005.6

周梁楷, 吳振漢, 胡昌智著, 『史學導論』, 臺北, 空大, 1995

蕭功秦著, 『儒家文化的困境－近代士大夫與中西文化踫撞』, 桂林, 廣西師
　　範大學出版社, 2006.6

張再林著, 『中西哲學的歧異與會通』, 北京, 人民出版社, 2004.5

王逢振著, 『文化研究』, 臺北, 揚智文化, 2000

陳奎德主編, 『中國大陸當代文化變遷』, 臺北, 桂冠圖書, 1991

李英明主編, 『轉型期的中國: 社會變遷』, 臺北, 時報文化, 1995

祖治國著, 『90年代中國大陸的新保守主義』, 臺北, 致良出版社, 1998

楊東平著, 『城市季風－北京和上海的變遷與對峙』, 臺北, 捷幼出版, 1996

陶東風, 金元浦著, 『闡釋中國的焦慮──轉型時代的文化解讀』, 北京, 中
　　國國際廣播出版社, 1998

嚴家其等著, 『文化大革命十年史』, 天津, 天津人民出版社, 1986.9

戴錦華著, 『鏡城地形圖』, 臺北, 聯合文學, 1999

王曙光著, 『中國熱潮』, 臺北, 尖端出版社, 1997

蘇煒著, 『從五四到河殤』, 臺北, 風雲出版社, 1992

羅曉南著, 『當代中國文化轉型與認同』, 臺北, 生智, 1997

陳奎德主編, 『中國大陸當代文化變遷(1978－1989)』, 臺北, 桂冠圖書, 1991

蘇紹智著, 『十年風雨－文革後的大陸理論界』, 臺北, 時報文化, 1996

喬邊, 張藏藏, 宋強著, 『中國可以說不』, 臺北, 人間出版社, 1996

李希光, 劉康著, 『妖魔化中國的背後』, 臺北, 捷幼出版社, 1997

秦家懿著, 『上下求索中國魂』, 臺北, 允晨文化, 1993

尹絲淳(韓)著, 陳文壽.潘暢和譯, 『韓國儒學研究』, 北京, 新華出版社, 1998.6

崔根德(韓)著, 『韓國儒學思想研究』, 北京, 學苑出版社, 1998.1

黃秉泰(韓)著, 劉李勝等譯, 『儒學與現代化－中韓日儒學比較研究』, 北京,
　　社會科學文獻出版社, 1995.1

薩繆爾・亨廷頓(美)(Samuel P. Huntington)著, 黃裕美譯, 『文明衝突與世界秩序的重建』, 臺北, 聯經, 1997

迪特・森格哈斯 (德)(Dieter Senghaas)著, 張文武等譯, 『文明內部的衝突與世界秩序』, 北京, 新華出版社, 2004.12

愛德華・薩依德(EdwardW. said)著, 王志弘等譯, 『東方主義』(Orientalism), 臺北, 立緒文化, 1999

馬克斯・韋伯(德)(M. Weber)著, 於曉譯, 『新教倫理與資本主義精神』, 上海, 上海三聯出版社, 1987

艾略特(美)(T. S. Eliot)著, 楊民生譯, 『基督教與文化』, 成都, 四川人民出版社, 1989

羅蘭・羅伯森(Roland Robertson)著, 梁光嚴譯, 『全球化社會理論和全球文化』, 上海, 上海人民出版社, 2000

泰勒(英)(E. B. Tylor)著, 蔡江民編譯, 『古代文化』, 杭州, 浙江人民出版社, 1988

阿爾諾德・湯因比(英)(Toynbee, Arnold Joseph). 池田大作(日)著, 苟春生等譯, 『展望二十一世紀－湯因比與池田大作對話錄』, 北京, 國際文化出版公司出版, 1985

列文森(美)(Levenson)著, 鄭大華等譯, 『儒教中國及其現代命運』, 北京, 中國社會科學出版社, 2000.5

彼得・科斯洛夫斯基(德)(P. Koslowski)著, 孫瑜譯, 『倫理經濟學原理』, 北京, 中國社會科學出版社, 1997

弗拉基米爾・索洛維約夫(俄)(Vladimir Sergeevich Solovyov)著, 李樹柏譯, 『西方哲學的危機』, 杭州, 浙江人民出版社, 2000

露絲・本尼迪克特(美)(Ruth Benedict)著, 王煒譯, 『文化模式』, 北京, 三聯書店, 1988

子安宣邦(日)著, 趙京華編譯, 『東亞論－日本現代思想批判』, 長春, 吉林

人民出版社, 2004.9

安田樸(法)(René Etiemble)著, 耿升譯, 『中國文化西傳歐洲史』, 北京, 商務印書館, 2000

柯林烏(R. G. C・llingwood)著, 陳明福譯, 『歷史的理念』, 臺北, 桂冠圖書, 1992

詹京斯 (Keith Jenkins) 著, 賈士蘅譯, 『歷史的再思考』, 臺北, 麥田出版社, 1996

奧斯維德・施賓格勒 (德) (Oswald Spengler)著, 齊世榮等譯, 『西方的沒落』, 北京, 商務印書館, 1963

霍布斯邦(EricJ. Hobsbawm)著, 李金梅譯, 『民族與民族主義』(Nations and Nationalism Since 1780: Programme, Myth, Reality), 臺北, 麥田出版社, 1997

安東尼・吉登斯(Anthony Giddens)著, 趙旭東等譯, 『現代性與自我認同』, 北京, 三聯書店, 1998

海因裏希・貝克(德)(Baker)主編, 吳向宏譯, 『文明: 從'衝突'走向和平』, 北京, 中國社會科學出版社, 1998

詹明信(Fredric Jameson)著, 唐小兵譯, 『後現代主義與文化理論』, 臺北, 合志文化事業, 1994

哈貝馬斯(Habermas, J.)著, 『文化與公共性』, 北京, 三聯書店, 1998

戈布林(美)(Goble, F.G.)著, 呂明等譯, 『第三思潮:馬斯洛心理學』, 上海, 上海譯文出版社, 2006

2) 外國 書籍

Quoted from A.L.Kroeber and Clyde Kluckhohn, London, 1962, p.295.

J. A. Coffa. The Semantic Tradition from kant to Carnap. Indiana University Press, 1991

H. Dreyfus, S. Dreyfus. Mind Over Machine. New York: Macmillan, 1985

D. T. Suzuki, 中國古代哲學, London, 1914, S. 47

Edmund Burke, "Efiections on the Revolution in France", in Lawrence Cahoneed., From Modemism to Postmodemism, Cambridge: Blackwell Publishers Ltd, 1996

정수일 지음, 『고대문명교류사』, 서울, 사계절, 2001

W.프랑케 지음, 金源模 옮김, 『동서문화교류사』, 서울, 단국대학교출판부, 1999

다카하시 도오루(高橋亨)지음, 조남호 옮김, 『조선의 유학』, 서울, 소나무, 1999

강재언 지음, 이규수 옮기, 『서양과 조선-그 이문화 격투의 역사』, 서울, 학고재, 1999

양재혁 지음, 『동양철학-서양철학과 어떻게 다른가』, 서울, 소나무, 1998

송영배 지음, 『중국사회사상사』, 서울, 사회평론, 1998

오스발트 슈펭글러 지음, 박광순 옮기, 『서국의 몰락(1, 2, 3)』, 서울, 범우사, 2000

김경일 지음, 『공자가 죽어야 나라가 산다』, 서울, 바다출판사, 1999

리차드 니스벗 지음, 최인철 옮김, 『생각의 지도』(The Geography of Thought), 서울, 김영사, 2004

3. 論文

1) 學位論文

全洪奭, 「朱謙之 '文化哲學' 硏究-現代 '문명패러다임' 克服을 위한 東

洋의 '文化哲學'的 摸索」, 成均館大學校 大學院 博士學位論文, 2005

金元烈, 「中國 哲學의 人間 槪念 硏究-認識 方法의 轉換을 中心으로」, 成均館大學校 大學院 博士學位論文, 2003

付秀榮, 「和諧多樣:當代中國的文化選擇」, 吉林大學, 哲學博士學位論文, 2005

張利民, 「文化選擇的衝突-'五四'時期東西文化論戰中的思想家」, 中國人民大學, 哲學博士學位論文, 1988

姚登權, 「全球化與民族文化 - 一個馬克思主義哲學視角的考察」, 復旦大學, 哲學博士學位論文, 2004.11

熊呂茂, 「梁漱溟的文化思想與中國現代化」, 湖南師範大學, 中國近現代史博士學位論文, 1997

李慶霞, 「社會轉型中的文化衝突」, 黑龍江大學, 哲學博士學位論文, 2004. 11

吳漢, 「中國的現代化取向與中國統一」, 臺灣國立政治大學東亞研究所, 博士學位論文, 1996

袁詠紅, 「中國傳統文化對現代化的影響(The Influence of Chinese Traditional Culture on Modernization)」, 華中師範大學, 碩士學位論文, 2005.3

張嘉娟, 「當代中國文化變遷與轉型-兼論'八九民運'文化意義及其啓蒙意涵」, 臺灣國立政治大學東亞研究所, 碩士學位論文, 2001

郝紅英, 「九十年代中國文化中的'怀舊'傾向」, 華南師範大學, 中國現當代文學碩士學位論文, 2002.9

閔融融, 「論'五四'以來新文化的發展與中國社會的變革」, 遼寧師範大學, 碩士學位論文, 2004

熊鈺錚, 「中國傳統文化與文化大革命」, 臺灣國立政治大學東亞研究所, 碩士學位論文, 2000

陳安安, 「從人文精神剖析大陸80年代文化爭論」, 國立臺灣大學三民主義

研究所, 碩士學位論文, 1995

黨延敏, 「對儒學思想當代價值的評價」, 哈爾濱工程大學人文社會科學學院, 碩士學位論文, 2002.3

史麗萍, 「中韓儒家文化比較硏究--韓國儒家文化承繼對中國的啓示」, 對外經濟貿易大學, 碩士學位論文, 2004

2) 一般論文

安炳周, 「유교의 자연관과 인간관」, 『동양철학의 자연과 인간』 아세아 문화사, 1998

梁再赫, 「中國哲學與西方哲學的區別」, 北京淸華大學人文科學院, 2002.12

宋榮培, 「當代韓國儒學發展之槪況」, http://www.c・nfucius2000.c・m/, 2002.5

宋榮培, 「略論在'全球化'時代裏'文化認同'的危機與'儒家倫理觀'的意義」 (On the Crisis of Cultural Identity and the Constructive Meaning of Confucian Ethics in the Age of Globalization), 2001.6

朴商煥, 「淸代近代化理論에 대한 이론적-실천적 반성-中體西用 논리 구조 분석을 중심으로」, 『한독사회과학논총』, 2000, 제8호

李大釗, 「我的馬克思主義觀」, 『新靑年』, 第6卷, 1919年9-11月, 第5-6號.

李翔海, 「中國文化現代化歷程的哲學省思」, 『中國社會科學』, 2002.6

陳來, 「現代中國文化與儒學的困境」, 1996.6

魏素琳, 「中西傳統價値觀念比較」, 『湖北大學學報: 哲社版』, 2001.3

洪曉楠, 「儒家傳統的現代轉化」, 『大連理工大學學報: 社科版』, 2000.1

楊嵐, 陳晏淸, 「社會哲學視野中的中國當代人文精神構建」, 『學術硏究』, 2000.2

廖炳惠, 「後現代的馬克思主義者-詹明信」, 呂正惠主編, 『文學的後設思考』, 臺北, 正中書局, 1991

劉述先, 「哲學與時代」, 收錄於姜義華, 馬學新編, 『港臺及海外學者論中國文化』, 2000

傅偉勳, 「中國文化重建課題的哲學思考」, 『從西方哲學到禪佛敎』, 北京, 三聯書店, 1989.4

豊子儀, 「全球化與民族文化的發展」, 『文化研究』, 2001.7

蒙培元, 「20世紀中國哲學的回顧與展望」, 『泉州師範學院學報』, 2001.3

張世英, 「人類中心論與民胞物與說」, 『江海學刊』, 2001.4

俞吾金, 「當代中國文化的內在矛盾與出路」, 『浙江學刊』, 2000.5

宋莉, 芮曉松, 「文化全球化語境下中國文化的發展取向」, 『第六屆中國跨文化交際研究會年會論文摘要彙編 Abstracts of 2005 Symposium on International Communication 』, 2005

郭沂, 「經濟全球化背景下的儒學創新－'2005國際儒學高峰論壇'綜述」, 『國際儒學聯合會工作通報』第7期, 2005.11

錢遜, 「關于儒學當代發展的几点思考」, 任繼愈主編, 『儒敎問題爭論集』, 2003

郭建寧, 「三十年代全盤西化與中國本位的文化論爭探析」, 『中州學刊』, 1996.5

任劍濤, 「作爲時代反應的'國學熱'」, 『東方』, 第5期, 1996

徐遠和, 「中國哲學:自我繼承與綜合創新」, 『21世紀中國哲學走向－第12屆國際中國哲學大會論文集之一』, 北京, 商務印書館, 2003

董立文, 「兩岸民族主義與現代化之比較研究」, 『中國大陸研究』, 第40卷第2期, 1997.2

張靜, 「'新保守主義'學術取向」, 『二十一世紀』, 第39期, 1997.2

阿裏夫·德里克(美)(Arif Dirlik), 「似是而非的孔夫子:全球資本主義與儒學重構」, 載『中國社會科學季刊』, 第13期, 1995.11

역자 후기

먼저 김진보 교수의 박사 논문이 한국에 출간한 데 대하여 성균 관대 동문으로서 깊은 축하의 말을 전한다. 본 박사 논문은 김 교수 의 10년에 가까운 한국 유학 생활과 한중 문화 교류 사업에 투신했 던 그의 인생 역정의 산물이라 평가하고 싶다. 여러 이설이 있겠으 나 중국의 현대 문화 철학의 시작은 1920년대 양수명(梁漱溟)의 『동 서 문화와 철학』에서 시작하여 1930년대에 주겸지(朱謙之)의 『문화 철학』에서 정형화되었다. 중국의 근현대사는 문화 철학의 역사라고 말한다. 이런 의미에서 김교수의 본 저작은 한국내의 연구 중 상대 적으로 빈곤한 49년 중국 공산화 이후의 문화 논의에 대한 많은 학 술적 정보를 제공해준다. 이것은 한국에서 이루어진 중국 본토인의 연구라는 점에서 그 의미가 더욱 각별하며 우리 한국 학술계의 중국 학 연구에 있어 귀중한 지침이 되어줄 것이다. 특히, 그의 논문을 한 국어로 번역해서 소개한 본인과의 우정이 향후 2000년 한중 우호적 교류의 꽃으로 승화되기를 바란다. 이 박사 논문이 이루어지기까지는 많은 한국의 스승과 벗 들의 노고가 있었다. 이에 대한 그의 보답은 앞으로 건실한 한중 관계의 보다 나은 미래를 위해 헌신하는 길일 것이다. 거듭 김진보 교수의 박사 논문의 한국어 출판을 축하한다.

2008년 2월 22일
역자 전홍석 識.

• 역저자 •

저자 •김진보
　　(金鎭寶)

역자 •전홍석
　　(全洪奭)

•약　력•

1964년 3월 중국 길림성 松原市 출생(漢族)
한국 성균관대학교 동양철학과 철학박사
前 중국 연변대 교수
　한국 한세대 교수
現 북경단군문화발전유한책임공사 대표이사
　중한무궁화국제교육원 원장
　중국사회과학원 아시아·태평양 연구소 교수

•약　력•

69년 10월 전남 영암 출생
성균관대학교 동양철학과 철학박사
한국학술진흥재단 지원 중국사회과학원 철학
연구소 방문학자
중국 천진외국어대 객좌교수
중한무궁화국제교육원 원장

•주요논저•

「論領導藝術的科學概念」(延邊大學學報)
「建國初期中國共産黨兩次全國組織工作會議」
　(黨史縱橫)
「中國文化産業的發展及中韓文化交流的現況」
　(韓中社會科學學刊, 第4期)
「韓國文化産業的復興政策及戰略措施 – 中韓
　文化産業比較硏究」(東北亞發展論壇)
『慧語大全』(延邊大學出版社出版), 공동 편저
『中國古代哲學與毛澤東思想的淵源』(梁再赫
　著, 中央文獻出版社) 譯
『絶非神話』(李明博 著, 北京出版社), 譯
외 다수

•주요논저•

「현대 문명패러다임 비판과 대안」
「주겸지의 생애와 학문」
「조선후기 朱子學 – 理氣心性論의 한국 유학
　적 전개 양상」
『주겸지 문화철학 연구』
『조선후기 북학파의 대중관 이해』
『중국이 만든 유럽의 근대』(역)
『문화철학』(역)
외 다수

•주요 문화 행사 경력•

1995년 10월~11월『한국 제17회 아시아미술
　문화대전』중국대표 참가(서울 영등포 아세
　아미술관)
1996년 9월~11월 『북한미술대전』 공동주최
　(대전 EXPO)
2000년 9월~11월『북한저명작가작품전』공동
　주최(서울 종로 운현궁)
2003년 11월『한국 제23회 아시아미술문화대전』
　참가(서울 시립미술관)
2003년 12월~2004년 1월『징기즈칸 – 중국초
　원문화대전』공동주최(서울 COEX)
2004년 4월 3일~5월 30일『중국문화대축제』공
　동주최(중국대사관 후원, 서울 어린이대공원)

중/국/유/가/문/화/의
역사적 변천에 대한 철학적 성찰

• 초판 인쇄	2008년 5월 25일
• 초판 발행	2008년 5월 25일
• 지 은 이	金鎭寶
• 역 저 자	全洪奭
• 펴 낸 이	채종준
• 펴 낸 곳	한국학술정보㈜
	경기도 파주시 교하읍 문발리 513-5
	파주출판문화정보산업단지
	전화 031) 908-3181(대표) · 팩스 031) 908-3189
	홈페이지 http://www.kstudy.com
	e-mail(출판사업부) publish@kstudy.com
• 등 록	제일산-115호(2000. 6. 19)
• 가 격	28,000원

ISBN   978-89-534-9194-6 93150 (Paper Book)
        978-89-534-9195-3 98150 (e-Book)